망 처 시 하
윤석열

망 처 시 하
윤석열

최종희 저

윤석열의 말 속에 숨겨진 탄핵의 이유

차례

Contents

제 3 장 윤석열의 언어가 윤석열의 증명사진이다

제 4 장 무속에 의한, '앉은뱅이 주술사'를 위한 운세 실험용 정치?

Contents

바쁜 분들을 위한 요약본

될 성부른 나무는 떡잎부터 알아본다

이 책은 2021년 윤석열이 대선 후보로 등장한 직후부터 쓰여졌다. 윤석열의 언어가 심상치 않아서였다. 나는 정치에는 무심하지만 정치인의 언어에는 매우 민감한 편인데, 언어 분석을 통해서 그 사람의 심층 심리 쪽을 훑는 일에 관심해 온 터라서다. 박근혜 탄핵 사태 이전에 그녀의 비정상적인 언어 행태를 오랫동안 관찰하면서 써 왔던 《박근혜의 말》(2016)을 탄핵 직후에 곧바로 출간했던 것과도 상통한다.

우리 선조들의 지혜가 결집된 속담 '될 성부른 나무는 떡잎부터 알아본다'는 진리다. 그 당시 윤석열의 언행은 돌아볼수록 모두 문제적이었다. 윤석열은 여러 상관들을(지검장과 두 장관) 계속 들이받은 하극상의 모델이었고, 임명권자를 기만하고 배신한 배신의 아이콘이었다. 그 뒤로 쏟아져 나온 수많은 실언/망언과 임시 땜질 식의 변명들은 그런 나의 개인적 평가를 뒷받침하고도 남았다.

솔직히 그 당시는 윤석열의 낙선을 예상했다. 윤석열과 이재명의 대결은 막상막하로 팽팽했지만, 안철수가 차지하고 있던 두 자릿수의 지지율이 그 낙마를 견인할 것만 같아서였다. 결과는 또 다시 7번째인가의 철수를 해댄 안철수의 단일화 탓에 0.73%라는 역대급 최소 차이를 보였다. 그 때문에 윤석열의 정치판 휘젓기가 일장춘몽으로 끝날 것 같아서 미리 붙여 놨던 책자 제목 《윤석열의 구운몽(九雲夢)》은 출간되지도 못하고 묻혔다.

언어가 그 사람이다! 당시 내가 염려했던 불길한 예측이 불행하게도 맞아 떨어졌다. 예감 적중의 기쁨보다는 씁쓸함을 넘어 참담하고 끔찍하다. 우리 속담 '못된 일가 항렬만 높고, 당나귀 못된 것은 생원님만 업신여긴다'가 현실화되면서 그 폐해가 이 나라의 진짜 주인인 국민들에게 돌아가고 있어서다. 그 덤터기를 뒤집어 써야 하는 애먼 국민을 떠올리면 슬픔이 앞선다. 뭔 죄가 있다고... 취임사에서 '자유'라는 말을 37번씩이나 꺼내들고 휘둘렀던 그 말의 본뜻은 윤석열 일개인의 '내 멋대로'였다. 생각할수록 참담하고 괘씸하기 그지없다.

희대의 멍청한 광란극인 계엄령 사태를 벌인 이후 나흘 만에 국민 앞에선 윤석열은 '법적 정치적 책임을 회피하지 않겠다'면서 자신의 임기를 포함한 정국 안정 방안을 '우리 당' 국민의 힘에 일임하겠다고 했다.

그 뒤 닷새가 지난 12월 12일, 윤석열이 일방적으로 우군으로 억지 편입했던 한동훈과 국힘의 의식 있는 의원들 몇몇까지 탄핵 찬성 쪽으로 돌아설 게 분명하자 다급해진 윤석열은, 동아일보조차도 '불법 계엄이 통치행위라는 궤변'으로 깔아뭉갠 추잡한 집착을 대국민 담화에서 드러냈다. '끝까지 싸울 것'이라는 언어로 요약하면서 며칠 전에 뱉었던 자신의 말을 뒤집었다. 자신이 무슨 말을 했는지 기억조차 하지 못하거나 안 하려는 윤석열은 뒤집기의 명수다. 대선 후보 이래로 계속 되풀이해 온 전매 특허가 말 뒤집기다. 그건 그가 하는 말들이 진심과 진정성이 소거된 임시변통 식 땜질용이라서다. 자신의 마눌님을 비호.방호하기 위한 강성 발언일 때만 빼고는.

'답이 없는 인간'이라는 말이 술자리마다에서, 집회장에서, 심지어는 여당 쪽 정치평론가들에게서도 나왔다. 방송에 나가 먹고 살기 위해서라도 무슨 말을 해야 하는데, 참으로 난감하다면서. 윤석열은 치졸한 비겁한(卑怯漢)이다. 한 입으로 두 말하는 사내는 뭐를 떼어내어 뭐에게 던져줘야 한다는 말은 아직도 우리 사회에서 암묵적으로 엄청 유효한 관습법이다.

'만인의 지탄을 받으면 병이 없어도 죽는다(萬人所指 無疾而終)'. 후한 고조로 불리는 조비가 위왕에 오른 뒤 아첨형 신하들의 칭제(稱帝) 건의를 물리치면서 한 말이다. '내가 주인공이 되면 번뇌가 느는 법이다(我當主角 煩惱增加)'. 이 또한 조비의 말이다. 평생 자신이 똘똘하다는 생각만으로 오만과 자만을 밥과 반찬 삼아 오다 보니 자신이 돈키호테가 돼버린 줄도 모르는 윤석열에게 이 말들을 무상으로 베풀고 싶어진다.

윤석열의 계엄령: 미치광이의 병정 놀이? 용산극장의 '대통령 놀이'?

밤 10시 반에 느닷없이 선포되었다가 두어 시간 뒤 국회의 해제 결의안 통과로 물거품이 된 2024년 12월 3일의 계엄령. 대한민국 역사의 시계를 순간적으로 초고속 역회전시켜서 모든 국민들을 경악시키고 일순 얼어붙게 한 대사건이었다. 6시간이 지나서야 곰탱이 맷집처럼 느려 터진 윤석열이 해제 발표를 할 때까지 애먼 온 국민을 불안 속에 떨게 했다. 사건은 그 까닭이 해명되지 않을 때 불안의 강도와 심도가 더욱 상승한다는 걸 온 국민들이 실감해야 했다.

그리고 그것은 외신들이 지적했듯이 정착된 민주주의의 모범 국가로도 꼽히는 우리나라의 위상과 가치를 단번에 40여 년이나 후퇴시키는 가장 졸열하고 웃기는 하루살이 통치 행위가 되었다. 천만다행히도... 그럼에도 K팝과 K문화의 주인공이던 나라가 독재자의 모습과 함께 드러낸 두 얼굴이라는 돌직구 평가는 그동안 애써 쌓아 올린 대한민국의 국격을 단번에 끌어내리면서, 죄 없는 국민들을 부끄러움의 피해자로 만들었다.

그런 외신들의 여파가 만들어낸 삼각파도도 만만치 않았다. 외국인의 순매도가 이어지면서 주식 시장도 휘청거렸고, 환율은 1400을 넘어 마지노선을 들락거렸다. 외국의 고위직 방한은 취소되거나 후순위로 밀렸으며, 한국이 여행주의국으로 꼽히는 수모도 당했다. 국내적으로도 즉각 소비 위축, 국내 투자 유보가 현실화되어 경제 부처들은 뒤처리로 야근 근무가 이어졌다. '똥은 딴 놈이 쌌는데 엉뚱한 넘이 그 뒤처리로 죽어난다'는 시쳇말의 실물 현장이기도 하다.

그런 윤석열의 행위를 두고 나온 말들은 몇 가마니쯤 되고도 남는다. 한밤의 웃기는 병정 놀이에서부터 용산극장의 임시 주인이 혼자서 해본 불쌍한 대통령 놀이, 돈키호테 윤석열이 둘시네아 공주 김건희를 위해 벌인 광란의 단막극, 미치광이의 한밤중 쇼, 극과 극을 오가는 불안정 심리자가 쏜 오발탄, 웃기는 또라이의 1일 천하도 아닌 2시간 천하 소품극, 정치적 자해 행위를 넘어 자살로 가는 길, 희대의 최악수 겸 결정적 패착, 대한민국의 민주주의를 나락으로 떨어뜨리려는 ㄸㄹㅇ 미치광이의 광기가 빚은 싸구려 코미디, 소총 하나 없이 팬티만 차고 전쟁에 뛰어든 어린애를 보는 것 같은 어처구니없는 연극의 한 장면, 국민을 총칼로 위협하면 쉽게 물러설 것으로 여긴 멍청이가 벌인 한밤의 쇼, 감옥에 안 가겠다는 마눌의 성화에 쫓겨 성급하게 거꾸로 빼어든 칼, 어찌해서라도 그런 마눌만은 지켜낸다는 갸륵한 집착이 부른 미친 짓, 역대 최저대의 지지율에서부터 사면초가로도 모자라 이제는 36면초가가 되다 보니(나중에 알고 보니 지구상 어느 곳에서도 윤에게 찬성표를 던지지 않는 360면초가가 되었지만) 이리 쫓기고 저리 몰리면서도 탈출구가 보이지 않자 정상적인 사고 기능조차 사라지는 바람에 발악하듯 당겨본 썩은 동아줄... 등등 끝이 없다.

이를 달리 압축한 말들도 넘쳐난다: 시대착오적 대오판, 괴상망측한 사건, 무장 군인의 의회 난입으로 의회 민주주의 전복을 꾀한 폭거, 헌정 질서 파괴범, 국기 문란범, 내란죄 수괴, 국민들에게 총부리를 겨눈 용서할 수 없는 범죄, 야당에 경고성으로 계엄령을 선포해 봤다는 역사적 코디미의 주인공, 일거에 전 세계의 비판을 자초한 우물 안 개구리의 똥싸기 행보, 똥고집과 비경청파로 살아온 불쌍한 인생의 종말 앞당기기, 상상하기 어려운 부적절한 조치... 등등 그 끝이 보이지 않는다.

특히 '시대착오(anachronism)', '괴상망측(wizard)', '부적절(improper)'이라는 표현은 계엄령 사태 하루 뒤부터 미국 측에서 나왔다. 그 뒤를 이어 '형편없는 오판(badly misjudged)'이라는 공식 논평도 나왔고, '깊은 우려(deep concern)'라는 말도 나왔다. 이러한 말들은 최대한 중립적 표현을 지향하는 외교 용어 중에서는 단순 반대를 넘어 최상급의 비난을 단정적으로 담은 것이다. 앞의 두 말은 전직 주한 미 대사들에게서 나왔고, 마지막 말들은 국무성과 백악관의 표현이다. 특히 '형편없는 오판(badly misjudged)'이라는 말은 윤석열이 입에 달고 살던 '한미동맹'이란 말의 뒷전에서 계엄령 발령 건을 사전 통보도 없이 뒤통수를 쳐댄 윤석열에 대한 인신 공격성 발언이기도 했다. 외교가에서의 최고 수위 금기어는 한 나라의 지도자에 대한 인신 공격이다.

그럼에도 대한민국은 살아 있다. 시퍼렇고 싱싱하게. 제정신을 지닌 건강한 국민들은 미치광이 윤석열을 더 이상 그 자리에 머물게 하지 않는다. 모두들 걷어붙이고 나섰다. 윤석열의 미친 짓에 국민들은 물론이고 조중동까지 포함한 언론계도 한목소리를 냈고, 대학교수와 학생들, 검찰/법원/변협/군경, 예술계와 시민단체, 양 노총 등도 그 대열에 동참했다. 한동훈까지 등을 돌렸다. 윤석열은 4면초가가 아니라 36면초가로도 모자란다.

윤석열은 광기에 사로잡혀 루비콘 강을 건넜고 몰락의 구덩이를 제 손으로 팠다. 술집에서 티브이 중계로 윤석열의 담화를 접한 갑남을녀가 쏟아내는 다음과 같은 반응을 윤석열은 귀 담아 들었어야 하는 것 아닌지 모르겠다.

"뷰웅신. 아 그냥 즉시 하야하고, '법의 판단과 국민의 처벌에 따르겠습니다. 제가 잘못했습니다. 감옥에 가더라도 그 안에서 새로 인생 공부를 하겠습니다. 거듭 죄송합니다' 소리 하나도 못해? 그 간단한 말을? 평생 잘났다고 살아온 인간이 진짜 뷰웅신이네. 저런 넘은 진짜로 고생시켜야 해. 그때라도 철이 들지 안 들지는 모르지만. 늦철이라도 들면 그땐 지가 알아서 감옥 가기 전에 어디서라도 뛰어내리든가 하겠지 뭐. 그럴 배짱도 없는 넘이것지만."

망국 ㄸㄹ이: 사적 욕망인 계엄령 선포를 위한 윤석열의 끈질긴 북한 도발 노력

이번의 계엄령 선포는 윤석열의 주특기이기도 한 거짓말대로 '경고용'이 결코 아니었다. 취임 이후 역대급의 최저 지지율이 계속 잇대지자 자신의 최대 단점인 불통을 돌아보기보다는 핑곗거리로 현실적인 장애물인 여소야대를 내걸었다. 그것으로도 탈출구가 안 보이자 궁극적인 돌파구로 떠올린 것이 계엄령이었다. 사적 욕망일 뿐인 권력을 향한 최악의 동아줄이었다.

추후 그 전모가 드러나겠지만 윤석열의 머릿속에 계엄령이라는 글자가 자리 잡기 시작한 것은 2023년 후반기부터였던 듯하다. 그 본격적인 전 단계 작업들이 실행된 것은 2024년부터다. 윤석열의 사적 욕망, 곧 국지전을 도발해서 전시 상황을 만들고 그걸 기화로 계엄령을 선포해서 자신의 권력을 절대로 흔들리지 않게 하려는 야비한 노력(한마디로 미친 짓)이 그때로부터 수 차례 시도되었다. 그것이 제대로 알려지지 않았을 뿐이다. 12월 13일 군사전문 평론가 000이 MBC 방송에 나와서, 이제는 말할 수 있다면서 밝힌 내용들은 기절초풍할 지경이다.

2024.9. 연평도.백령도에서 K-9 자주포를 활용한 대규모 포사격이 있었다. 그때 내건 핑계는 남북한 군사 합의 전부 효력 폐기였다. 북한이 하니 우리도 한다였다. 하지만, 그 속셈은 따로 있었다. 그 이전에 1월부터 북한이 쏘아댄 건 280여 발이었는데, 우리 군이 쏜 것은 그 두세 배였고, 문제는 탄착거리였다. 북한이 쏜 것은 전부 NLL 안쪽이거나 그 근방이었는데, 우리의 것은 북한 땅 코밑까지도 갔다. 충분히 국지전으로 이어질 수도 있었는데 북한은 그 도발에 응수하지 않았다.

이 연평도 포사격에서 드러나는 또 하나의 문제점은 윤석열이 군 통수권자는 물론이고 대통령으로서도 빵점짜리라는 사실이다. 군대도 안 간 윤석열은 똥폼을 잡는 데나 빼어난 도련님이었을 뿐, 군 관련이든 뭐든 비용 문제는 전혀 생각지 않는, 좀 모자란 사람이기도 했다. 국가 예산조차도 제 주머닛돈으로 생각할 정도였으니까.

그때 포 사격에 동원된 건 K-9 자주포다. 그 자주포의 포탄 가격은 사거리 40km의 구형일 때도 한 발에 천만 원 정도 한다. 사거리를 60km로 늘린 신형 포탄도 개발되었는데, 발당 3천만 원 정도라고 한다. 스텔스기 F-35A의 1회 발진 비용이 1200만 원 정도 하는데, 거의 그 세 배다. 포탄당 천만 원짜리로만 계산해도 500발 정도면 50억 원이 윤석열의 국지전 획책에 낭비된 셈이다. 윤석열은 그때나 계엄령 때나 군 동원을 자신을 위한 병정 놀이쯤으로 가볍게 여기는, 대단히 모자란 사람이라는 건 이런 단순한 사례에서도 증명된다.

2024.10. 북한은 군사분계선 북쪽에 있는 경의선/동해선 남북 연결도로와 철도 선로 일부 구간을 폭파시켰다. 2024년 10월 9일 북한이 미군 측에 남측 연결도로와 철길을 끊고 요새화 공사를 하겠다며 공식 통보한 후였다. 그때 윤은 기다렸다는 듯이 북한 영해상으로 포탄을 쏟아부었고, 그런 사실은 단 한 글자도 기사화되지 않았다. 이를 전후한 시기에 DMZ 초소에서는 걸핏하면 기관총까지 쏴댔다. 비무장으로 제초 작업을 하는 북한 병사들에게 경고용 사격이라는 미명하에.

그래도 안 되자, 희대의 평양 드론 사건을 저질렀다. 2024.10월 3~10일간에 걸쳐(한 번도 아니었다) 백령도에 가서 드론을 날렸다. 방첩사 기획, 정보사령부 지휘, 드론사 실행의 합작품이었다.

그 드론 도발로도 안 돼자 오물풍선의 원점 타격이라는 극한수까지 냈다. 그토록 고대하던 국지전 도발이 성공하고 그러면 전시를 핑계로 계엄 선포가 가능해지니까. 하지만, 그것도 합창의장의 반대로 무산됐다. 그것이 그가 계엄사령관에서 배제되는 행운을 낳았다. 올바른 판단은 언제나 정당한 보답으로 돌아온다.

윤석열은 사적 보복 욕망에 스스로 체포·구금된 단세포 무뇌충이었다

윤석열이 그동안 술잔을 들고 끙끙거리면서 선택한 것들은 모두 ㄸㄹ이의 순간적 판단들이라고 할 수 있다. 민주당에 대한 이 갈리는 심사들은 역대급으로 낮아지는 자신의 평균 지지율을 포함하여 (윤석열은 OECD 국가 중 재임기간 중 평균 지지율에서 최하위를 기록했다) 모든 게 민주당 탓이라는 '답정너'로만 직행했다. 그런 과정에서 자신에게 주어진 전가의 보도로 생각하고 휘둘렀던 그 숱한 거부권 행사(역대 최다의 27회?)가 민주당이 찾아낸 숱한 비책인 탄핵으로 부메랑이 되어 돌아올 줄은 꿈에도 생각지 못한 우매함도 똑 부러지게 작용했다. 윤석열이 생각 없이 그냥 마냥 '답정너'로 공격해댄 민주당이 윤석열에게 '답정너'로 확실하게 되갚았다. 그것도 회생불능의 수준으로.

그처럼 협착된 윤석열의 사고는 직접적으로 자신에게 해가 되었거나 도움이 안 되었다고 자의적으로 판단한 사람들에 대한 사적 보복으로 압축.응결.발달되었다. 계엄령 과정에서 드러난 윤석열의 보복 명단에, 이재명과 한동훈이 포함된 것은 누구라도 짐작할 수 있는 일이지만(한동훈과의 공식적인 첫 독대에서 '야 임마. 니 어째 형수까지 씹을 수 있나'라는 막말도 나왔다고 전해진다), 권순일(전 대법관)/김동혁(30기. 서울중앙지법 부장판사)/양정철까지 들어가 있었다는 건 그야말로 '깜놀' 따따블 수준이다. 감히 사법부에까지 개인적인 보복의 칼날을 들이댔다.

윤석열에게는 20여 개를 넘기는 별호들이 있다. 국민들이 선사한 것들인데, 좋은 의미로 압축한 건 거의 없다. 그의 취임 후에 붙여진 것으로는 '불통령/술통령'이 대표적이다. 굳이 해설이 필요없다. 그다음으로 통용된 게 '윤썩열'이다. 흔히 어르신들이 해댄 말, '썩을넘/놈'의 의미를 담아 함축한 말이다. 윤석열은 자신의 언행으로 그 '썩을넘/놈'의 무덤을 향해 스스로 걸어간 헛똑똑이의 대명사다.

윤석열은 검찰이 키워낸 괴물 중의 괴물이자, 배신의 최대 아이콘이다

윤석열은 일개 전직 검사다. 그런 사람이 이 나라를 쥐고 뒤흔들어댔다. 이 나라의 검찰이 그를 괴물로 키워냈다.

그가 비정상적인 사람이라는 조짐은 대선판에 뛰어들 때부터 엿보였지만, 그 후유증이 이처럼 심각하리라고 여긴 사람은 드물었다. 하지만, 나는 그가 정치판에 머문 그 짧은 행각이 그의 인생에서 일장춘몽의 '구운몽(九雲夢)' 귀결될 것이라는 예감이 처음부터 들었다. 앞서 적은 것처럼 대선 후보로 등장할 때부터 드러나는 비정상적인 언어들이 심상치 않아서였다. 언어들에서 드러나는 면모만으로도 그는 엄청 문제적 인간이란 게 내 눈에도 들어왔다. 단순한 호불호의 차원을 넘어서였다.

등장 때부터 윤석열은 배신과 하극상 쿠데타의 아이콘이었다. 그걸 교묘한 언어 조작으로 가렸을 뿐이다. 윤석열은 상관들을 계속 들이받거나 배신했고, 임명권자를 기만했다. 그것이 그대로 이어져 마지막으로 국민들을 속이는 일로 이어졌을 뿐이다. 윤석열이 평생 내리깔고 낮추본 국민들이 가장 무서운 이 나라의 실제 주인들이라는 걸 눈곱만치도 생각지 않은 채 윤석열은 최악의 하극상인 쿠데타급 계엄령 선포로 내란죄까지 저질렀다.

윤석열은 배신자 등급에서도 최하급이다. 그의 배신은 저열.졸열.저급.조잡하고 속물적이며 비인간적이다(특히 타인들에겐. 다만 아내에게만은 깍듯이 인간적이다.) 나아가 배신이 몸에 배다 보니 그는 자신의 말까지도 배신하는 자가당착 수를 덜컥덜컥 잘 둔다. 검사가 수사로 보복하면 그건 검사가 아니라 깡패라 했으면서도 그는 깡패의 길을 걷고 있다.

실은 윤석열 자신이 다분히 골목 깡패적이다. 어깨에 힘을 주고 껄렁껄렁 걷는 폼도 그렇고, 자리에 앉으면 두 팔을 딱 벌려 탁상에 얹고서는 한판 붙어볼 테냐 식의 자세를 취하는 게(한동훈과의 독대에서도 그랬듯이) 통술집 식판에 마주 앉아 으르렁거리는 골목 깡패들과 완전 판박이다. 국민들과의 대화나 기자회견에서도 처음에는 참모들이 조언한 대로 두 팔이 탁자 아래에 머물지만, 시간이 흐르면 예의 그 깡패 자세가 나온다. 자신도 모르게.

집단적 검사 문화의 원류 DNA인 오만이 개인화되면 거만해진다. 이 거만은 윤석열의 언어 문화에서도 빠지지 않는다. '국어사전을 고쳐야 한다'는 놀라자빠질 만한 역대급의 거만한 망말도 서슴없이 뱉게 되는 이유이기도 하다. 지가 뭔데, 감히 국어사전까지 손대?

배신의 아이콘 이야기를 1장에 다룬 것은 그러한 윤석열의 정체를 밝히고자 함이다. 2021년에 썼던 글들이 대부분이다. 그때부터 내게 윤석열은 배신과 하극상의 아이콘으로 읽혔다. 그의 취임 후 언행도 계속 살피게 된 건 내 생각이 틀렸는가 싶어서이기도 했다. 불행히도 나의 그 불길한 예감은 틀리지 않았다.

2장에는 그를 괴물로 키워낸 검찰 이야기를 담았다. 이 또한 2021년의 원고가 주축이다. 이 책에서는 그 2021년의 원고들이 다른 글씨체로 전재될 때도 있다. 당시 필자가 예측했던 것들이 그후 그대로 시현되었음을 반추해보기 위해서다.

검찰 관련 글들이 긴 편인 것은 검사들의 실물 현장을 담아내고자 해서다. 검사 생활 속의 제도적, 현상적 현장을 조금이라도 상세히 담아보려다 보니 원고량이 많다. 처음부터 그런 터여서 이번에는 되레 좀 줄였는데도 그렇다.

우리나라가 검찰공화국으로 불리기 시작한 지도 30여 년을 넘기고 있다. 윤석열은 검찰공화국이던 대한민국에서 검사들의 혈통 분리를 통해서 검사공화국으로 개악.발전시켰다. 대한민국에서 '불멸의 신성(神聖) 가족'이라 여기는 모든 검사들이 진골이라면 검사공화국 내의 검사들은 성골이다.

언어가 그 사람이다

이 책의 3장에는 대선 후보 당시 그가 쏟아놓았던 이야기들이 많이 나온다. 그것은 그 당시 우리가 윤석열에게서 놓친 것들 속에 이미 오늘날의 수많은 실책과 오류들의 씨앗이 담겨 있었기 때문이다. 윤석열은 등판 때부터 뒷말과 결함투성이였다. 우리 속담 '못된 송아지는 뿔부터 난다'는 진리다. 우리가 그때 윤석열의 엉덩이에 돋아 있던 뿔을 간과했다.

윤석열은 부상 때부터 돌직구 스타일의 정제되지 않은 언어 잔치로 정치검사의 실상을 가리고 더욱 돋보이게 만드는 위장의 명수였다. 국민들은 그런 거친 말들이 꾸밈투성이의 말들과는 달리 신선해서 박수했다. 그때는 토옹~ 몰랐다. 그 거친 말들이 윤석열을 가득 채우고 있던 막말과 상말일 뿐이었다는 것을.

그를 일거에 영웅 신화의 주인공으로 만든 '나는 사람에게 충성하지 않는다'는 사실 가장 완벽하게 위장한, 관객 유인용 명대사였다. 윤석열에 대한 대표적인 오인(誤認) 상품이었다. 그 말은 뼛속까지도 완고.완강한 검찰주의자인 윤석열이 국민들을 향해 공개적으로 던진 짱돌이었는데, 그때까지만 해도 그 명대사에만 혹한 국민들은 그 말 뒤에 숨겨진 윤석열의 정체를 제대로 모르고 있었다.

언어가 그 사람이다. 언어에 그 사람의 모든 것이 담기고, 언어에서 그의 모든 것이 드러난다. 링컨의 말대로 모든 사람을 얼마 동안 속일

수는 있다. 또 몇 사람을 속일 수도 있다. 그러나 모든 사람을 늘 속일 수는 없다. 거짓 꾸밈말로 그때그때 땜질을 해 오던 버릇은 결국 대국민 사기극으로 이어졌다. 그 대가를 머지않아 영어(囹圄)의 몸이나 자신의 선택 방식으로 치를 듯하다. 혹독한 가산이자를 제 손으로 붙여서.

공동 대표라는 직함으로 언어와생각연구소를 이끌어 온 나는 사전과 어법 책자를 펴낸 우리말 연구가에 속하지만, 언어 분석을 통한 심층 심리 쪽에 계속 관심해 온 사람이기도 하다. 박근혜가 본격적으로 문제가 되기 이전부터 그녀가 기어이 큰 사달을 내고야 말 듯해서 박근혜 탄핵 사태 발발 석 달 전인 2016년 6월에 《박근혜의 말》이라는 책자 원고를 탈고하기도 했다(출판사 사정으로 그 출간은 탄핵 소추 후인 11월에야 이뤄졌다.)

그 책은 매스컴 종사자들에게 유명인들의 언어 분석서로 인각되기도 해서 그 뒤로 여러 사람들의 언어 분석을 통한 행동 예측 글을 요청받기도 했다. 이번 사태 후에도 그건 여전하다. 비밀 서약 탓에 모든 걸 공표할 수는 없지만 모 국가기관의 의뢰를 받아 북한 권력층의 언어 분석에 따른 행동 예측 프로젝트를 수행하기도 했다.

위에서도 언급했듯이 2021년 집필 당시 이 책의 제목으로 삼았던 것은 《윤석열의 구운몽(九雲夢)》이었다. 윤석열의 언어들을 분석해 보니, 아무래도 구운몽처럼 대선 후보로서 일장춘몽의 휘저음과 즐김으로 끝날 것 같아서였다. 당시만 해도 내 나름의 선거 예측 결과는 낙관과는 거리가 좀 있었다.

더구나 당락과 무관하게 윤석열에게서 보이는 그런 근본적인 결함은 언제고 간에 자신까지도 수렁에 빠뜨릴 것만 같았다. 대선 후보 시절 온갖 구설을 몰고 다니던 그를 가까이서 지켜본 국힘 내부에서조차도 '자살골과 악수(惡手)의 백화점'이라고 수군거리면서 완주 여부까지 걱정하던 윤석열의 정치판 등판의 최종 목적지는 결국 구운몽(九雲夢)으로 귀결될 듯하다는 생각이 강해서였다.

대선 결과도 뚜껑을 열고 보니 역대 최소의 득표율 격차인 0.73%p (247,077표) 신승이었다. 중간급 시(市) 하나의 사람들 모두가 반대표를 찍었다면 대통령의 성씨가 바뀔 뻔했다. 안철수와의 단일화가 없었더라면 나의 예측대로 필패였다. 안철수 지지세가 윤석열로 향했다고는 볼 수 없지만, 두 자릿수로 치고 올라온 안철수의 지지율은 그 당시 윤석열에게는 치명타가 되고도 남을 수치였다. 그런 안철수를 윤석열은 처음에만 체면치레용으로 인수위 위원장 자리 하나로 대접했을 뿐 그 뒤로는 본래의 윤석열로 돌아갔다. 그의 배신과 복수 버릇은 안철수에 대해서도 토사구팽으로 이어졌다(윤석열의 배신과 토사구팽 버릇은 이준석.한동훈의 사례에서도 보듯 일상적이다.) 1차 탄핵 투표일에 국힘당 좌석에서 처음부터 유일하게 그리고 끝까지 안철수가 자리를 지키고 앉아 있었던 것은 배신의 아이콘 윤석열을 똑같이 배신의 한 표로 되갚아주면서 응징하려는 결단이었을 게 분명하다.

'윤석열의, 윤썩열+김건희에 의한, 김건희를 위한' 망처시하 대통령이 망친 대한민국

윤석열은 '윤석열의, 윤썩열+김건희에 의한, 김건희를 위한 망처시하 대통령'으로 요약된다. 본래 망처(亡妻)의 사전적 의미는 죽은 아내를 뜻하지만, 이곳에서는 '망치는 아내'의 의미로 전용했다. 익히 알다시피 '망치다'는 "집안, 나라 따위를 망하게 하다. 잘못하여 그르치거나 아주 못 쓰게 만들다"를 뜻한다.

윤석열은 불쌍하게도 그런 망치는 아내 탓에 결정적으로 자신도 나라도 망쳤다. 평생 동안 잘났다고 살아온 사람이 마누라 하나를 잘못 만났거나 제대로 건사하지 못해서... 계엄령이라는 결정적 패착을 둔 것도 감옥에 가기 싫다는 '무등병 김건희 구하기' 작전 때문으로 보는 이들도 있다. 김건희의 소원을 들어주고는 싶지만 뾰족한 수단이 없자(협치와 소통을 통해 그걸 찾아내려는 생각과 노력은 아예 하지도 않은 채) 막다른 골목으로 몰린 윤석열이 계엄령이라는 미친 칼을 꺼내 국민을 향해 휘두르기를 했다고도 본다.

그런 김건희를 평생 지배해 온 것은 주술(呪術) 문화다. 천주교와 불교를 왔다 갔다 하면서 무종교에 가까운 윤석열 역시 청년 시절부터 점쟁이들의 말에 솔깃해 왔다. 사시 9수생이 된 것도 점쟁이의 말을 따라서였다. 흔한 무당들보다도 자신이 더 영험하다는 말까지 꺼내드는 김건희에게 사로잡혀 지내온 건 그러므로 당연한 귀결이랄 수도 있다. 주술 문화에 관한 한 둘은 궁합이 아주 잘 맞는 커플이었다.

후보 시절 손바닥의 王 자가 드러나면서 불거진 무속.주술과의 연관 혐의에다 김건희와 관련된 괴상망측한 루머의 도배질, 그리고 학위 관련 사과까지 더해지자 그는 대통령에 당선되더라도 아내를 집 안에만 있게 하겠다는 공약까지 했다. (이 약속의 결과는 잘 안다. 윤석열은 자신의 말까지도 아주 잘 배신하는 사람이다). 김건희는 지금까지의 대선 후보 부인 중 유세 기간에도 내내 꼼짝없이 집에만 머물러야 했던 유일한 기록 보유자다. 앞으로 특검이 실현되면 유일한 기록들이 더 추가되겠지만.

제4장에서 김건희와 윤석열이 합동 연출한 주술 문화 관련 뒷이야기들을 다룬 것은 그 때문이다. 이 또한 대선 후보 당시에도 이미 온 나라에 번져 있던 이야기들일 뿐이지만, 윤석열을 뽑은 것은 그러한 주술이 정치에까지도 그토록 깊숙이 접목되리란 걸 예상하지 못한 순진한 이들의 패착이었다. '에이 설마' 하면서. 설마가 사람 잡는다는 말처럼 윤석열에게 딱 들어맞는 말도 없다.

문제아 윤석열도 알고 보면 불쌍한 인간이긴 한데...

윤석열은 주술(呪術) 문화에 완전히 절어서 박사 학위 논문에까지도 그런 걸 차용할 정도의 마누라 때문에 망한 불쌍한 인간으로 기록될 듯하다. 마누라가 점괘를 보니 청와대에 들어갈 팔자라면서 등을 떠미는 통에 대통령 자리에까지 욕심을 내게 된 바람에 '망처시하의 대통령'이라는 기록은 이미 세웠다. 윤석열 자신도 변곡점마다 주술사에 불과한 관상가.점쟁이들의 말을 경전 삼아 왔다.

이 책은 그러한 불쌍한 한 인간에 대한 이야기이기도 하다. 인생은 선택의 연속이다. 하다못해 아침에 일어나 화장실로 먼저 갈 것인지, 물 한 모금부터 할 것인지, 아침 식사 대신 커피 한 잔부터 할 것인지도 선택이다. 불쌍한 인생이란 말은 그 선택이 어떤 결과로 이어질지 모르는 채 그냥 해대는(혹은 생각하기를 건너뛴 채, 습관대로 그냥 해대는 탓에) 선택들의 총합체이자 퇴적물에 붙는 명패 중의 하나다.

감옥에 가기 싫다는 마누라를 어떻게든 보호해야겠는데 길이 안 보이자 계엄령이라는 최악의 패착까지 꺼내든 그 광기 어린 집착 앞에서 우리들은 대단한 애처가란 말을 꺼내들 수가 없다. 집 안의 대장은 마누라일지 몰라도 집 밖으로 나오면 그는 이 나라의 군통수권자다. 제 마누라를 보호하라고 군 전체의 지휘권을 내준 건 절대 아니다.

진실 앞에서 참회하고 떠나는 사람이기를

미국 법정에서의 증인 선서는 다음과 같다: “I swear to tell the truth, the whole truth, and nothing but the truth“(나는 진실, 모든 진실, 그리고 오로지 진실만을 말할 것을 맹세합니다). 한편 한국 법정의 증인 선서문은 이렇다: “양심에 따라 숨김과 보탬이 없이 사실 그대로 말하고 만일 거짓말이 있으면 위증의 벌을 받기로 맹세합니다”

얼핏 보면 비슷해 보이지만, 이 둘 간에는 큰 차이가 있다. 미국에서는 “진실, 모든 진실, 오로지 진실”이라고 진실을 3번 나누어 반복하고 강도를 높여간다. 반복법과 점층법을 사용하여 증언자에게 '완전한 진실'을 말하도록 압박한다. 부분 진실이 아니라 전체 진실을 말하라는 뜻이다. 그에 비하면 우리는 "숨김과 보탬이 없이 사실 그대로"라고 한다. 느슨하다. 그래서 부분 진실만 말해도 된다. 부분만 보면 진실이지만 전체의 그림으로 보면 속임수가 될 수도 있다. 부분 진실은 전체 진실을 오도하기도 한다. 전두환과 박근혜의 회고록에서처럼.

우리는 역대 전직 대통령 중 네 사람이나 2~4년의 징역형을 살아낸 불행한 역사가 있다. 그 때문에 그들은 죽어서도 국립현충원 근처에도 못 간다. 이들 중 모든 진실을 밝히고 제대로 반성한 이는 단 한 사람도 없다. 노태우만 유일하게 자신의 과오를 부분적으로나마 인정했다. 오랜 휠체어 생활 끝에 나온 것이어서 때가 좀 늦기는 했지만... 하지만 전두환은 죽을 때까지도 반성 하나조차 하지 않았다. 그 결과는 비참하다. 죽은 지 3년이 지났지만(2023.11.23.) 아직도 영면지 하나를 찾지 못해서 연희동 집에서 유골 신세를 지고 있다. 그 반면 반성의 노력을 조금이라도 했던 노태우의 파주 묘지는 노무현 대통령에 이은 국가 보존 묘지 2호다.

이런 얘기를 하는 이유. 윤석열이 어떤 식으로든 묘지를 향하기 전에 반성문을 제대로 쓰라는 말을 하고 싶어서다. 변명을 위한 부분 진실이 아닌 전체 진실을 고백하고 떠나가기를 소망한다. 윤석열의 최대 감점 브랜드인 똥고집을 이 세상과 하직하기 전에라도 내던지고 가기 바란다. 떠날 때는 뭐든 덜어내서 가벼워져야 날 수 있다. 똥고집처럼 무거운 똥덩이도 다시없다.

대한민국의 집단지성은 위대하다. 여전히 살아 있다

국민은 속았다. 국민을 배신한 윤석열에게 제대로 당했다. 윤석열은 검찰총장 시절부터 전 국민을 상대로 내내 사기극을 펼친 3류 배우였지만 우리가 그 정체를 간과했다. 늦기는 했지만 이제라도 그런 그의 정체를 조금은 제대로 바라봐야 할 때다. 대한민국의 집단지성은 위기 때마다 나라를 실질적으로 지켜내고 굳건히 이끌어 왔다. 그러한 막강한 집단지성의 힘을 이번의 불행한 사태 앞에서 한 번 더 실체적으로 연마질하는 기회로 삼게 되기를 간절히 소망해 본다.

서부 영화의 고전 《역마차(Stagewagon)》(1952)에서 마부가 마차 바퀴를 돌아보느라 지체하자 8명의 손님들은 출발을 다그친다. 그러자 마부는 말한다. '삐걱거리기 시작한 마차 바퀴는 곧 빠집니다. 나야 그냥 말(馬)로 옮겨타면 되지만, 손님들은...' 이 나라를 끌고 온 이는 그런 마부가 아니었다는 게 걱정이다. 그 마차 안의 손님들은 바로 이 나라의 실체적인 주인인 국민들이다. 마차가 엎어지면 그 피해를 고스란히 입게 되는.

끝으로, 이 책에는 삼천포로 빠지기와 '삼천포에서 원위치!' 소리가 좀 나온다. 정치판 얘기가 재미있을 리 없기에 내 딴에는 심심풀이 땅콩들을 섞느라 한 짓이다. 그중에는 많은 분들에게 '듣보잡'일 듯한 비화(祕話)도 좀 있다. 청와대/국회의 사우나, 역대 대통령들의 에피소드, 코코 샤넬의 불행한 종말, 나폴레옹과 조세핀... 등등과 같은 것들이 그것이다. 오바마 이야기도 적지 않게 섞었다. 딱딱한 책을 읽어내시는 분들의 재미를 위해 저자가 설부른 애교를 부린 것쯤으로 여겨 주시면 고맙겠다.

이 책에서는 탄핵이 의결된 2024년 12월 14일까지의 윤석열 관련 이야기를 담았다. 그 뒤의 윤석열의 말로는 뻔하다. 그것이 무엇이건 그 형식과 내용의 일부만 달라질 것이기에 더 이상 궁금하지도 않다.

2024년 12월 파주의 오두막 서실에서
최 종 희

제 1 장

태생적 결함, '검사스러운' 후보

1

'검새스럽다':
곱지 않은 검사들, 그리고 하극상의 싹

노무현 시절, 우리 사회를 조용히 가격했지만 그 뒤로도 오랫동안 생명을 유지한 시사 용어 중에 '검사스럽다'가 있다. 사라지기는커녕 '검새스럽다'로 발전하고 그 뒤 '검사스러운 검새들'이란 말까지도 나왔다. 당시 국립국어원에서는 이 '검사스럽다'란 말을 신어 사전에 등재하고 이런 뜻풀이를 붙였다: '행동이나 성격이 바람직하지 못하거나 논리 없이 자기 주장만 되풀이하는 데가 있다.'

이 말은 2003년 3월 9일 이른바 평검사들과의 대화를 통해서 화통한 소통 문화를 선보이려던 노무현을 크게 낙망시킨 사건에서 나왔다. 대화에 참여한 평검사들이 나이로나 직위로나 까마득한 어른인 대통령을 향해 계속해서 최소한의 예의조차 갖추지 않자, 그걸 지켜본 국민들이 그 검사들의 태도 전체를 싸잡아 붙여준 신조어가 '검사스럽다'였다. 자신들의 발언 내용이 옳든 그르든, 어투와 태도만은 최소한의 예의를 갖춰야 하지 않겠느냐는 시각에 대다수 국민들은 고개를 주억거렸다. 시쳇말로 하자면 검사들의 행태는 '싸가지' 없는 짓들이었지만 그렇게 독하게는 표현할 수 없어서 우회적으로 다듬은 말이었다.

이때 대통령과의 대화에서 보인 '싸가지' 없는 발언 내용과 어투 때문에, 그 뒤로 '검사스러운 검새들'이라는 새로운 용어로 발전시켰던 이들이 이른바 '검새' 10인방이다. 경찰관들의 비하칭인 '짭새'에 대응하여 국민들이 자발적으로 선사한 이름이 '검새'다.

그 면면을 보면 김영종(사법연수원 23기[1]. 이하 모든 표기에서 기수는 사법연수원 기수를 뜻함. 직책은 훗날의 최종 직위) 전 수원지검 안양지청장, 이완규(23기) 전 인천지검 부천지청장, 이석환(21기) 전 광주고검 차장검사, 윤장석(25기) 전 대구고검 검사, 허상구(21기) 전 청주지검 차장, 김병현(25기) 전 서울고검 검사 외에 비교적 일찍 변호사로 전업한 이옥(21기. 홍일점)·이정만(21기)·박경춘(21기)·김윤상(24기) 등이 그들이다. 희한하게도 이들 중 두 사람(김영종/이완규)이 윤석열과 동기였다.

이들은 한두 사람을 빼고는 이명박 정부 들어 승승장구했다. 박근혜 정부 시절에도 대체로 잘나갔다. 그중 특히 윤석열과 연수원 동기인 김영종은 당시 검사 9년 차의 수원지검 검사로 참석해서 노 전 대통령이 취임 전 검찰에 청탁 전화를 했다는 취지로 발언했다. 그러자 노 전 대통령이 "이쯤 가면 막 하자는 거죠"라며 불쾌감을 감추지 않게 되어, 토론장 분위기를 급랭시켰던 장본인이다. 김영종은 그 사건 후 3년 뒤에 부부장검사로 승진했는데, 검찰의 부부장검사 승진은 특별한 감점 사유가 없으면 연공서열만으로도 오르는 자리다.

---

1 사법연수원은 1970년에 설치되어 71년 1월부터 원생 1기를 받았다. 기수는 일반적으로 졸업 때 부여되지만 사법연수원생은 입소 때 받는다. 재원 중 휴직 등도 발생하기 때문이다. 원생은 재원 기간 중 5급 공무원 대우를 받지만, '임용'이라 하지 않고 '임명'으로 칭한다. 졸업 후 공무원이 아닌 변호사 등의 민간 직종으로도 진출하기 때문이다.

하지만 모든 건 사필귀정이기 마련. 이들은 14년 뒤인 2017년에 시행된 검사장 인사에서 걸러졌다. 노무현 대통령을 '물 먹였다'고 내내 어깨에 힘을 주었던 그들이 제대로 물을 먹고 대부분 검찰을 떠났다. 동기들 중에서는 9명이나 검찰의 꽃이라는 검사장으로 승진했음에도... 제아무리 똑똑하고 뭐하다 하더라도 우리 사회에서는 인간으로서, 하급자로서, 갖춰야 할 최소한의 예의라는 게 있는 법인데 그걸 짓밟고 무시한 '검사스러운 검새'에게 돌아간 응분의 대가라 할 수 있다.

그 유명한 '검사스러운 검새' 행태를 두고 그 사건 5년 뒤 그들이 부장검사로 승진했을 무렵에 한겨레신문이 인터뷰를 한 적이 있다. 성실하게 인터뷰에 응하고, 자신의 처신에 대해 반성하는 발언을 한 사람은 당시에 한 사람도 없었다.[2] 최대한의 반성이랄 수 있는 말은 '그 당시 우리가 노 대통령을 너무 몰아붙였다' 정도였다.

이 '검사스럽다/검새스럽다'는 말을 지금 돌아보면 그것은 검사들의 언어적 하극상을 최대한 점잖게 받아주려는 우리 사회의 관용이 작용한 말이었다. 돌아서서 그 자리에서 직격하자면, '정말로 싸가지 없는 녀석들, 국민들 앞에서 검사의 존재감을 마음껏 과시한 버릇없는 녀석들'이었다.

그런 자신들의 존재 앞에서는 대통령조차도 별것 아니라는 집단적 잠재의식이, 숨겨지지 않는 우월감이, 은연중에 저절로 오만불손으로 표

2 한겨레신문. 2008.10.9.

출된 것에 불과했다. 김두식 교수가 잘 표현했듯이 그들은 언제 어디서고 변치 않는 '불멸의 신성(神聖)가족'임을 그 자리에서도 여실하게 드러내보였다. 그리고 그때 언뜻 내보였던 불길한 우월감은 결국 6년 뒤인 2009년 5월 노무현 전 대통령이 검찰청으로 출두하는 모습을 청사 안에서 팔짱 낀 채로 내려다본 중수부 1과장 우병우의 은근한 미소로 피어났고, 노무현은 불귀의 객으로 검찰과 하직해야 했다.

이 검새들 중 윤석열의 당선 이후 제대로 햇빛을 쬔 사람은 이완규 법제처장이다. 그는 윤석열 관련 소송에서 열심히 해서 승소했다. 물론 그 승소는 이미 검찰을 떠난 윤석열에게는 전혀 무의미한지라 버스 떠난 뒤의 일이었지만.

2

사람을 문 개는 어찌해도 사람을 문 개다:

하극상과 배신의 아이콘

'사람을 문 개는 사람을 문 개다.' 메릴 스트립이 영화 《다우트(Doubt)》에서 뱉은 대사다. 새로 온 신부가 학생들과의 관계에서 의심스러운 행보를 보여서 학교 교장 수녀이던 메릴이 따져 묻자 신부는 그 나름의 여러 변명들을 늘어놓으려 든다. 그때 메릴 스트립이 단호하게 뱉는 말이다. 그 정황이 무엇이든, '사람을 문 개는 사람을 문 개'라고.

윤석열은 자신의 손으로 영원히 지워지지 않을 흑역사를 새겼다. 바로 위에서 언급한 '사람을 문 개'라는 기록이다. 윤석열의 이름 석 자에 잊지 말고 반드시 매달아줘야 할 명패에 새겨질 다섯 글자다. 윤석열은 '역대급의 초대형 파격 수'까지 두면서 발탁한 인사권자(주인)를 물었고, 정치권에 뛰어든 이후로도 온 힘을 다해서 주인 물어뜯기로 바빴다. 주인이었던 문재인을 법정으로 끌어내어 망신 주려 들고, 그 딸에게도 음주운전으로 걸린 걸 기회 삼아서 별별 무허가 숙박 사건까지도 매스컴의 집중 조명을 받도록 특별히 배려(?)하고 있다. 명색이 이 나라 리더급에 들었던 이의 배신치고 그런 더럽고 치사한 배신도 달리 없고, 인간적 기본 도리를 저버린 그런 하극상도 다시없다!

윤석열은 문재인 정부 들어서 최초로 이뤄진 역대급의 초대형 초특급 파격 발탁 인사다. 검찰 역사에서는 30세의 평검사 이건개[3]를 당시 서울시경국장으로 앉힌 박정희의 찍어넣기 식 발탁 인사에 이어 두 번째이긴 하지만...

고검 검사급이던 윤석열을 특별히 '찍어서' 검사장[4]으로 승진시키고 그런 초임 검사장[5]을 지검장 중 최고의 요직인 서울중앙지검장에 앉히기 위해, 그동안 지검 중 유일하게 고검장급이던 그 자리를 지검장급으로 하향 조정까지 했다. 역대급의 현대판 위인설관(爲人設官)이었다. 그리고 그것은 공식적으로는 부장검사급인 일개 고검 검사를 2년 2개월 만에 총장 자리에 앉히는 초대형 파격으로 이어진다.

서울중앙지검은 말이 지검이지 몇 개의 지검을 합해도 될 정도로 지검 중에서도 최대 규모인 곳[6]이다. 일례로 대부분의 지검에서 1명인 차

---

3 이건개(1941~)는 검사 임용 후 5년 만인 1971년 만 30세에 서울시경국장(현재의 서울지방경찰청장. 치안정감으로 1급 대우. 검사장급에 해당한다)에 임명된다. 이건개는 박정희가 흠모하던 이용문 장군(1916-1953. 지리산 공비 토벌 작전 중 비행기 사고로 사망)의 아들이다. 박정희는 혁명 후 바쁜 와중에도 대구 근교에 있던 그의 묘지를 수유리로 이장하고, 1968년 이용문 장군배 승마대회를 창설하여 그를 기릴 정도로 존경했다.

4 차관급 예우를 받는 검사장은 관행상 지검장급과 고검장급으로 나눈다. 총장을 제외하고 고검장급은 현재 7자리다. 5개 지역 고검장과 대검 차장, 법무연수원장이다. 지검장급은 18개 지검의 지검장, 대검 검사 6, 고검 차장 3, 사법연수원 부원장, 법무연수원 기획부장, 법무연수원 연구위원 0~4명 등으로 현재 30여 명 선이다. 노무현 정부 때 54명이나 되던 검사장 자리를 박근혜~문재인 정부에서 꾸준히 줄여 와서 현재는 40명 안쪽이다. 연수원 연구위원(7명 중 4명이 검사 자리)은 초임 검사장이나 보직 대기 등과 같은 문제 인물용이어서 현재원은 들쑥날쑥 한다. 법무연수원과 사법연수원 자리는 검찰청이 아니라 본래 법무부 T/O에 속한다. 엄격히 말하면 검찰청 소속의 검사가 법무부 T/O를 침범한 것.

5 초임 검사장은 대개 한직인 고검 차장검사나 연수원 또는 소규모 지검의 지검장으로 나가고 대검 검사나 규모가 큰 지검의 지검장 자리는 발탁 인사에게만 주어진다.

6 서울중앙지검은 매머드급이다. 검사 245명의 거대 조직인데, 지검 중에는 춘천지검(검사 21명)이나 제주지검(검사 28명)처럼 일부 지청보다 작은 조직도 있다. 대체로 지검에는 검사가 100여 명 안

장검사만 해도 4명씩이나 있다. 그래서 지검장 중에서도 최고참이 가야 하는 자리인 터라 그동안 고검장을 앉혀왔다. 지검장 중에서 선임하면 지검장 그룹 내에서 시샘을 만들어내는 일이기도 해서였다. 그런 자리에 갓 검사장에 오른 신참 윤석열을 모셨다(?). 그게 첫 번째 파격이었다. 단순한 기수 파괴가 아니어서 파격이란 말로는 한참 모자라고, 검찰의 단단한 기둥 중 하나인 위계질서를 뒤엎은 초(超)파격 내지는 대(大)파격이라 해야 할 초대형급 인사 태풍이었다.

그런 그가 또다시 검찰총장으로 전격 발탁되자 윤석열은 고검장을 거치지 않은 유일한 총장이라는 새 역사의 주인공이 됐다. 그동안 역대 모든 검찰총장들은 각 지역 고검의 고검장이나 고검장이 맡는 대검 차장검사 자리를 거친 사람 중에서 발탁되는 게 공고히 지켜져 온 일종의 관례였다. 그래야만 검찰을 버텨 온 기둥 중의 하나인 기수 문화가 지켜지고 상하관계의 역전 현상을 피할 수 있었다.

하지만 그러한 불문율도 윤석열 때문에 깨뜨려졌다. 오로지 윤석열만을 위해 감행된 두 번째의 대파격이었다. 그렇게 해서 검찰 역사상 직급상으로는 부장검사급일 뿐인 고검의 평검사가 단 2년 2개월 만에 총장에 오르는 전무후무할 예외적 기록이 수립되었다. 초특급의 초대형 특혜 수혜자였다.

팎, 적으면 30명을 살짝 넘는 수준이다. 그 때문에 같은 지검장급이라도 1차 보직, 2차 보직, 3차 보직으로 서열이 있다. 서울중앙지검장은 30여 명의 지검장급 중에서도 최고참, 최고위 지검장이 가는 곳이어야 해서 관행상 고검장급으로 보해 왔다.

2019년 6월 당시 그와 함께 총장 후보자로 제청된 세 사람은 봉욱(19기) 대검 차장검사, 김오수(20기) 법무부 차관, 이금로(20기) 수원고검장 등이었는데, 이들은 모두 23기인 윤석열의 3~4기 선배 기수들이었다. 하지만 이것은 외견상으로만 선배 기수를 배려하려 한 흔적을 보인 형식상의 추천 인사들이었다. 윤석열은 그들을 모두 밟고 올라갔다. 그런 주춧돌을 놓은 게 문재인이었지만, 그것은 사실 순리를 어긴 제도적 하극상에 속했다. 검찰처럼 기수 문화가 철저한 조직의 위계질서 자체를 파괴한 엄청난 무리수였다. 3기 선배인 김오수가 그의 후임 총장으로 부임한 것도 참으로 기이하다. 새옹지마치고는 참 재미있다고나 해야 할는지. 여하튼, 그러한 무리수는 훗날 천지개벽의 후폭풍으로 문재인 정부를 덮쳐온다. 대한민국 정부 역사상 전대미문의 하극상이 벌어진다.

윤석열은 검찰총장이 되자 가장 먼저 그런 초특급 승진과 영광을 선물한 임명권자에게 충성을 가장한 역모로 보답했다. 검찰 개혁을 내세우는 직속상관인 조국과 그의 가족에게 잔혹할 정도의 칼끝을 수없이 휘둘렀다. 주변인들을 포함하여 압수 수색만도 100여 회에 이르렀다.

검찰주의자인 그에게 조국 장관이 취임 일성으로 내건 검찰개혁은 적군의 구호였고, 게다가 검찰 물을 한 번도 먹어보지 않은 마뜩잖은 연하였다. 사시 9수 탓에 검사 생활 초중반 시절 내내 지겹도록 연하들에게 고개를 숙여야 했던 그 지긋지긋한 기억이 되살아났을지도 모른다.

그 과정에서 그는 문재인정부의 개혁 의지에 동참하는 듯한 언행으로 대통령을 기만했고, 검찰 개혁을 바라는 국민들의 열망을 배신했다.

하지만 불행히도(윤석열에게는 다행히도) 매스컴들이 떠들고 키워낸 조국 사태라는 명명 때문에 그 혹독한 수사의 이면에서 더 크게 작용한 윤석열의 검찰 개혁에 대한 역모급 항명이라는 진짜 모습은 드러나지 않았다. 뒤늦게야 문재인정부가 그것이 쿠데타급의 배신이었음을 깨닫고 땅을 쳤을 때는 늦어도 한참 늦은 뒤였다.

그러한 배신은 그 뒤로도 끝없이 이어진다. 법무부에 소속된 외청의 장으로서 장관의 지휘를 받는 검찰총장이 장관의 부하가 아니라는 희대의 역대급 망발로 상관이던 추미애를 공개적으로 들이받았다. 검찰 역사상 초유의 대형 하극상이었다. 한 치의 어긋남도 없이 평생 법대로 살아왔다면서 법치주의자임을 광고해 온 그는 명문화된 법규조차도 필요할 때는 그처럼 언제든지 사유화하고 임의 변개하면서 배신을 이어갔다. 집권 2년 차에 들어서서는 그 배신의 반경을 더욱 넓혀서 자신을 키워준 임명권자와 그 가족의 수사를 부풀리는 것으로 비인간적인 배신을 키워나가고 있다.

배신은 거기서 끝나지 않고 있다. 그의 배신 완성작은 취임 이후로도 지속적으로 이어지고 있는 국민에 대한 배신이다. 역대 최저의 득표율 격차인 0.73%p(247,077표)라는 조마조마한 결과를 보인 선거 후에 온 국민이 그에게 안긴 숙제는 협치와 국민 통합이었다. 누가 보더라도 윤석열 48.56% 대 이재명 47.83%라는 거의 완벽한 양분 체제는 국론 분열로 이어질 수밖에 없는 터라서 국민들은 그가 누구를 찍었든 간에 가리지 않고 그 봉합 수술을 대통령이 해주기를 고대하고 열망했다. 하지만 그를 찍었던 국민들까지도 등을 돌릴 정도로 그의 배신은 시리즈물로 이어졌다.

여소야대 정국에서 가장 손쉬운 건 적장과도 얼굴을 맞대고 도움을 요청하는 일이다. 단번에 뜻대로 이뤄질 수는 없지만 진정성을 갖고서 만나고 또 만나면 마음 문의 빗장은 풀리게 마련이다. 대치 정국마다 이재명은 영수회담을 내걸었지만, 윤석열이 응한 것은 딱 한 번 총선 대패 후였다. 그것도 진심이 시켜서가 아니라 불통 대통령의 이미지를 잠깐이라도 씻어 보려는 쇼였다. 소득 하나 없는 만남과 그 뒤 불변의 예전 모습으로 돌아간 윤석열 자신이 그 증명판이었다. 취임 초부터 온 국민이 바라온 소통과 협치, 국민 통합의 여망을 윤석열은 계속 외면하고 배신해 왔다. 일개 고교생이 적확하게 그려내어 주목을 받았던 '윤석열차'의 이름이 '불통열차'로 개명된 것은 너무나 당연했다.

그 배신의 결정판은 2시간 천하로 끝난 2024년 12월 3일 밤의 계엄령 선포였다. 법조인들조차도 경악할 중대한 국헌 문란 행위였다. 대한변협과 한동훈조차도 즉각 위헌·위법으로 판단할 정도로 반국민적 반국가적 행위였다. 그리고 그것은 윤석열에게는 최악의 자충수이자 치명적 대악수 겸 결정타가 되었다.

3

윤석열의 배신은 등급에서도 최하급이다

윤석열은 배신자 등급에서도 최하급으로 밀린다. 그의 배신은 저열.졸열.저급.조잡하고 속물적이며 비인간적이다(특히 타인들에겐. 오로지 아내에게만 깎듯이 인간적이다.) 나아가 배신이 몸에 배다 보니 그는 자신의 말까지도 배신하는 자가당착 수를 덜컥덜컥 잘 둔다. 검사가 수사로 보복하면 그건 검사가 아니라 깡패라 했으면서도 그는 깡패의 길을 걷고 있다. 이제는 검사가 아닌지라 아랫것들을 부추기는 방식으로.

실은 윤석열 자신이 다분히 골목 깡패적이다. 어깨에 힘을 주고 껄렁껄렁 걷는 폼도 그렇고, 자리에 앉으면 두 팔을 딱 벌려 탁상에 얹고서는 한판 붙어볼 테냐 식의 자세를 취하는 게(한동훈과의 독대에서도 그랬듯이) 통술집 식판에 마주 앉아 으르렁거리는 골목 깡패들과 완전 판박이다. 국민들과의 대화나 기자회견에서도 처음에는 참모들이 조언한 대로 두 팔이 탁자 아래에 머물지만, 시간이 흐르면 예의 그 깡패 자세가 나온다. 자신도 모르게. 집단적 검사문화의 원류인 오만이 개인화되면 거만해진다. 이 거만은 윤석열의 언어 문화에서도 빠지지 않는다. '국어사전을 고쳐야 한다'는 놀라자빠질 만한 역대급의 거만한 망말도 서슴없

2024.10.16. 김건희 특검법을 앞두고 다급해진 윤이 한동훈의 독대 요청을 마지못해 받아들인 뒤 가진 만남에서의 윤 포즈. 형식이 실질을 지배한다는 총평이 결론으로 나왔다. ©AIFIC

이 뱉게 되는 이유이기도 하다. 지가 뭔데, 감히 국어사전까지 손대?

검찰집단주의에 매몰되어 살아온 윤석열의 근시안적인 시야는 민족의 역사나 온 국민을 바라보기는커녕 되레 가려 버리고 있다(하기야 윤석열의 눈에는 여러 문제가 있고 거기서 가지를 친 문제점들이 한둘이 아니긴 하다). 그래서 저급하다. 군대도 못 갔다 왔으면서 똥고집으로만 살아오다 보니 그사이 개인적으로 제멋대로 임의 취합하여 조립한 이념들은 편협하고 조잡하기 짝이 없을 수밖에 없다. 그래서 졸열하고 조잡하다.

그런 엉성한 이념에 매몰된 채 거기서 벗어나지 못하고 오랫동안 독불장군 격으로 살아온 그가 펼치는 대북·대미·대일·대중 정책에서는 보편적 집단지성에서 지향하는 균형성·지속성 대신에 편향적인 일시성만 나대고 설친다. 개인적인 호불호 취향이 대한민국의 외교 지침이 돼버렸다. 저급품만 양산한다.

정치하듯 수사를 해 온 터라 그는 정치까지도 수사하듯 하는 버릇을 버리지 못하고 있다. 취임 이후부터 지금까지 정적에 대한 복수를 일상 과업으로 삼고 있다. 속물적이고 비인간적이다. '검사가 수사권 갖고 보복하면 그게 깡패지 검사냐'라는 자신의 말도 배신하고 있다. 그래서 바라보는 이들에게서도 이제는 지겨워서 역겹다며, '고마해라. 실컷 패지 않았나' 식의 영화 대사로 뒷담화를 매조지기도 한다.

배신자들의 역사는 잠깐은 화려하지만 오래도록 흑암의 세계에 매장된다. 역사상 배신자들은 많다. 최초로 배신자의 대명사로 기록된 자는 스파르타의 에피알테스(Ephialtes)다. 페르시아가 대군을 몰고 왔음에도 협곡 지형에 막혀 진군을 못하고 있을 때 비밀 산길을 일러주어 그리스군을 대패시키는 데에 혁혁한 공을 세웠다. 그의 말로는 사람들의 눈길을 피해 오래도록 도망을 다니다가 붙들려 처형당하는 것으로 마감되었다.

미국의 독립전쟁사에서 또렷한 배신자로 새겨진 이로 베네딕트 아놀드가 있다. 전략적 요충지인 웨스트포인트 요새의 사령관 시절에 배신을 때리고선 영국으로 도망쳐 지내다가 쓸쓸히 홀로 죽었다.

시저가 '브루투스, 너마저도!'라는 최후의 말을 뱉어내어, 가장 널리 알려진 브루투스는 두 가지로 불린다. '로마의 배신자'와 '공화정의 수호자'다. 그럼에도 그 역시 말로는 자결로 끝났다.

배신을 일삼는 윤석열의 뇌리에는 브루투스가 들어있지 않았을까라는 생각도 든다. 로마의 모든 권력을 특별히 한시적으로 부여하는 독재관(dictator) 자리를 자발적으로 시저에게 헌상한 원로원 정치를 무너뜨려야만 진정한 공화정이 부활한다고 여겼던 브루투스였다. 검찰주의를 금과옥조로 껴안고 살아 온 윤석열과도 닮았다. 하지만 원로원 쪽이 우세하든 공화정이든 로마 시민들의 삶은 나아진 것이 하나도 없었다. 도리어 공화정 시대에 권력의 과점 현상이 심화되고 부패하여, 보다 못한 아우구스투스가 제정(帝政) 체제로 만들고 말았다.

배신은 배신을 낳는다. 상대를 가리지 않는다. 자기 자신도 예외가 아니다. 배신과 하극상의 아이콘인 윤석열은 역대 최저급의 지지율이 지속적으로 압박해 오자 자아분열(自我分裂. 자의식의 과잉으로 일어나는 분열감)에 이르고 그것이 자기분열(自己分裂. 의식이 하나로 통합되지 못하고 둘 이상으로 나누어지는 것 같은 혼란감)을 낳는 자기 배신의 악순환에 빠져든 듯하다.

그런 윤석열 아래에서 오랫동안 그를 지켜보면서 커 온 한동훈도 '이제 다 컸다'. 한동훈이 무엇을 배웠을까. 그 답의 일단은 이미 상상할 수도 없이 벌어진 둘 사이의 관계 악화에서 드러나고 있다.

불통열차가 된 윤석열은 한동훈의 독대 요청조차도 그처럼 냉대해 오다가 등 떠밀리듯 가진 만남에서 윤석열의 여전한 불통이 확인되었을 뿐이고, 계엄령 놀이 후에 다급해져서 한동훈을 불러댄 윤석열은 누가 도움이 필요한 사람인지조차 헷갈릴 정도로 엉뚱한 왕고집 LP판만 또 틀었다고 알려져 있다. 그 뒤 추경호 원내대표와 더불어 찾아가 임기와 정국 안정 관련 확답을 받아낸 것은 막다른 골목으로 밀린 윤석열의 백기 투항이었지만, 그 또한 며칠 뒤 '끝까지 싸우겠다'는 광기를 부리는 것으로 그 허술한 용접이 터지고 마는 윤석열 식 임시 땜질이었음이 드러난다. 자신의 말까지도 손쉽게 배신하는 윤석열에게서 한동훈이 무엇을 학습했을지 궁금하다.

4

파격이 잉태한 후폭풍이 잠시는 가려졌다:
윤석열의 거짓말 버릇

어디서고 비정상적인 대형 파격은 파국을 몰고 오게 마련이다. 제도적 하극상이라 할 정도의 무리수는 결국 문재인정부에게 토네이도와 허리케인이 합쳐진 최악의 부메랑으로 돌아왔다. 자신이 임명한 검찰총장이 정권 교체의 심볼로 떠오르며 토네이도의 블랙홀처럼 문재인정부에의 돌팔매질들을 유인하고 빨아들였다.

참, 당시 총장 임명 과정에서는 간과되고 경시되었지만, 그때 베풀어진 또 다른 특혜이자 중대한 실책 하나도 있다. 그것은 윤석열의 기본 자질과도 관련되므로, 이제라도 빠뜨리지 않고 훑고 가야 할 사항이다.

그것은 인사청문회에서 드러난 윤석열의 거짓말을 소소하게 여기고 넘어간 일이다. 당시에는 무엇보다도 윤석열에게 숨겨진 거짓말 버릇을 알아채지 못한 탓이 컸다('우리 장모는 10원 한 장 남에게 피해를 준 적이 없다'는 말로 대표되는 이 '거짓말 버릇'에 관해서는 뒤에 따로 다룬다). 그리하여 결과적으로는 윤석열에게 공직 사회에서는 그 정도의 거짓말은 해도 문제가 없다는 안심 구역을 확인시켜서 그 버릇을 일상화시켜 주었다. 그것은 훗날에야 모두가 알게 되듯 임명권자의 중대 실책이었다.

그 거짓말 버릇의 꼬리는 윤우진[7] 전 용산세무서장의 뇌물 수수 사건과 관련된 의혹 해명에서 삐져 나왔다.

2019년 7월 8일 검찰총장 후보자 인사청문회장에서 후보자가 윤 서장 사건 수사 중일 때 변호사를 소개하고 사건 처리에 개입했다는 의혹이 나오자, 윤석열은 "변호사를 소개한 적이 없고, 어떤 식으로든 윤우진 뇌물 사건에 관여한 바가 없다"는 주장을 되풀이했다.

하지만 그의 주장은 그날밤 늦게 공개된 윤 서장의 육성 녹음으로 단번에 뒤집혔다. 2012년 12월 뉴스타파의 취재진과 이뤄진 26분간의 전화 인터뷰에서 "2012년 경찰 수사 당시 윤석열 대검 중수부 과장이 이남석 변호사를 소개했다"고 구체적으로 대상자까지 거명하면서 윤우진 스스로가 증언자 역할을 했다. 당시 이 장면에서 도리어 윤석열을 공박한 것은 국힘당의 김진태[8]였다. 계속 다그치자, 윤석열은 어색하게 웃으

---

7 윤우진은 윤석열 자신이 '가족' 같다고 말한 윤대진(25기)의 9살 연상 형인데, 형제가 일찍이 단둘이 된 터라서 윤우진이 아버지 노릇을 했다. 9급 공무원이 되어 윤대진의 뒷바라지를 했을 정도. 비흡연자인 윤석열의 사무실 소파에는 재떨이가 있는데 그건 흡연자인 윤대진의 방문 시 용도였다. 윤우진의 사건 얘기를 윤대진에게 들은 윤석열이 걷어붙이고 도와주려 했을 것은 뻔한 일이고, 설혹 그것이 실정법 위반 사항이라 해도 인지상정에서 넘어갈 수도 있었다. 더구나 문제가 된 변호사법 위반은 형사 처벌이 아닌 과태료 처분 사항. 윤대진은 윤석열의 서울중앙지검장 시절에(2018년) 실시된 검사장 승진 및 보직 인사에서 고참 검사장들이 가는 법무부 검찰국장 자리에 초임 검사장이 보임되어 집중 조명을 받기도 했다.

8 '64년생. 21대에 낙선하고 대선 당시는 '국민의힘 이재명 비리 국민검증특별위원장'. 기묘하게도 이재명과는 연수원 동기(18기)다. 2009 춘천지검 원주지청장을 끝으로 정계로 진출했는데, 똥고집 공안 검사로서 반공/반북 성향의 끝판왕으로도 불린다. 태극기 집회에서 급부상했고, 2018년 11월, 양심적 병역거부에 대해 형사처벌할 수 없다는 대법원의 입장에 대해 "군대 갔다온 사람들은 다 비양심적이냐"고 받아쳐 우리말 이해력이 떨어지는 사람이라는 평도 받았다. 2019 극우파 지만

면서 이렇게 답했다: “그냥 만났어요”

그 바람에 청문보고서는 채택되지 않았다. 그럼에도 청와대는 임명을 강행했다. 윤석열의 거짓말을 청와대가 보호해준 셈이었다. 이 윤 서장 사건은 그 뒤 2년이 지나서 추미애 장관에 의한 윤석열 수사지휘 개입 배제 지시까지 내려서야 겨우 추진된 검찰의 재수사 결과, 9년 전의 수사 결과(무혐의)가 뒤집혀지며 윤 서장은 기소되었다.

하지만 그 수사 결과가 발표되면서 윤석열의 거짓말에는 면죄부가 주어졌다(2021년 12월 29일). 변호사를 소개한 변호사법 위반 혐의는 소멸시효가 완성되었다는 허망한 이유에서였고, 인사청문회에서의 허위 사실(위증) 건은 현재 처벌 규정이 없어서라는 더욱 허망한 이유로였다.

하기야 현행 인사청문회는 요란하기만 할 뿐 실속은 거의 없는 것이긴 하다. 적합하지 않은 인물이어서 청문보고서가 채택조차 되지 않는 사람도 임명을 밀어붙일 수 있고, 위증이나 허위 서류를 제출해도 처벌할 규정이 없다. 현재의 인사청문회법에는 위증이나 허위 서류 제출에 대한 처벌 규정 자체가 없고 ‘위원회의 구성·운영과 인사청문회의 절차·운영 등에 관하여는 이 법에서 규정한 사항을 제외하고는 국회법, 국정감사및조사에관한법률 및 국회에서의증언·감정등에관한법률의 규정을 준용한다’는 규정(제19조)은 있지만, 준용할 수 있는 것은 ‘운영’에

원 초청 5.18공청회를 열어 비난을 자초하기도 했다. 이러한 전력들 때문에 강원지사 후보 경선에 나섰을 때 초판에 탈락 위기를 맞았는데... 결국은 기사회생하여 강원지사가 되었다. 이 과정에서도 김건희의 영향력이 개입되었다는 설이 있다.

관한 것뿐, 처벌에 관한 것은 들어 있지 않다.

따라서 이와 관련된 윤석열의 '허위공문서 작성 및 동행사' 혐의에 대해 검찰이 내린 결론, 곧 '관련 규정이 없다'는 건 현행법 미비가 윤석열에게 베풀어 준 크나큰 혜택이었다. 변호사법 위반 혐의와 관련된 소멸시효 완성 또한 마찬가지다. 윤석열에게 죄가 없어서가 아니라 현행법이 마련해준 탈출구를 이용하여 그가 유유히 빠져나갔을 뿐이다.

그러므로 윤우진 서장과 관련된 윤석열의 연루 건은 무죄가 아니다. 현행법상의 그물망이 촘촘하지 못한 틈을 이용하여 그냥 빠져 나간 것일 뿐이다. 여기에서도 증명되었듯이 윤석열은 거짓말꾼이다.

5

하극상의 실체적 상징이자 종합세트로 떠오른 윤석열

그처럼 초유의 초특급 혜택을 받으며 발탁된 그에게 가장 중요하게 여겨서 맡긴 책임은, 당시의 고민정 대변인이 그를 지명한 배경에서 제시했듯, '검찰 개혁 완수'였다.

하지만 윤석열은 뼛속까지 검찰주의자였다. 검찰주의는 검찰집단이기주의의 준말 격이자 검찰만능주의에 다름 아니다. 검찰이라는 권력조직을 위해서는 무슨 짓이라도 할 수 있는 사람이었다. 검찰 조직이야말로 자신의 존재 의의를 항상 확인시켜 주는 검찰 권력이 제도적으로 보장된 완벽한 철옹성이었다.

그런 윤석열이 최종적으로 과시한 실적은 '검수완박'과 '부패완판(부패가 완전히 판친다의 준말)'이라는 신조어였다. '검수완박'은 '검찰 수사권 완전 박탈'[9]을 줄인 말인데, 그는 이 두 말을 꺼내 흔들면서 내놓고 대놓고

9 윤석열이 강조해서 써먹은 이 '검수완박'이란 표현 자체가 과장이고 기망이다. 뒤의 검찰 부분에서 상세히 다루겠지만, 문재인정부에서 그토록 매달렸던 검찰 개혁에서도 겨우 이뤄낸 것은 수사권 일부 분리와 고위직 특수 수사 분리뿐이다. 검사들이 어깨에 힘을 주었던 특수/강력부 수사는 그대로 검찰에 남겨 있고, 기소권 부분은 손도 못 댔다. 전 세계에서 검사의 기소권 독점 체제는

임명 당시 그에게 주어졌던 기본 책무 자체를 까뭉갰다. 처음에는 그런 개혁에 동참할 것처럼 임명권자 앞에서 처신하는 것으로 임명권자를 속였다.

그런 그가 검찰을 뛰쳐나오면서는 한 발 더 나아갔다. 반 문재인 정부의 선봉장이 되겠다고 걷어붙였다. 하극상의 전형적인 발현이자 실행이었다. 그것도 그 속내는 오직 검찰 조직이 누려온 온갖 특혜와 이익을 지켜내겠다는 것이었지만, 밖으로는 그걸 헌법 정신 따위로 포장하는 기민함도 잊지 않았다. 윤석열의 사법연수원 동기생으로서 그런 배반의 진실을 일찍서부터 꿰뚫어 본 이성윤(전 서울고검장, 22대 의원)은 그런 윤석열의 행위는 명백히 쿠데타급이라고 단정했다.

이준석이 '기득권 병풍'이라고까지 직격했을 정도로 내내 앙앙불락(怏怏不樂)의 근원이었던 '윤핵관' 문제도 실은 당 대표 위상을 인정하지 않으려는 이들의 하극상일 뿐이다. 그 서곡은 당내 정보의 무단 외부 반출이었다. 후보의 의중이라면서 대표도 모르는 것들을 외부로 까발리는가 하면, 후보와 대표 간의 소통에 필터를 자처하기도 했다. 후보에게 '이준석이 아직은 어린애이니 우리 어른들 얘기를 들으라'는 말을 했을지 안 했을지는 그들만의 리그 속내이겠지만...

여하튼 그것은 명백한 하극상 문화의 외연일 뿐이었고, 그런 하극상

우리나라가 유일하다. 미국에서는 중죄인은 반드시 대배심에서 기소 여부를 결정하고, 일본에는 '검사심사회' 제도가 있어서 검사의 임의 불기소 처분을 심사할 수 있는데 법적 구속력이 있다. 그 심사원들은 전원 민간인이다.

적인 위계질서 파괴까지도 후보가 그대로 방치하여 계속 존치시키려는 걸 당시 이준석은 더 이상 참을 수가 없었다. 그런저런 것들이 쌓이자 그런 당내 문화의 교정(矯正)을 직간접적으로 계속 외쳐왔던 이준석은 모든 선대위직을 사퇴한다고 하면서(2021.12.21.) 이런 짧은 말로 함축했다: "어느 누구도 (그런 하극상적인) 문제를 교정하지 않았다".

그건 후보가 왜곡된 조직 문화, 하극상의 일상화 현상을 감싸는 것에 대한 저격이기도 했다. 그런 이준석의 행보에 윤핵관들이 가만있을 리가. 윤핵관의 대표선수로 거론되던 장제원('67년생)은 다음과 같은 개인적 평가로, 여전히 엄연한 당 대표였던 이준석을 깎아내렸다: "티끌만한 억울함도 감내하지 못하겠다는 당 대표의 옹졸한 자기 정치".

이런 무례한 언어 포격은 윤석열이 말한 '민주주의란 다 그런 것, 갈등도 민주주의다'라는 것과는 거리가 멀다. 국힘 내에서는 물론이고 선대위에서도 무직인 장제원이 당의 최상부인 당 대표에게 그런 말을 하는 건 기초적인 위계질서에도 반하는 명백한 하극상이다.

하극상은 하극상일 뿐이다. 하극상(下剋上)의 사전 뜻풀이는 이렇다: "계급이나 신분이 낮은 사람이 예의나 규율을 무시하고 윗사람을 꺾고 오름." 하극상이 일상이 되면 그 집단은 개판이 된다. 큰소리를 치고 설치는 사람이 밥그릇에도 먼저 손을 대게 된다. 나중에 보면 그 밥그릇은 개밥 그릇일 뿐일 때가 대부분이지만...

윤석열은 2020.10.22. 대검찰청 국정감사에서 '검찰총장은 법무부 장관의 부하가 아니다'라는 폭탄 발언을 공개적으로 했다. 탄핵감이 되고도 남을 명백한 현행법 부정 발언이었다. 조선시대 같으면 그 자리에서 사모관대와 관복(官服)을 벗기고 사복으로 갈아입혀 의금부 감옥으로 입감시켜야 할 대사건이었다.

현직 검사는 탄핵이나 금고 이상의 형 중 하나가 아니고는 결코+절대로+결단코+맹세코 파면될 수 없는 철밥통 자리[검찰청법 제37조(신분보장)]라는 걸 윤석열이 기똥차게 이용한 것일지는 몰라도, 명색이 법률가라는 윤석열이 자신에게 똥물을 들이부은 엉터리 발언이었다. 얼마나 엉터리였는지 아래에서 상세히 살펴보기로 하고, 민주당의 반응부터 적는다.

윤석열의 그 망발 앞에서 율사들이 차고 넘치는 민주당에서조차 입만 떡 벌리고는 머엉했다. 느닷없이 뒤통수를 맞은 탓인지, 그런 윤석열의 버릇 고치기용으로 탄핵 얘기를 꺼내고 그걸 적극 추진하려는 사람은 한 사람도 없었다. 그 뒤로는 걸핏하면 잘만 꺼내드는 '검사 탄핵'을 그때는 입도 뻥끗하지 않았다. 하기야, 윤석열은 그 당시 민주당이 만들어낸 대표 상품이었다.

하기야, 정치판의 법조인들은 법률과는 담을 쌓고 지내는 희한한 사람들이다. 그들에게 법률 공부는 사시 합격용일 뿐이다. 정치판으로 뛰어들고 나면 일반인들과 똑같이, 혹은 제 잘난 맛에 그 이상으로, 제 하는 짓이 위법/탈법 쪽인지도 모르고 해대다가, 검찰 조사나 법정에 들어설 때면 하나같이 '성실히 조사(재판)에 임하겠습니다'를 해댄다. 녹음기에서 틀어대는 소리 같기만 하다. 하기야 정치꾼들의 발언은 녹음 목소리만 다를 뿐 내용은 전부 붕어빵 판박이들이다. 그 출신이 어디이든.

현행 법조문을 조금만 들춰봐도 검찰총장이 법무부 장관의 부하라는 사실은 여러 군데에 나온다. 그리고 부하란 누구나 잘 알고 있듯이 '직책상 자기보다 더 낮은 자리에 있는 사람'을 뜻하는 일반명사다. 법률용어가 아니다. 윤석열이 그 일반명사를 사용했으므로 이곳에서도 그 일반명사의 뜻에 따라 부하 여부를 판독해 보기로 한다. 밑줄 처리는 필자의 가필이다.

– 정부조직법 제32조: ② 검사에 관한 사무를 관장하기 위하여 법무부장관 소속으로 검찰청을 둔다. → 즉 검찰청 전체가 법무부 장관 휘하에 있다. 따라서 검찰청 수장인 검찰총장도 당연히 법무무 장관의 휘하에 있으므로, 직책상 법무부 장관보다 낮다. 따라서 부하다.

– 검찰청법 제8조(법무부장관의 지휘·감독): 법무부장관은 검찰사무의 최고 감독자로서 일반적으로 검사를 지휘·감독하고, 구체적 사건에 대하여는 검찰총장만을 지휘·감독한다. → 구체적 사건에 대해서는 검찰총장에게 이래라 저래라 할 수 있을 정도로, 직속 상관이다. 구체적 사건에 대해서는 법무부장관도 검사들의 도깨비망망이 격인 검사동일체가 되고 최고 상관이 된다.

검찰청 소속의 검사들에게 법무무장관이 일반적인 지휘 서신을 내릴 수 있는 건 검찰 사무의 최고 감독자라서다. 코로나 발발 때 관련 수사를 철저히 하라고 각급 검찰청에 내린 장관의 지시를 무시하고 수사의 기본인 신천지 압수 수색 영장 청구(대구지검)를 두 번씩이나 반려토록 지휘한 윤석열에 대해서, 신천지 교주도 그를 도와줄 '영매' 중의 하나라며 봐주라는 건진법사의 조언을 따른 것이라면, 그래서 총선을 앞두고 오해 받을 수도 있는 건 검찰이 하지 말라는 말로 꾸며서 지시한 게 사실이라면, 윤석열은 장관의 정당한 업무 지시에 항명토록 부추긴 일도 된다.

– 검찰청법 제11조(위임규정): 검찰청의 사무에 관하여 필요한 사항은 법무부령으로 정한다. → 법무부령이란 법무부 장관이 정하는 법규다. 즉 검찰청 사무 전체에 대해서 법무부장관이 모든 것을 정할 수 있다. 따라서 검찰청의 실무 책임자인 검찰총장보다도 훨씬 더 높은 사람이 법무부장관이다.

– 검찰청법 제19조(고등검찰청 검사): ② 법무부장관은 고등검찰청의 검사로 하여금 그 관할구역의 지방검찰청 소재지에서 사무를 처리하게 할 수 있다. →고검 검사의 근무지 지정 및 근무 지시도 검찰총장의 직권이 아니라 장관의 직권이다. 이로 보아서도 총장은 명백히 장관의 부하다.

– 검찰청법 제34조(검사의 임명 및 보직 등): ① 검사의 임명과 보직은 법무부장관의 제청으로 대통령이 한다. 이 경우 법무부장관은 검찰총장의 의견을 들어 검사의 보직을 제청한다. →굳이 설명할 필요도 없다. 현행법상 검사의 공식 직위는 총장과 검사 두 가지뿐이다. 검찰총장을 뺀 모든 검사들의 임명/보직 제청권은 총장이 아니라 장관에게 있다. 즉

자신의 부하인 검사들에 대한 인사권 행사 과정에서도 총장의 의견은 그저 참고용일 뿐, 결정은 장관이 한다. 상하관계가 가장 극명히 드러나는 인사권 행사 부분인데, 이 인사권 행사에서 법규 규정까지도 이렇기 때문에 장관은 총장의 상사이고, 총장은 부하다.

– 검찰청법 제35조의2(근무성적 등의 평정): ① 법무부장관은 검사에 대한 근무성적과 자질을 평정하기 위하여 공정한 평정기준을 마련하여야 한다. ② 제1항의 자질 평정기준에는 성실성, 청렴성 및 친절성 등이 포함되어야 한다. ③ 법무부장관은 제1항의 평정기준에 따라 검사에 대한 평정을 실시하고 그 결과를 보직, 전보 등의 인사관리에 반영한다. →검사는 총장의 부하이기도 하지만, 검사의 보직/전보 등은 물론이고 승진을 포함한 전반적인 인사관리의 기준이 되는 근무 평정까지도(보직/전보 등의 인사권 행사는 물론이고) 검찰총장이 아니라 장관이 한다. 총장을 시켜서 그걸 하더라도 최종 평정 승인과 활용은 장관이 한다. 다시 말해서 윤석열이 뭐라고 망발을 해대더라도 법무부장관이 모든 검사들의 최고 우두머리라는 사실은 법규상으로도 명백하다.

결정타(決定打)도 있다. 법무부장관은 헌법에 명시된 국무위원이다. 주요 국사를 논의하는 국무회의에 참석하여, 의견 제시와 표결에 참여한다. 하지만, 검찰총장은 죽었다 깨어나도 국무회의에 참여하여 그러한 역할을 할 수가 없다. 필요 시 참고인으로 불려 나가기는 해도... 관행적으로 항상 국무회의에 참석은 하지만 표결 등에는 참여할 수 없는 서울시장보다도 못하다. 검찰총장은 예우나 봉급표상에서 장관급 대우를 받을 뿐, 국무위원 중에서 선임되는 장관은 아니다. 거듭 말하지만 검찰총장은 법무부장관의 지휘를 받는 하급 직원, 곧 부하다.

이처럼 막강한 힘과 권한이 법규에도 되풀이해서 명문화된 직속 장관을 향해서 백주 대낮에 장관의 존재에 먹칠을 해댄 검찰총장. 그것은 검찰 사상 초유의 항명 쿠데타였다.

윤석열의 그 발언 수위도 최고 최대 수준이었다. 단순히 법무부장관 한 사람에 대한 항명이 아니라 그동안 대한민국의 근간을 유지해 온 정부조직법과 검찰청법 따위를 세 치 혀로 뒤집고 거부하는 거대한 체제 거부형 공안 범죄, 곧 명시적인 체제 전복 시도였다. 더구나 그 현장은 입법부가 참례하여 온 국민이 주시하는 공개적인 국정감사장이어서, 권력이 권력을 이용하여 또 다른 상부 권력에 행한 쿠데타 현장 중계나 다름없었다. 서울중앙지검장임에도 사법연수원 동기생인 윤석열에 의해서 최초로 기소까지 당했던 이성윤의 책 《그것은 쿠데타였다》(2024)는 그 당시 같은 검찰밥을 먹었던 사람으로서, 그리고 법조인으로서 윤석열의 그 행위를 제대로 압축 평가한 말이다.

그처럼 명백한 증거가 있는 실정법 부정 및 미필적고의[10] 항명 사건에 대하여 여당 의원들이 걷어붙이고 즉각 탄핵 발의를 하지 않은 것은 지금 생각해 봐도 의아하다. 율사 출신들이 주로 포진하는 법사위가 주

---

10 미필적고의(未必的故意)는 어떤 행위로 범죄 결과가 발생할 가능성이 있음을 알면서도 그 행위를 행하는 심리 상태를 뜻한다. 쉽게 말하자면 뻔히 알면서도 저지르는 범죄 앞에 붙는다. '미필적고의에 의한 살인' 등으로. 예를 들면 창문으로 제과점 안에 손님들이 잔뜩 앉아 있는 게 훤히 보이는데도 차로 돌진하여 사람을 죽이면 미필적고의에 의한 살인이 된다. 실수(미인식)로 사망케 한 과실치사와 달리 고의범으로 처리된다.

관하는 국감장이었는데도... '율사(律士)'란 법률로 먹고사는 전문가들을 이른다. 즉 '율사 출신'이란 법률로 먹고살아 온 이들이란 말인데, 그 말은 완전히 선거판용일 뿐 정치판에만 오면 다 까먹고 남는 게 없어서였을까. 하긴 전직 법조인 의원 나리들이 벌이는 언행 중에는 법과는 까마득히 먼 것들이 하나둘이 아니어서 벌어진 입이 닫히지 않을 때가 잦긴 하다.

검찰총장 재직 시절 그런 하극상 문화의 실체적 상징이자 종합세트로 떠올랐던 윤석열은 그 본질이 일회용품이었다. 시국에 대한 개인적 불만을 우국으로 착각하기 마련인 헛뿌리 정치 민감파들의 개인적 기호에 따라서 보충재로 호출된. 그런 그가 정치계 데뷔 전에 뚜렷이 남긴 하극상의 족적들과 주인을 물어뜯은 흑역사는 배신과 하극상의 아이콘일 뿐이다. 더구나 총장 자리를 박차고 나온 이후의 행적, 특히 대선 후보가 된 이후의 언행을 보면 자기가 먹던 우물에 침을 뱉고 있다. 그것은 결코 사나이로서는 해서는 안 될 전형적인 비겁한(卑怯漢)의 짓거리 이상도 이하도 아니다. 그리고 그것들은 정치 중도파이면서 인간의 기본 도리부터 살펴보는 일반 국민들 앞에서는 치명적인 치부(恥部)이기도 하다. 대부분의 우리나라 사람들은 '사람이 먼저, 그 뒤에 정치든 뭐든...' 쪽이다. 그렇지 아니한가.

6

불사이군(不事二君)은 비록 낡은 언어지만, 한번 형님은 영원한 형님

"비록 선군(善君)은 아니라 할지라도 현주(現主)를 배반하는 건 신하였던 자로서 할 짓이 아니오. 그대가 취중에 '한 고조(유방)가 장자방(장량)을 이용한 것이 아니라, 장자방이 한 고조를 이용하였다'라 비유했듯이, 그대는 그대의 원지(遠志)를 실현시켜 줄 새 주인을 위해 신명을 다할 요량인 듯한데, 그대 또한 무덤까지 새 주군을 위해서 불사이군(不事二君. 두 임금을 섬기지 아니함)을 껴안고 갈 사람이 아니오?"

이것은 이성계의 그릇을 알아보고 그를 통해 사회 변혁을 꾀하려던 삼봉 정도전(1342~ 1398)이 시대의 인재인 포은 정몽주(1337~1392)를 찾아가 개혁 세력에의 동참을 호소하자, 포은이 정도전의 꿈은 매우 훌륭하니 그 꿈을 꼭 이루라고 격려까지 하면서도 동참을 거부할 수밖에 없다면서 꺼내 흔든 불사이군(不事二君)의 깃발 이야기다.

이 이야기를 삼봉에게 전해들은 이방원은 자신이 직접 포은을 찾아가 마지막으로 한 번 더 '이런들 어떠하리 저런들 어떠하리'의 하여가(何如歌)를 던진다. 하지만 포은은 '이 몸이 죽고 죽어 일백번 고쳐 죽어'의 단심가(丹心歌)로 답한다. 꿈쩍도 않을 바위임을 확인한 이방원은 그를 제거할 수밖에 없음을 알고 그걸 조영규에게 맡겼고, 결국 포은은 선지교에서 마지막을 맞이한다.

몹시 안타까워하면서도 어쩔 수 없이 정몽주를 제거했던 이방원은 그를 잊지 않고 있었다. 자신이 왕위에 오르자(1401년) 때맞춰 올라온 권근의 상소를 즉시 가납(嘉納)한 뒤 포은을 영의정으로 추증하고 문충(文忠)이라는 시호를 내렸다. 그들은 설령 주인이 흠이 있는 자라 하더라도 그 주인을 버리고 또 다른 주인을 찾아 섬기는 일은 하지 않는다는 불사이군의 정신과 가치를 공집합으로 안아들고 있었고, 그걸 지켜내는 사람을 존경했다.

오늘날 이 불사이군을 꺼내들면 대뜸 고리타분한 낡은 얘기라 할지도 모르겠다. 하지만, 우리나라엔 아직도 이 불사이군의 외연 확장이라 할 수 있는 아름다운 정신 문화 하나가 오늘날에도 되살려야 할 선비정신의 하나로 연면히 이어져 오고 있다. 그것은 설령 폭군임에도 그걸 알아보지 못하고 섬겼을 때라도 자신이 섬긴 주군을 향해 침을 뱉거나 칼을 꽂지는 않는다. 그저 조용히 물러나, 그런 이를 미리 알아보지 못한 자신의 부족함을 반성하며 지낸다. 이것이 불사이군(不事二君) 정신의 외연 확장 실천이고, 그 가치는 지금도 받들린다. 결곡한(얼굴 생김새나 마음씨가 깨끗하고 여무져서 빈틈이 없는) 사람의 표상으로. 구체적으로 거명하기에는 역사적 평가들이 구구하여 뒷말들도 있을 수 있지만, 박정희/전두환/박근혜 등의 친위병 격으로 발탁되거나 활동한 이들 중 그런 이들이 꽤 된다.

그런 가치는 케케묵은 동양적 사고의 산물만은 아니다. 동서양을 막론한다. 헨리 8세(1491~1547)의 총신이던 토머스 모어와 크롬웰도 그 좋은 예다. 헨리 8세는 폭군과 시대를 앞선 실리형 지도자라는 이중의 평을 받아오다가 현대에 들어 드높은 재평가를 받고 있는 흥미로운 인물인데[11] 토머스 모어[12]와 크롬웰은 주군이던 헨리 8세에 의해 단두대로 끌려갈 줄 뻔히 알면서도 반란군 편을 들지 않았다. 반란군 규모는 5만여 명인데 비해 헨리의 군대는 단 천 명이었기에, 반란군 편으로 기울기만 해도 목숨을 건질 수 있었음에도.

이처럼 우매하면서도 고집스러운 의기는 오늘날에도 남자들 세계의 불문율로 살아 남아 있다. '한번 형님은 영원한 형님'이라는 말이 대표적이다. '형님'이란 말 대신에 '해병/상관' 등으로 바뀌기도 하지만, 그 근본 뼈대에 담긴 정신은 같다.

손쉬운 예로 박정희와 김용태[13]도 있다. 장기 집권의 후유증을 낳고 있던 박정희의 후임으로 JP를 선택하는 바람에 중정에 끌려가 모진 고생을 하고 몸이 만신창이가 되기도 했던 김용태가 그런 일을 겪고도 박

---

11 그의 즉위 500주년이 되던 2009년, 영국은 대대적으로 행사를 벌였다. 강력 해군 창설과 로마가톨릭으로부터의 독립 등을 통해 현대 영국의 토대를 닦은 선각자라면서.

12 토머스 모어가 창제한 《유토피아》는 그 뒤 세속 비평과 이상향을 꿈꾸는 이들의 교과서적인 제목이 되었다. 에라스무스는 《우신예찬(愚神禮讚)》을 토머스 모어 집에 머물 때 썼는데, 그걸 보면서 토머스 모어도 유토피아의 1권을 쓰기 시작했다. 모어는 가톨릭과 영국성공회 양쪽 모두에서 성인으로 추대된 인물이다.

13 김용태(1926~2005): 5.16혁명에 참여한 유일한 민간인으로 박정희의 혁명 모의 때마다 술값을 출연하기도 했다. 5선 의원으로 공화당 원내총무까지 했다. JP와는 서울사대 동창생이자 사촌 동서간이기도 하다. 박정희의 셋째 형 박상희의 차녀 박계옥과 결혼했고, 박정희와는 9살 차이 아래의 조카 사위.

정희가 선택한 유일한 술친구로 지낼 수 있었던 것은 그 때문이었다. 요즘 같아서는 상상도 못할 일이다. 박정희의 그런 행보나 김용태의 여전한 형님 모시기나...

그걸 의리(義理)라고도 한다. 의리는 '1.사람으로서 마땅히 지켜야 할 도리. 2.사람과의 관계에서 지켜야 할 바른 도리'를 이른다. 사람이라면 어떤 경우에도 버리지 말아야 할 기본적인 가치다. '의리 빼면 시체'라는 말까지도 일상화돼 있는데 다른 건 몰라도, 제아무리 변변찮은 존재라 할지라도, 결코 배반은 때리지 않겠다, 돌아서 등에 칼 꽂는 일은 하지 않겠노라는 일종의 공약을 함축한 말이다. 이 말은 서민, 중상층, 상층부을 가리지 않고 모두를 관통한다. 그만치 일반적이고 공통적이며 기본적인 가치다. 인간이라면 그가 누구이든, 무엇을 하든, 지켜야 하고 지켜내려 노력해야 할 가치다.

우리 사회에서 '의리'라는 낱말 하나로 새삼스럽게 떠오른 배우가 있다. 김보성('66년생)이다. 길게 빼는 큰소리로 '으으의리'를 씩씩하게 외치면서 새삼 조명을 받게 된 김보성은 그 덕분에 노래도 냈고, 홍보대사로도 뛰었고, 방송에도 나갔다. 그러면서 코로나 사태가 발발하자 마스크 기부도 하고 지하실 살림을 하는 이들을 보살피기도 했다.

그럼에도 그러한 활약들이 우리의 짐작처럼 쉽게 돈이 되는 건 아니다. 세월호 사건 때의 국민 기부에서 김보성은 천만 원을 내면서 너무 적게 내어 미안하다는 말을 했는데, 당시 그 돈은 그가 대출을 받아 마련한 돈이었다. 그 뒤로도 미얀마의 시각장애인 아이들을 위해 2천만 원 정도를 지원해 오고 있는데, 실은 김보성 자신이 왼쪽 눈의 시력을 상당히 잃은 시각장애인이다. 그래서 방송에서도 늘 짙은 선글래스를 쓰고 나온다.

의리는 떳떳하고, 변치 않으며, 꿋꿋하다. 무엇보다도 표리부동하지 않고 정정당당하다. 그러므로 의리는 뒷전에서 비겁한 짓 따위는 하지 않는 건 너무나 당연하다. 하지만, 윤석열은 앞에서 웃으며 악수하고 뒤에서는 물어뜯었다. 검찰총장 임명을 웃으며 축하하는 조국(당시 민정수석)과 고개를 숙이며 악수를 했음에도, 조국의 법무장관 임명을 반대하기 위해 대통령과의 독대 문까지 두드렸던 윤석열이었다. 그 문은 열리지 않았지만 (당시 윤석열은 자신이 수집한 조국에 관한 뒷조사 건들을 대통령에게 직보하려고 했었다고 알려져 있다)... 한마디로 조국 사태를 그처럼 키워서 온 나라에 그 불씨를 퍼뜨려 나라를 시끄럽게까지 한 것은 윤석열이었다[14].

사실 윤석열은 그보다 한 달쯤 늦게 취임한 조국을 상관으로 모시던 날에도 뒷전에서는 조국을 한창 물어뜯고 있었다. 비열하게도. 전방위로 확대한 내사(內査)가 이뤄지고 있었고, 취임 후 첫 성과가 바로 조국 가족 건을 공개 수사로 전환하고 1달도 못되어 전격 기소했던 일이었다. 그리고 그 과정 전체가 매우 특이해서 지극히 비정상이었고, 그 정도도 혹독하기 그지없었다.

---

14 정경심 사건에서 혐의점을 15건씩이나 나열했지만, 대부분은 입시 비리 관련이었다. 그중 이른바 허위 스펙 관련 7건을 포함하여 10건이 유죄로 인정되었다고 하지만, 그것은 단술한 산술적 평가다. 형량과 관련되는 범죄의 중대성으로는 경제 부분(자본시장법 등)이 몇 배나 더 컸고, 1심에서의 5억 벌금이 도리어 5천만 원으로 줄었다(횡령 및 장외 매수 무죄). 윤석열이 정경심 사건을 다루면서, 범죄 혐의의 경중 중심이 아니라 사회적 문제화를 더욱 중시했다는 지적을 받기도 하는 이유다.

우선, 수사 과정에서 이뤄진 압수 수색의 범위와 횟수, 그리고 대상자가 매우 특이했다. 마치 초대형 범죄 수사 수준이었다. 당사자들의 자택과 직장은 물론이고 증인에 해당할 수 있는 이들까지도 빼놓지 않고 훑었다. 전광석화처럼 빠르게, 그리고 전방위로 샅샅이 훑었다. 같은 장소를 거듭해서 훑기도 했다. 비인간적일 정도로 백여 번의 압수수색이 악의적으로 혹독하게 이뤄졌다고 조국이 두고 두고 이를 갈면서 창당에까지 이르게 된 건 어쩌면 당연한 반응일지도 모른다.

더구나 당시 수사에서는 법무부 역사상 초유의 일도 벌어졌다. 바로 현직 장관[조국]을 압수 수색한 일이다. 검찰총장의 상관인 법무부장관이 김대중 정부 시절의 옷로비 사건에서 김태정 장관이 수사의 대상이 된 적은 있어도, 압수 수색 영장의 집행 대상이 된 것은 검찰 사상 최초의 대사건이었다.

그 중점적인 수색 대상도 특이했다. 범죄로 보아서는 중범의 경계선인 5년 이상에 해당되지도 않는 입시 비리 부분을 더 중점적으로 부각하여 수사했다. 1~2심에서 선고된 4년형은 경제 범죄(자본시장법 위반 등)가 병합되어 선고돼서인데, 형량의 절반 이상은 경제 범죄가 차지했다.

둘째로는 피의자 소환 조사도 없이 기소가 이뤄졌다. 이것은 매우 드문 특이한 사례다. 왜냐하면 경찰이든 검찰이든 피의자 소환 조사가 이뤄져야만 피의자 신문(訊問) 조서가 작성되고, 이 신문 조서는 법정에서 검찰 측의 매우 유력한 증거물로 채택되기 때문이다[15]. 그런데도 피의자

---

15 당시에는 그랬지만 2022년부터는 바뀌었다. 피의자가 부인할 때는 당연 증거로 채택되지 않게 되었다. 이런 혁명적인 피의자 방어권 강화 조치에 대해 검찰이 탁상을 치면서 분기탱천했던 건 당연하다.

소환 조사 없이, 신문 조서 작성 없이 기소되었다.

세 번째 특이점은 매우매우 신속한 기소 조치다. 일반적으로 극히 단순한 현행범 사건(예: 소액의 금품 절도 따위)이 아닌 한은 기소에까지는 보통 두세 달 걸린다. 피의자 소환 조사, 증거물 확보와 정리, 관련 서류 작성 등에 시간이 걸리는 데다가, 경찰이나 검찰 내에는 앞서 처리해야 할 사건들이 산적해 있기 때문이다. 그래서 가벼운 범죄라 해도 두세 달 정도는 지나야 기소 확정이 되는 게 일반적이다.

특히 불구속 사건은 구속 기간을 염두에 둘 필요가 없기 때문에 충분한 시간적인 여유를 갖고 수사하고 서류 처리도 순서에 따라 하기 마련이어서 통상 오래 걸린다. 일례로 김건희 관련 사건들이 몇 년이 넘도록 기소조차 이뤄지지 않은 것들도 있고, 도이치모터 주가 조작 사건의 불기소 처분은 2020년 4월 검찰이 고발장을 접수한 지 4년 6개월 만에 내려졌다. 하지만, 정경심 사건은 수사 착수 후 1달 만에 전격 기소했다. 얼마나 극명하게 대조되는가. 이러한 정황들을 종합해 볼 때 조국 수사는 윤석열의 매우 특별한 배려(?)로 의도적 수사가 특별히 진행된 것이었음이 저절로 읽힌다.

그런 의도적 수사의 흔적은 또 있다. 정 교수의 혐의점으로 15개 정도가 나열되었는데, 그중 10개가 입시 비리 관련이었다. 입시 비리와 관련된 죄목은 주로 업무방해(형법 314조)와 사문서 위조 및 동행사(형법 231조)인데 둘 다 5년 이하의 징역 또는 1500만 원(사문서는 1천만 원) 이하의 벌금에 해당한다. 즉 사안에 따라서는 그냥 벌금으로 끝날 수도 있는 죄다. 하지만 자본시장법 위반과 관련되어서는 유죄 판결 시 1년 이상의 유기징역 또는 그 위반 행위로 얻은 이익 또는 회피한 손실액의 3배 이상 5배 이하에 상당하는 벌금에 처해진다.

알다시피 죄형법정주의에서는 몇 년 '이하'와 '이상'의 징역 규정은 하늘과 땅 차이다. 이상의 경우는 반드시 그 최소한 이상으로 선고해야 한다. 더구나 자본시장법 관련 위반 사항은 징역형과 벌금형을 병과할 수도 있게 돼 있다(자본시장법 447조). 그만치 엄중하게 다스리는 죄다.

그처럼 죄의 내역에서는 유죄 확정 시 경제범죄의 비중이 훨씬 더 큰데도 주저리주저리 나열된 혐의점 수효에서는 정반대였다. 그런 것에서도 어떤 사심(私心/邪心)의 흔적이 묻어난다. 죄질보다는 일종의 망신 주기용 목적을 더 많이 앞세운 것 아닌가 하는...

이런 사심이 작동했으리라고 짐작되는 대목이 전혀 없는 건 아니다. 당시 검찰총장 인선에서 조국은 윤석열에 찬성하지 않았다. 당시 인사검증에 참여했던 민정비서관실에서 3차례나 윤석열에 대한 부정적인 평가 보고서가 올라오기도 했지만, 무엇보다도 기수 파괴가 너무 심각해서 검찰의 근간이 뒤흔들리고 나아가 내부에서의 균열도 염려돼서였다. 실제로도 이 윤석열의 파격 기용에 따른 기수 파괴의 후유증은 아직도 현재 진행형이다. 한참 아래 기수의 윤석열을 끌어올린 덕분에 예전보다 검사장 승진은 빨라졌지만, 검찰의 주축이라 해야 할 부장검사 승진은 전보다 2~4년 더 걸리고 있다. 예전에는 13~15년이었지만 2024년의 경우 부장 승진자들의 평균 재직 기간이 17년이었다.

그럼에도, 강력히 윤석열을 추천한 이가 있었다. 바로 문재인 정권 탄생의 숨은 1등공신이자 가장 믿음직한 충절파이며 문재인의 '1m그룹'으로 불리던 3철[16] 중 맏이 격인 양정철이었다. 자신의 총장 지명을 둘러싸고 흘러나온 이런 뒷얘기 정도는 윤석열도 너끈히 전해들을 수 있지 않았을까. 그런 조국에 대해 최소한으로도 섭섭해하고 많게는 괘씸하다는 생각을 했을 건 윤석열의 성정으로 보아 당연하다. [그런 양정철을 계엄령 선포 때 두 명의 법관과 더불어 체포 대상자로 특별히 찍어 넣은 윤석열의 정신 상태를 이해할 수 없다.]

후배지만 조국은 엄연히 그의 상관이었다. 하지만 윤석열에게는 상관에 대한 최소한의 예의 지키기 따위조차 눈에 들어오지 않았다. 상관이든 뭐든 뒷전에서 발톱을 숨긴 채 다가가 물어뜯었다. 그리고 그런 물어뜯기는 자신을 그토록 애지중지로 키워 준 까마득한 자기 주인인 문재인 정부를 향해 그냥 아무 칼이나 마구 꽂아대는 일로도 이어졌다. 그건 메릴 스트립이 이야기한 대로 '사람을 문 개' 이상도 이하도 아닌 짓이었다.

나의 어린 시절에 동네 청년 형님들이 조금 한가해지면 천렵을 하거나 개를 잡아 함께하곤 했는데 그럴 때마다 양조장 앞 냇가에는 낡은 가마솥이 걸리곤 했다. 어느 날 집에 손님이 와서 나는 큰 주전자 하나를 들고 양조장으로 향했는데, 냇가에 솥이 걸려 끓고 있었고 형님들이

16 양정철 전 청와대 홍보기획비서관, 이호철 전 청와대 민정수석, 전해철 의원을 말한다. 양과 이는 문 대통령 당선 후 즉시 출국하여 권력과의 거리 두기를 실천했다. 검찰총장 지명 때는 귀국하여 민주연구원 원장을 맡고 있었다.

모여 있었다. 농사철이 한창인데 웬일인가 싶어 나도 기웃거렸다. 그때 그들의 입에서 이런 말이 나왔다. '맞아. 주인을 문 개는 장살(杖殺)해야 지. 달리 방법이 없어. 개 버릇은 못 고치니까. 멸치 한 마리가 아까워서가 아니라 개 버릇 사나워질까 봐, 못 준다는 말도 있잖여.'

당시 초등 4~5학년쯤이었던 나는 내 나이의 두 배쯤 되는 형들의 말 '장살(杖殺)'이 뭔 말인지를 몰라, 때마침 아랫집 형도 거기 있길래 그게 무슨 소리인지를 물었다. 그 형은 '때려 죽인다'는 소리라면서, 가마솥 안의 개가 바로 이웃집의 강 선생네 개라고 했다. 부부 교사 집이어서 강 선생네로 불리던 그 집의 개가 느닷없이 그 집 어른의 손을 무는 바람에 그 할머니가 뒤로 넘어지고 머리까지 다쳤단다.

강 선생이 불러서 그 형이 갔더니만 그 개를 안 보이는 곳으로 끌고 가서 처리하라고 해서 급히 모인 것이라 했다. 그 말을 들으며, 나는 개에게 물려 놀라 넘어진 그 할머니 생각이 났다. 강 선생네 집에 떡조가리라도 돌리러 가면 빈 그릇을 돌려주기가 뭐하다면서 부엌의 살강(부엌의 벽 중턱에 드린 선반)에 남겨둔 누룽지라도 담아주던 할머니였다. 그런 할머니를 물고 놀라게 한 개는 그런 처분(?)을 받아도 된다는 생각이 저절로 들었다.

사형수에게도 접견 신청을 꾸준히 해대는 이들이 있다. 그(그녀)는 그녀(그)를 사랑했고 지금도 사랑하고 있는 사람들이다. 세상이 뭐라고 해도 자신이 한번 선택했던 사람을 버리지 않는 그저 평범한 사람들이다. '사람을 문 개'와는 다른 세상에서 이름 없이 살아가고 있는... 갑남을녀나 장삼이사(張三李四. 장씨(張氏)의 셋째 아들과 이씨(李氏)의 넷째 아들이라는 뜻으로, 이름이나 신분이 특별하지 아니한 평범한 사람들)와 같은 평범한 이들도 그 정도의 의리는 있고, 그걸 지켜낸다.

사람을 문 개는 또다시 사람을 문다. 언제고... 호랑이인 줄만 알고 키웠던 삵, 불사이군도 의리도 죄다 깔아뭉개는 윤석열에게 문재인은 물렸다. 더구나 재수 없게도 단체로 물렸다.

못된 호랑이는 키워준 주인도 문다. 2020년 스위스 취리히 동물원의 사육사는 관람객이 보는 앞에서 시베리아 호랑이에 물려 숨졌다. 55세의 그 여성 사육사는 그 호랑이가 취리히로 옮겨지기 전에 녀석이 태어난 덴마크로 날아가 거주지 이전 적응 훈련까지 시킬 정도로 특별히 정성을 쏟았던 이였다.

제 2 장

우리나라는 검찰공화국이자 검사공화국이다

이 장의 대부분은 2021년 윤석열의 대선 후보 시절에 쓰여졌다. 그럼에도 거의 그대로 살려 싣는 것은 오늘의 윤석열은 검찰공화국이 만들어낸 괴물 중의 괴물이어서다. 썩은 공기로 가득찬 검찰 물을 오래 먹으면서 자신을 돌아보지 않으면 검사라는 선출되지 않은 권력이 어떻게 변질될 수 있는지를 돌아보는 기회가 되었으면 한다.

윤석열은 이 나라 검사 출신의 정치인 중, 술자리에서 대뜸 나오는 말 'ㄸㄹㅇ급'에서도 이미 단연 최고위로 올라섰다. 특히 검찰총장 직후에 정치권으로 진출했지만 크게 성공하진 못한 3인방(나머지 둘은 김기춘: 22대 총장, 15~17대 의원, 김도언: 26대 총장, 15대 의원) 중에서도 가장 빛나는(?) 자신의 흑역사를 제 손으로 써내려간 문제적 전직 검사 1위로 꼽히고도 남을 게 분명하다.

1

'00공화국' 부자 나라에서 가장 우뚝 솟은 공화국, 검찰공화국

우리나라는 OECD 회원국 중 불명예스러운 부분에서 1위를 차지하고 있는 것들이 하나둘이 아니다.

자살률, 노인의 상대적 빈곤율, 대장암 발병률, 청소년 흡연율, 어린이/보행자 교통사고 사망률, 이혼 증가율, 낙태율, 저출산율, 15세 이상 술 소비량, 1인당 화장품 지출액, 가족 생계비 중 통신비가 차지하는 비중, 1인당 연간 평균 독서량의 역순위, 1인당 사교육비 지출액, GDP 대비 가계부채 비율, 소득 대비 가구당 가계부채 비율, 스마트폰 갱신 주기의 역순위...... 다 늘어놓자면 한참 더 줄이 늘어난다. 2014년 현재 50관왕이었는데, 그 뒤로 빠진 건 없이 더 늘어나기만 했다.

심지어 대학 진학률도 부끄러운 1위다. 한국 68%, 미국 46%, 일본 37%, 독일 28%, 이탈리아 24%... 등으로 OECD 평균인 41%를 한참 웃돈다. 대학을 많이 가면 좋은 일이지, 왜 나쁜 일이냐고 할지도 모르겠다. 문제는 학문 연구의 취지와는 무관하게 쓸데없이 허황된 졸업장을 위해 가야 하는 풍조 탓도 있지만, 전문대라도 나와야 취직이 되는 왜곡된 구조 탓에 할 수 없이 돈과 시간을 허비해야 하는 경우도 적지 않아서인 듯하다. 그 바람을 타고 난립한 대학들이 400개를 훌쩍 넘긴다. 산업대, 사이버대, 대학원대학 등 65개교 이상을 제외하고서다. 일반대 189, 전문대 183, 교육대 10개인데, 학생 모집을 못해서 쩔쩔매는 학교들이 한두 곳이 아니다. 대학 폐쇄가 교육부의 골칫거리가 된 지도 이미 여러 해째다.

나아가 우리나라는 그다지 반갑지 않은 온갖 별칭의 '공화국' 부자 나라다. '아파트공화국, 부동산 투기 공화국, 부동산 불로소득 공화국, 기득권공화국, 돈과 권력이 유착된 금권(金權)공화국, 모텔공화국, 폭탄주 공화국, 영어가 종교인 공화국, 십자가 네온사인 공화국, 학원공화국, 586공화국, 맘카페공화국, 우르르공화국, 세뇌공화국, 6411버스공화국, 커피공화국, 꼰대사면초가[인민재판]공화국, 틀튜버공화국...' 등등[17].

'아파트공화국'은 프랑스 지리학자 발레리 줄레조가 서울의 아파트를 집중 조명한 그의 저서(2007)에서 작명한 이름이고, 커피공화국은 커피 원두 하나 나지 않는 우리나라가 커피 소비에서 일본, 미국, 독일, 프랑스, 브라질에 이어 세계 5~6위쯤 되는 데다 우리나라에서 10여 년 동안에 4배로 성장한(?) 산업 분야는 커피 관련 업종이 유일해서다. 2016년 농축산부 조사에 의하면 하루에 3곳 이상의 커피 전문점이 생겨나고 그 절반 정도가 폐업한다고 한다.

17　이러한 한국적 특성을 구조적인 사회문제로 보아 분석을 시도한 책도 있다. 인권운동가 오창익의 《십중팔구 한국에만 있는!》(2018)도 그중 하나다.

'6411버스공화국'은 구로동에서 새벽 첫 차를 타고 강남 사모님댁으로 출근하는 여인들과 노령의 미화원/경비원들의 실상을 빌려 빈부격차의 실물을 제시했던 고 노회찬 의원이 그 6411번 버스 얘기를 국회에서 꺼낸 뒤 나온 말이다. 인간이 또 다른 인간의 노동을 대신해 준 대가로 받는 돈으로 살아가는(살아가야 하는) 양극화 세계의 현장감을 그처럼 간결하게 제시한 사례도 없다.

'우르르공화국'은 입고 먹고 보는 것들에서 연예인이나 일부 사람들이 그럴 듯한 걸 말하거나 SNS 등에 올리면 우르르 몰려가는 현상이 매번 되풀이되는 걸 뜻한다. 그런 것에는 그냥 남들 따라, 남들이 죄다 보낸다고 하니까 거기서 빠지면 안 된다는 생각에서 가기 싫다는 아이들을 습관적으로 학원으로 등을 떠밀어 보내거나 안 가면 혼쭐부터 내는 풍조도 포함된다.

세뇌공화국은 반일 포퓰리즘과 같이 과거/현재/미래의 사실(facts) 검토 따위는 생략한 채, 그리고 정보의 왜곡이나 편협성 등을 따져보려는 노력은 아예 건너뛴 채, 반복 노출된 정보에 무임승차하여 남들이 흔드는 깃발을 그냥 따라 흔드는 행태를 뜻한다. 그 근저에는 집단이 짓는 죄는 죄가 되지 않을 것이라는, 죄가 안 되기 때문에 따라서들 하는 것으로 여기는 면죄부 자가 제조 의식도 기본적으로 깔려 있다. 즉 그럴 때 개인적 수치심은 있을 수 있지만, 집단적 수치심은 없다.

그걸 나의 한평생 스승인 에릭 호퍼는 다음과 같이 적확하게 지적한 바 있다:

"집단적 분노는 있다. 집단적 자부심도, 집단적 의기양양함도 있다. 그러나 집단적 수치심은 없다. 다른 사람들과 연대할 때 우리는 거의 여지없이 자기보다 나은 자와 결탁했다고 생각한다. 그리고 그런 사람들과 죄를 지으면 참담한 기분을 느끼지 않게 된다." – 《인간의 조건》

최근 들어 세대별 구분 표지가 된 싸가지·꼰대의 대립에 따라 무섭게 확산한 것으로 '꼰대사면초가[인민재판]공화국'도 있다. 요즘은 이유 불문하고 일단 '꼰대'로 찍히면 죄인이 된다. 얼른 죄인임을 인정하고 반성문부터 써야 한다. 그렇지 않으면 인민재판감이 된다. '꼰대사면초가공화국'은 그래서 '꼰대인민재판공화국'이다. 그리고 그 근저에는 견고한 '세뇌공화국'의 힘이 작동한다. '횡단보도에서는 파란불일 때만 건너라'고 말하는 것조차도, 꼰대로 찍힌 사람이 말하면 그건 배척되거나 무시된다. 이유는 단순하다. 꼰대가 한 말이니까. 손쉬운 낡은 예로 '라떼는 말이야' 소리만 나오면 그냥 공적(公敵)의 낙인이 찍히는 길로 직행한다.

이런 수많은 공화국 중에서도 가장 우뚝 솟은 공화국 하나가 있다. 이 모든 공화국을 단번에 제압할 수 있는 공화국, 다른 모든 공화국들이 벌벌 떠는 공화국, 바로 검찰공화국[18]이다.

18 《검찰공화국》이라는 제목으로 윤석열을 집중적으로 다룬 책도 여러 권 있다. 주로 법조 출입 기자들이 썼다.

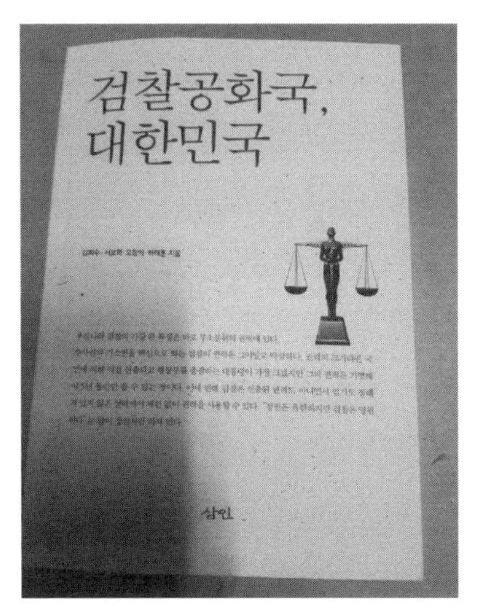

김희수 외 3인 공저, 《검찰공화국, 대한민국》(2011) ©AIFIC

내 알기로 '검찰공화국'의 최초 공식 명명자는 김두식(1967~) 교수다. 그는 연수원 23기로 윤석열과 검사 임관 동기이기도 한데, 잠깐 검사를 지내는 동안 검찰 현장의 이면들을 대하면서 싹튼 의아심이 회의(懷疑)와 후회로 부풀어올라 결국 사표를 던지고서는 자발적인 전업주부가 되어 2년간 자칭 '등처가'(아내를 일터로 내보내고 집 안에 머물면서 '처를 등쳐먹는' 남편에 대한 비하칭) 생활을 하다가 학계로 돌아가 적성을 찾아낸 특이한 인물로, 우리나라의 검찰 문화를 심층적 분석을 통해 적나라하게 드러낸 사람이다.

그는 10여 권의 인기 책자를 펴낸 저술가이기도 하다. 구수하고 재미있는 표현들로 가득해서 한 번 잡으면 끝까지 읽게 하는 흡인력이 있다. 이를테면 법조인들을 그는 '선출되지 않은 권력'이나 '그들만의 신성(神聖)

가족'으로 압축하는 등 현실 속의 실체를 글자 몇 개로 적확하게 요약해 내는 명작가이기도 하다.

그런 김두식은 2004년에 출간한 《헌법의 풍경》에서 '특권 집단의 이상한 군사 훈련, 괴물의 수족이 된 사람들'을 등장시키고 〈제5장 대한민국은 검찰 공화국〉에서는 검사들 자신도 검찰 근무를 '권력과 성공, 정의의 상징'으로 여긴다면서 '누구나 풀어줄 수 있는 검찰. 누구나 잡아들일 수 있는 검찰'로 압축하고 있다. 사실 그것이 대한민국 내에서의 여전한 검찰의 위세다. 변호사들 일부도 그런 검찰을 부러워하거나 검찰 시절을 그리워하기도 한다. 윤석열도 변호사 생활 겨우 1년 만에 그리운 검찰로 금방 되돌아갔다(2003).

2

검찰청은 기형적 고도 비만형 몬스터

우리나라의 현행 검찰청은 태생적인 고도 비만형 기형아다. 본래 출발은 단순했는데 깁고 덧대고 하는 사이에 도처에서 살집이 부풀어올랐다. 맷집이 커지고 힘까지 주어지면, 그때부터는 어깨에 잔뜩 힘이 들어가고 거들먹거리게 된다는 건 아이들도 안다. 그리고 그런 과다 비만아들의 안쪽을 들여다보면 수많은 체질적 문제점들이 도사리고 있다. 검찰도 딱 그 짝이다.

우선 검찰청의 뿌리와 성장 배경을 살펴보기로 한다. 헌법부터 보자.

제94조 행정각부의 장은 국무위원 중에서 국무총리의 제청으로 대통령이 임명한다.
제96조 행정각부의 설치·조직과 직무범위는 법률로 정한다.

이에 따라 설치된 게 법무부다. 알다시피 검찰청은 그 법무부에 소속된 하나의 외청이다. 따라서 당연히 검찰청은 법무부 장관의 지휘를 받는다. 그 상세 내역은 위에서도 살펴본 바다.

검사와 검찰 직급의 인플레이션 현상에 대해서는 그동안 말이 많아왔다. 박근혜조차도 검사장 자리를 줄이기 위해 노력했을 정도로. 그 과정을 간단히 살펴보면 이렇다.

검찰 조직의 과다 비만형 몸체 부풀리기가 그 출발이었다. 그것은 자연스럽게 검찰 직급의 인플레이션 현상으로 연결되었다. 그런데 그 인플레이션의 촉발자는 희한하게도 '검새스러운' 검사들과 마찰을 빚었던 노무현 정부였다. 오늘날에도 미완이어서 문제가 되고 있는 검찰 개혁의 화두를 최초로 꺼내들었던 노무현이 도리어 역대급 실책을 저지른 셈인데, 그것은 검찰이 법원과 일대일 대응 관계로 설치돼야 한다는 논리 때문이었다. 2007년 법원과의 일대응 대응 조직 편성 논리에 정치권이 넘어가면서 2009년 대통령령으로 직제 규정이 개정되었다. 당시는 검.경 수사권 조정 협의회의 성과를 내기 위한 일종의 당근책이기도 했는데 이에 따라 2005~2007년간에 검사 정원이 355명 늘어났고 2014년 법 개정으로 다시 350명이 증가했다. 이때는 검찰의 대응 설치 기조가 이미 굳어진 관행처럼 되어 있어서 법 개정도 이의 없이 통과되었다.

일대응 대응 조직 편성은 노무현 시절이던 2009. 11. 2. 검찰청법 개정을 통해서 제3조에 이런 조항이 들어간 게 그 시발이다: ① 대검찰청은 대법원에, 고등검찰청은 고등법원에, 지방검찰청은 지방법원과 가정법원에 대응하여 각각 설치한다.

즉 각급 법원이 있는 곳에는 그에 대응하여 일대일로 검찰 조직을 설치해야 한다는 검찰의 밀어붙이기 식 논리가 반영되어 법규화되었다. 그 바람에 수사권이 없어서 별로 할 일도 없는 지방고검도 유지 또는 강화되었고(반면 서울고검은 괴물급으로 비대해졌다), 법원지원이 있는 곳에는 빠짐없이 검찰지청들이 난립하게 되었다.

검찰 조직의 이상(異狀) 비대화는 그렇게 시작되었고, 그 자리를 채워야 하는 검사들은 대폭 증원되었다. 그와 동시에 같은 지검이라 하더라도 검사 숫자에서 두세 배의 차이가 나는 등 편차가 들쑥날쑥하여, 같은 직급의 검사들 보직에서도 1차 보직, 2차 보직, 3차 보직 등으로 그 위상이 달라지는 부작용이 자연발생적으로 잉태되었다. 예를 들면 수도권 지검으로 들어오려면 지방 지검 근무를 두어 차례 이상 거쳐야만 진입이 가능해졌다.

그래서 검사들끼리 자신들의 실질적 위상을 이르는 말로 경검(京檢)과 향검(鄕檢)이 있는데 수도권 근무자는 경검이고 비수도권 근무자는 향검이다. 수도권이라 함은 지리적 개념이 아니라 서울에서 출퇴근이 가능한 곳을 이르는 말이다. 윤석열이 여주지청에서 근무할 때도 서울에서 용인 이천을 지나 강을 넘어 가야 하는 여주까지 검사들끼리 카풀로 출퇴근했다. 카풀로 다닐 정도로 거개가 서울이 주거지였다.

검찰의 기형적인 이상 비대증의 대표적인 후유증은 고위직 과잉이다. 노무현 정부 시절 한때 54명이나 되던 검사장급을 박근혜~문재인 정부 시절에 꾸준히 줄여 왔음에도 현재 총장을 빼고도 대략 39명 정도나[19]

---

19 법무연수원 연구위원 발령 숫자에 따라 변한다. 검찰에 배정된 최대 인원은 4명.

된다. 쉽게 말해서 일개 외청일 뿐인 검찰 조직 내에 외청 청장급이 40여 명이나 있다는 얘기다. 그야말로 상식을 뛰어넘는 괴상망측한 괴물 집단이다.

이 검사장들도 편의상 고검장급과 지검장급으로 나뉘는데, 현재 이들이 차지하고 있는 자리는 다음과 같다.

– 고검장급(7명): 5개 지역 고검장과 대검 차장, 법무연수원장
– 지검장급(30여 명): 18개 지검의 지검장, 대검 부장 6, 고검 차장 3, 사법연수원 부원장, 법무연수원 기획부장, 법무연수원 연구위원 0~4명

이들이 문제가 되는 건 비정상적인 고위직 예우를 받고 있는 데다 그 인원이 기형적으로 지나치게 많아서다. 이들은 차관급 예우를 받는다. 차관급이 수장이기 마련인 일개 외청에 불과한 검찰청에 예외적으로 장관급 총장을 둔 건 그렇다 치더라도 차관급이 자그마치 40여 명에 이른다는 것은 누가 봐도 매우 비정상이고, 기형적이다.

이러한 비정상적 기형 조직이 바로 검찰 문화의 비정상을 초래한 가장 근본적인 원인 중 하나다. 한마디로 검사들을 겁대가리도 없고 때로는 싸가지도 없는 사람들로 만든 근원이기도 하다. 나라에서 턱없이 높은 고위직 대우를 해주니 괜히 어깨에 힘들이 들어가는 건 당연하다. 일부러라도 폼을 크게 잡고 싶은 터에.

3

검사는 공무원 세계에서 별세계 인종, 특특급 대우

현행법상 검찰청의 검사 직급은 검찰총장과 검사로만 단순 분류된다. 검찰청법이 세 번이나 바뀐 결과다. 맨 처음에는 검찰총장, 고등검사장, 검사장, 고등검찰관과 검찰관이었다. 그다음에는 검찰총장·고등검사장·검사장 및 검사였다가 2004년에 현재의 단순 2분법으로 바뀌었다. 바꾼 취지는 좋았다. 총장을 빼곤 다 직급이 똑같으니 승진에 연연하지 말고 소신껏 일하라는 것이었다. 취지와는 달리 승진에 연연하는 사람들은 줄지 않았다는 게 문제지만.

그리고 검찰의 꽃이라는 검사장 호칭이 법규에서 사라지는 것이 아쉽다는 내부 의견을 반영하여 2007년 2월 21일 '대검찰청 검사급 이상 검사의 보직 범위에 관한 규정'을 만들어 고등검찰청 검사장(약칭 고검장), 지방검찰청 검사장(약칭 지검장) 등의 표현은 부활시켰다.

법률상으로는 이처럼 단순히 구분돼 있지만, 실무상의 직급은 다르다. 크게 나누면 총장 ←검사장 ←부장검사 ←부부장검사 ←평검사의 순이다.

이 중 부장검사급[20]은 직책과 실제 위상은 매우 다양하다. 예를 들면 부가 있는 지청의 부장검사와 차장검사도 직급은 같은 부장검사급이지만, 당연히 차장검사가 상관이다. 차장검사는 검사장 승진을 앞두고 있는 고참 부장검사가 가는 자리다. 지검의 부장검사와 대검의 과장도 같은 부장검사급이지만, 대검 과장이 훨씬 상위다. 대검에만 있는 검찰연구관·기획관·담당관·대변인도 직급은 부장검사급이지만 지검 부장검사보다는 훨씬 상위다. 일반 부장검사들이 이 '-관' 아래에 배속되는 식이다. 고검 검사 또한 직급은 부장검사급이지만, 일반적으로 지검 부장검사보다는 상위다. 지청 부장검사에서부터 지청장을 포함하여 지검 차장검사와 고검 부장검사까지가 부장검사급일 정도로 그 대역이 광폭이다. 실제로는 이처럼 복잡하지만 여기서는 편의상 부장검사라는 단일 직급 명칭으로 단순화하기로 한다.

위에서 검사장급은 차관 예우를 받는다고 했다. 따라서 위의 직급순으로 보면 부장검사는 1급, 부부장검사는 2급, 평검사는 3급이 될 수 있다. 하지만, 그렇지는 않다. 일반직 공무원과 대비되는 검사들의 위상에 대해서는 여러 설들이 있지만, 대체로 평검사는 4급, 부부장검사는 3급, 부장검사는 1~2급으로 평가된다. 그 주된 기준은 봉급과 처우다.

한마디로 검사는 공무원 세계에서 '별세계 인종'이다. 특특급 대우를 받는다. 초임 검사는 임용 전 근무 경력에 따라 부여되는 호봉이 매우

20 부장검사는 고과 평정에 문제가 없으면 대체로 검사 경력 15년 차 정도면 오른다. 널찍한 방이 주어지고 지청/지검에서는 수사 실무에서도 손을 뗀다. 반면 법원의 부장판사는 여전히 재판 진행 외에도 기록 검토, 선고문 초고 검토나 작성 등에 매달릴 정도가 실무 부담이 여전하다.

다양하지만 무경력자의 경우는 일반적으로 변시 합격자는 1호봉, 사법연수원 이수자는 2호봉, 군필자는 3호봉을 받는다. 검사 14호봉까지는 1년 9개월 이상 근무하면 한 호봉씩 오른다.

이 호봉표에 의한 검사의 급여는 놀랍게도 거액이다. 검사들이 어깨에 힘을 주는 게 버릇이 된 건 이 특별 대우 탓도 크다. 새파란 초임 검사도 봉급표로만 보면 일반직 공무원 4급(서기관) 9~10호봉 중간쯤이 된다.

이 4급 자리는 9급 공무원으로 들어간 사람이 거의 30년 가까이 죽어라 해야 오를 수 있다. 직급별 승진 소요 연한을 우등생으로 채운 사람들에게나 돌아가는 까마득한 자리다. 9급 공무원 중에서는 5% 미만

■ 검사의 보수에 관한 법률 시행령 [별표 2] <개정 2024. 4. 9.>

검사의 봉급표(제7조 관련)

(월지급액, 단위: 원)

직명	호봉	봉급액
검찰총장		9,022,800
검찰총장 외의 검사	17	9,009,500
	16	8,992,300
	15	8,482,100
	14	7,974,400
	13	7,519,100
	12	7,134,800
	11	6,949,400
	10	6,731,500
	9	6,367,200
	8	5,933,200
	7	5,559,000
	6	5,207,600
	5	4,868,800
	4	4,527,500
	3	4,197,900
	2	3,868,800
	1	3,433,500

검사 봉급표(2024). 8호봉 급여가 교원 40호봉에 해당한다. 법관도 같은 호봉일 때는 액수가 똑같지만 초임 법관은 경력을 인정하기 때문에 호봉이 검사들보다는 높게 시작한다.

만이 겨우 5급에 오를 정도로 일반직 공무원의 승급은 오래 걸리고, 까마득하다. 4급 승진은 동기생 중 0.1%나 될까 말까다. 세무서장, 시청 국장급... 등이 이 4급이고, 일반직 공무원 중 4급인 세무서장 자리에서 정년퇴임을 하면 영예에 속한다. 그런 직급에 단번에 보임되는 게 초임 검사들이다.

예전에 지방 지청 등으로 내려간 초임 검사들의 환영식에서는 군수/서장이 참석해서 새파란 젊은이를 향해 '영감(令監)'이라 불렀는데 틀린 말은 아니었다. '영감(令監)'은 조선시대 때 종2품~정3품의 직급자 호칭이었는데, 현대의 4급은 그쯤 해당된다. '영감'은 '대감'급인 정1품+종1품+정2품 바로 아래였으니 위에서 4번째의 고위직급 호칭이었다.

그뿐만이 아니다. 검사들에게는 기본급 외에 급여상의 각종 부가 혜택이 즐비하다. 평검사 기준만으로도 정근수당(년 2회), 자녀학비 보조수당(재외공관 근무 시), 수사지도수당(10년 미만 시에도 월 10만 원), 관리업무수당(월 봉급액의 9%), 봉급조정수당, 정액급식비, 명절휴가비(설날 및 추석), 연가보상비, 직급보조비, 직무성과금 등이 한 보따리씩 주어진다[21]. 그 중 관리업무수당의 기준이 일반직 3급에 해당되는 것이어서 평검사도 3급이라는 말이 나오는 배경이 되기도 한다.

---

21 검사의 보수에 관한 법률 시행령. 2024년 현재. 이 시행령은 공무원 급여표가 바뀔 때마다 그에 따라서 매년 개정된다. 별표에 급여표가 들어 있기 때문이다.

4

든든한 배경은 검사들이 삐딱선을 타게도 한다

검사들이 목에 힘을 주는 출발은 현행법상의 철밥통 보장 규정이다. 즉 '검사는 탄핵이나 금고 이상의 형을 선고받은 경우를 제외하고는 파면되지 아니하며, 징계처분이나 적격심사에 의하지 아니하고는 해임·면직·정직·감봉·견책 또는 퇴직의 처분을 받지 아니한다.'[검찰청법 제37조(신분보장)]

이러한 신분 보장은 검사가 인권 보호, 적법 절차 준수, 정치적 중립을 지키고, 권한 남용을 하지 않을 것을 전제 조건으로 한다. 법에 규정된 검사의 직무는 다음과 같다: ② 검사는 그 직무를 수행할 때 국민 전체에 대한 봉사자로서 헌법과 법률에 따라 국민의 인권을 보호하고 적법 절차를 준수하며, 정치적 중립을 지켜야 하고 주어진 권한을 남용하여서는 아니 된다. [검찰청법 제4조(검사의 직무)]

하지만, 검사 중에 뇌물 수수나 음주 운전 등과 같은 사생활 부분을 제외하고, 직접 업무 수행과 관련하여 인권 보호나 적법 절차 준수 위반, 또는 권한 남용을 이유로 피소된 검사가 있었는지는 내 기억에 없다. 그런 짓을 전혀 하지 않아서가 아니다. 불명예 처분을 받을 만하면 얼른 사표를 내고 나가서 변호사를 개업하면 되기 때문이다. 문제 검사들의 안심표 출구 전략은 언제고 확보돼 있고, 그것이 법규상의 신분 보장보다 더 쓸모가 많다. 즉 검사들의 철벽 신분 보장 규정은 도리어 검사들의 권력 휘두르기를 조장하는 역기능을 하기도 했다.

'배경이 좀 든든하다고 더 망나니짓을 하는군.' 이것은 박정희 시절 돈 좀 있고 배경도 있다고 마구 설쳐대면서 온갖 짓을 해대던 이른바 '칠공자' 그룹의 행태를 보고받던 박정희가 했던 말이다. 그 말 한마디에 그 칠공자 그룹은 중앙정보부로 끌려가 특별 교육을 받았고, 뒷구멍으로 받아서 써먹었던 야통(야간통행금지의 준말) 허가증도 빼앗겼고, 그들의 상징이었던 외제차 무스탕도 압류 처리되었다. 제도적으로 보장된 든든한 배경을 믿고 설쳤던 일부 검사들을 떠올리면 그런 따끔한 한마디로 버릇을 잡은 박정희의 1회적 소환 필요성도 뒤늦게 절실해진다.

검사의 신분 보장 규정이 때로는 역기능을 발휘하기도 하는 것처럼, 검사동일체의 룰을 규정한 조항도 때로는 그런 역기능을 슬그머니 부추기기도 한다. 7조의 규정, 그중에서도 ②항이 그것에 해당한다: ① 검사는 검찰사무에 관하여 소속 상급자의 지휘·감독에 따른다. ② 검사는 구체적 사건과 관련된 제1항의 지휘·감독의 적법성 또는 정당성에 대하여 이견이 있을 때에는 이의를 제기할 수 있다.

이 ②항은 2009.11.2.에 추가되었는데 노무현 시절의 관용이 배태한 씨앗이기도 하다. 검사들의 하극상 길을 터준 셈이기도 했으니까. 수많은 검사들이 알게 모르게 상관의 지시를 거부하거나 들이받기도 하는 등, 삐딱선을 타기 시작했다.

그 최정상에 윤석열이 있었다고 해도 과언이 아니다. 그는 그렇게 들이받고서 연속으로 두 번이나 좌천성 인사 격인 고검 검사로 떠돌았는데, 지청장까지 지낸 부장검사급이 고검 검사로 가는 건 검찰 내에서 '고등학교를 두 번 다니는 일'이라 할 정도로 엄청 싫어하는 일이었다. 그럴 바에야 대부분 핑곗김에 사표를 써 던지고 나가 돈벌이가 되는 변호사로 전업했다. 윤석열 역시 2년 동안 대구/대전 고검을 떠돌 때 그런 생각을 했을지 모르지만, 그는 이미 변호사로서 재미를 보지 못한 경험이 있었다.

그는 평검사 시절 부산지검 검사를 때려치우고 1년 동안(2002~2003) 변호사 노릇을 해봤는데, 영 취미(?)에 맞지 않았던 듯하다. 사실 변호사는 그 이전의 경력이 어떠하든 법정에서는 연하의 판사라 할지라도 재판장의 말에는 무조건 "예"로 답하고 고분고분해야 한다. 아쉬운 소리 안 하고, 고개 반짝 들고 지내온 윤석열로서는 할 짓이 아니었을 듯하다. 검찰로 복귀 신청을 했던 건 자연스러운 선택이었고, 고검 검사로 떠돌더라도 윤석열에게는 검찰이 적성이 맞았다.

모래시계 검사로 유포된 홍준표는 홀로 싸운 외로운 독종이라는 의미로 스스로를 '독고다이[22]'라 칭했는데, 평생 눈물을 흘리며 운 적은 딱

---

22 '독고다이'를 흔히 홀로(獨) 대항(對)하는 뜻으로 알고 쓰는데, 홍준표의 문맥을 보면 그 역시 그런 의미로 쓴 듯하다. 하지만 이 말은 '특공대(特攻隊)'를 뜻하는 일본어 음(とっこうたい) 표기로서 홀로 싸운다는 뜻이 아니다. 한자어 사용을 즐기는 홍준표는 가끔 실수를 한다. 대선 후보 시절 방명록에 멸사봉공(滅私奉公)을 '滅死奉公'으로 적었다가 실수를 지적받고 나서 황급히 다시 새로 쓴 적도 있다.

한 번뿐이라고 그 자신이 여러 번 말했다. 그 딱 한 번이 바로 상관에게 들이받기(불복+항명)를 하고서 검사복을 벗었던 때다. 집으로 돌아와 처음으로 눈물을 흘렸다고 한다.

홍준표는 부장검사의 자리에 오르지 못하고 법복을 벗었다. 사실 부장검사는 검사의 꽃이라는 검사장보다도 실제로는 더 의미 있는 자리다. 마치 회사에서 임원 진급보다도 과장 진급 때의 기쁨이 더 오래오래 안 잊히는 것과 비슷하다. 수사 실무에서 손을 떼고 관리자로서 시작하는 자리라서다. 마치 경찰의 꽃이라는 경무관보다도 더 보람 있는 건 경찰서장 자리라 하는 것과도 같다. 더구나 부장검사 자리는 처우상 4급인 경찰서장보다 두 단계나 더 높은 자리다.

선거를 앞두고 윤석열 주변으로 몰려들었던 검사 출신들[23] 중에는 부장검사에도 오르지 못한 이들이 제법 된다. 선대본부장인 권영세도 부부장검사에서 끝났고, 비서실장 박민식, 정책본부장 원희룡, 방송 패널 김재원 등도 모두 평검사로 검찰을 떠난 이들이다.

그 연유들이야 제각각이겠지만, 중도 하차의 십중팔구는 상사와의 의견 충돌로 압축되는 검사 문화에의 부적응이 대부분이다. 좋게 말하면 의견 대립과 불복이고, 사실대로 말하면 들이받기 하극상일 때가 많다. 윤석열과 함께 근무하지 않은 이들까지도 그런 중도 이탈이 잦은 것을 보면 그건 검찰 문화의 한 속성이랄 수도 있다. 검사동일체로 묶어놓는

23 이들에 대해서는 항목을 달리하여 뒤에 상세히 다룬다. 검사적 속성이 공통적이라서다.

다고 해서 검사들의 항명 문화가 사라지는 건 아니다. 더구나 그런 하극상을 부추기는 든든한 뒷배도 있다. 철밥통 격인 변호사 개업이 그것이다. 수 틀리면 옷 벗고 나가서 변호사 개업을 하면 굶어죽기는커녕, 되레 짭짤한 돈벌이도 된다는 것처럼 완벽한 보험도 없다.

윤석열은 검찰 최고위직에서 공개적으로 수회에 걸쳐 검찰 역사상 가장 지속적으로 하극상을 벌인 주인공이다. 자신의 손으로 써내려간 흑역사다. 그걸 청사에 빛나는 걸로 착각하고 있지만, 그건 단연코 흑역사다. 본질은 모반이자 배신인 하극상일 뿐이므로. 배신자에게 공통적으로 돌아가는 건 손가락질이다. 역사책에 모두 그렇게 쓰여져 내려온다.

5

검찰은 가장 강력한 독점 권력의 집단 소유자, 그 돌격대는 검사

검사는 위에서도 언급한 바와 같이 우리나라에서 매우 특이하고도 특별한 별종 집단이다. 우선 급여와 처우가 별세계급이고, 그다음으로는 빛나는 전가(傳家)의 보도(寶刀)도 주어져 있다. 정상적인 민주국가에서는 볼 수 없는 무소불위의 권력이 검찰에 주어져 있는 게 그것이다. 좀 더 정확히 하자면 검찰이 아니라 검찰의 이름을 빌린 검사 집단에게 주어져 있는데(그 이유는 뒤에 설명한다), 그 주된 내용물은 기소 독점권과 더불어 그에 보태지는 검찰의 자체 수사권과 인지수사권, 그리고 경찰 수사 지휘권이다.

이것은 우리나라가 이의 없이 검찰공화국(정확하게는 검사공화국)으로 불리는 이유들의 종합세트다. 거듭 강조하지만, 현재의 전 세계 민주국가 중에서 그처럼 무소불위의 종합세트 권한이 검찰에게 주어진 조직은 우리나라가 유일하다. 매우 우뚝 그리고 찬연히 빛난다. 문재인 정부에서 밀어붙인 부분적인 검찰 개혁 덕분에(공수처 설치와 검찰 수사 영역 제한 등) 수사권 일부의 전등은 숫자가 줄고 조도가 떨어지는가 했는데, 한동훈이 하위 법령에 손을 대는 묘수를 두는 바람에 거의 원복 상태다. 그럼에도 현재 검찰이 보유하고 있는 권력들만으로도 단연 전 세계 톱이다.

각국마다 수사권, 수사 지휘권, 기소권 등의 세부적 내용은 조금씩 다르다. 알기 쉽게 단순히 미국의 제도와 간단히 비교해 보면 이렇다.

미국에서 기본적으로 수사는 경찰이 한다. 검찰에는 직접 수사권이 없다. 여러 주에 걸친 복합 사건이나 중대 범죄는 경찰도 하지만, 본래 그런 범죄 수사를 위해 특별히 설치된 연방 기관이 FBI[24]여서, FBI가 관여할 때는 수사 우선권은 FBI에게 있고 경찰도 공동 수사 형태로 참여할 수는 있다. 그럴 때도 검찰은 수사에 간여하지 못한다. 재판에서의 피의 사실 확증을 위해 필요한 보완 수사 관련 조언을 할 수 있지만, 수사 담당자들은 그 말대로 하지 않고 그저 참고만 해도 된다. 공식적인 업무 지시가 아니라서다. 그들의 의사소통은 유죄 판결을 이끌어내는 데에 도움이 되는 수사 내용/방향과 관련된 협의/조언이지, 결코 지시가 아니다.

미국 검사들은 경찰의 수사 결과에 의존해서 재판 과정에만 참여한다. 요컨대, 검찰이 경찰에 대해 우리처럼 감 놔라 배 놔라 식으로 사사건건 수사 지휘를 할 수가 없다. 경찰에 대한 검사의 수사지휘권 자체가

---

24 FBI는 Federal Bureau of Investigation의 약자로 미 연방수사국으로 번역된다. 미국 기관들의 명칭 중 federal이 들어가면 주 기관이 아니라 국가(연방) 기관을 뜻한다. 미국의 경찰은 기본적으로 주(州) 경찰이다. 2개 주 이상에 걸치는 범죄는 FBI가 수사한다. 범죄자 중 전국에 걸쳐 지명수배하는 전단의 제목은 'Most Wanted'이다. 의미로는 최우선 긴급 수배자를 뜻하지만, 장기 수배자 역시 그 표현은 똑같다. 동명의 영화 제목도 있다.

없기 때문이다. 제대로 수사가 안 돼서 재판에서 질 게 뻔해도 할 수 없다. 제대로 된 경찰과 만나지 못한 자신의 불운을 탓해야 한다. 하지만 유능한 경찰은 경험 많은 검사의 코치를 흘려듣지 않는다.

미국에서는 수사를 담당하는 사법경찰관(수사관)을 '형사(detective)'로 높여 부른다. 그러는 데는 이유가 있다. 우리처럼 계급이나 경력과 무관하게 비교적 쉽게 오를 수 있는 자리도 아니고 위상 자체가 달라서다. 옷차림도 다르고 급여나 대우도 달라진다. 자격 요건이 까다로워서 특별한 경우가 아니고는 30대 이상이다. 우리나라와 달리[25] 계급도 경사급은 보통이고 경위~경감급도 있다. 우리나라에서도 유명했던 드라마 《형사 콜롬보》도 경위였고, 기발한 은행 강도의 인질극을 다룬《인사이드맨》에서의 던젤 워싱턴도 경위였다. 그만치 경험이 풍부한 이들이라서 경험이 적은 검사 시보급들은 도리어 형사에게 배워야 할 정도다.

영화에서 실베스터 스탤런 같은 거친 연기파들이 정장 차림에 넥타이까지 매고서 경찰로 나오면 그건 형사다. 그처럼 그들은 잠복 근무가 아닌 정식 근무를 할 때면 정장에 넥타이까지 맨다. 복장에서도 그처럼 위상이 다르다. 허름한 잠바나 일상복을 주로 걸치는 우리나라의 형사들과는 차림에서도 다르다. 총기를 든 범인과 대치하는 위기 상황인데도 그런 상황에 어울리지 않는 정장 차림을 하고 무장 경찰들을 지휘하는 이가 있다면 그는 형사다. 그만치 수사 업무에 종사하는 사람을 대우해 준다.

---

25 우리나라에서는 이 사법경찰관도 직급에 따라서 '사법경찰리'(司法警察吏. 경사 이하)와 '사법경찰관'(경위 이상)으로 세분한다. 경찰 신문 조서 등의 맨 아래 작성자 칸에 직급을 적게 되어 있는데, 그때 사법경찰리로 적으면 그는 경사 이하의 직급이다. 우리나라의 형사들은 대부분이 경사 이하다. 경위급이면 반장, 경감급이면 계장으로 불린다.

영화 《탱고와 캐쉬》(1989)에서 형사 역의 실베스타 스탤런. 매우 깔끔한 정장 차림이다. ©AIFIC

미국 드라마를 보면 가끔 말 안 듣는 형사에게 상사가 하는 말이 있는데 형사들에겐 그처럼 수치스러운 말도 없다. 그건 이런 말이다: '너 그러다가 교통경찰로 나가고 싶어?'

기본적으로 형사는 제복 경찰들을 지휘할 수 있다. 그런 권한도 주어져 있다. 사건 현장에서 엄청 많은 제복 경찰들이 출동하고 심지어 SWAT(기동타격대)까지 있는데도 사복 차림의 그다지 높지 않아 보이는 형사가 그들을 지휘하는 건 그 때문이다.

미국은 주마다 사법 체계가 다르지만 큰 줄기는 비슷하다. 그래서 다른 주에 가서도 형사라고 하면 수사 공조가 비교적 쉽게 이뤄질 수 있고, 그 지역 경찰의 협조를 받으면 제복 경찰들을 지휘할 수도 있다. 그럼에도 검사의 지휘를 받지 않는다는 건 공통이다. 어디서고 경찰 독자적으로 수사한다.

영화 《인사이드 맨》(2006)에서 모자까지 갖춰 쓴 정장 차림의 형사 역 던젤 워싱턴이 SWAT까지 출동하여 무장 은행 강도 인질극을 제압코자 할 때, 현장을 지휘하고 있다. ©AIFIC

그런 미국과 달리 우리나라에서는 경찰 수사에 대한 지휘권이 검찰에 있어 왔다. 경찰 수사 후 기소, 불기소 등의 의견을 달아 수사 보고서를 보내면 그걸 보고 보완 수사를 명하는 식으로 경찰 수사를 간섭한다. 4급인 경찰서장 명의로 보낸 공문서에 대해 4급 상당의 초임 검사도 그처럼 수사 지휘를 할 수 있다. 경찰이 기소 의견으로 보낸 사건에 대해서도, 검찰은 자신들의 판단으로 불기소나 무혐의 등의 처분[26]을 할 수 있다. 물론 경찰 수사의 허점 탓이라는 핑계는 언제나 있다. 한마디로 '잡아 넣고 싶으면 넣고(아니면 말고) 풀어주고 싶으면 풀어줄 수도' 있는 게 검찰이다.

검찰은 자체적으로 수사도 한다. 문재인정부에서 부분적으로 이뤄진 검찰 개혁 이후에도 자체 수사 부분은 남겨져 있었다. 이른바 특수 수사 영역으로, 중요(대형) 사건, 경제와 마약 사범, 그리고 선거 관련 수사

26 그 밖에 '기소 유예'나 '공소권 없음' 등의 처분도 있을 수 있다.

가 그것이다. 검찰이 한사코 빼앗기지 않으려 했던 부분이기도 하다. 경찰 수사 능력과 자질이 아직은 미완성이라는 이유가 주를 이룬다.

검찰에게는 인지(認知)수사라는 것도 있다. 수사 개시는 고소/고발이 있은 후에 이뤄지는 게 통상적인데, 인지(認知)수사는 검찰 자체에서 취득하게 된 범죄 정보에 의해서 시작하는 수사를 말한다. 예전에는 권력층에서 내려오는 첩보에 의한 하명 수사에 주로 매달린 적도 있었다.

검찰의 이러한 수사 관련 권한 외에 검사들의 콧대를 하늘 높이 치켜준 것이 바로 기소독점권이다. 기소권을 검사에게만 배타적 전속권(專屬權. 오직 한 사람/조직/기구에만 부여한 권리)으로 인정하고 있는 나라도 우리나라밖에 없다. 모든 나라들이 기소권을 분배하거나 검사의 기소권을 일부 제한하기도 하는데, 우리나라에는 그런 게 전혀 없다. 기소[재판 회부]는 오직 검사만이 할 수 있고, 기소 여부를 결정하는 것도 오직 검사뿐이다. 검사 맘대로가 우리나라의 현실이다. 괴롭히고자 맘만 먹으면 얼마든지 해댈 수도 있어서 참혹하거나 참담한 일들도 빈번하게 생긴다. 아니면 말고 식으로 기소해도 되니까.

이 기소독점권이야말로 검사들을 검찰지상주의로 이끄는 최대의 독소 조항이라는 데엔 검사들 사이에도 이견이 없다. 다만 좋은 놈(검사)에게는 최악의 것이지만, 나쁜 놈(검사)에게는 최고로 좋은 것이라는 평가만이 다를 뿐이다.

미국의 수정헌법 5조는 이렇다: '대배심에 의한 고발 또는 기소가 있지 아니하는 한, 사형에 해당하는 죄 또는 파렴치죄에 관하여 그 누구도 심리를 받지 아니한다.' 이를 쉽게 표현하자면 중대 범죄에 대해서는 검사가 기소를 하지 못하고, 대배심[27]이 기소하라는 규정이다.

이 규정의 시행과 관련하여 연방 대법원이 각 주의 재량권 일부를 인정하는 바람에 실제의 시행 양태는 주마다 조금씩 다르지만[28], 그 정신은 살아 있다. 즉 일부 중범죄에 대해서는 검사의 기소독점권을 배제하여, 시민들이 참여하는 대배심에서 정하도록 하고 있다.

오랫동안 우리나라 검찰이 보고 배워서 그대로 따라해 왔던 일본에도 검사의 기소독점권을 제한하는 제도가 있다. '검사심사회' 제도가 그것이다. 검사의 기소/불기소 건에 대해서 심사하는데, 이 심사회의 의결은 2009년부터 법적 구속력을 부여하고 있어서 실체적으로 기능한다. 특히 검사의 임의적 불기소 처분 등에 대해 견제 효과가 크다. 일본에서는 현재 약 7000~8000명의 시민 심사원들이 전국 165곳의 지방법원·지원에서 6개월씩 '시민검사'로 활약 중이다.

이를 보고 우리나라도 흉내 내어 설치 운용하고 있는 게 검찰수사심의위원회다. 하지만, 이 위원회의 의결은 법적 구속력이 없는 단순 권고

---

27 대배심(grand jury)은 비공개 법정에서 검찰의 기소 이유와 증거 등을 살펴 기소 여부만 결정한다. 소배심(petit jury)은 공개재판인 형사재판에 참여하여 검사/피고인/증인/변호사의 의견을 들은 후 유무죄를 판정한다. 영화에서 대하는 배심원들이 소배심이다. 대배심은 비공개여서 영화에 나올 수가 없다. 소배심은 배심원이 12명이지만 대배심은 16~23명의 대규모라서 붙여진 명칭이다

28 공식적으로 대배심제를 두고 있는 건 워싱턴 DC와 코네티컷 주와 펜실베니아 주 등 3곳. 그 외 23개 주에서는 일부 중범죄에 대해서만 대배심 기소 사항이고, 25개 주에서는 대배심을 선택적으로 사용할 수 있다.

사항일 뿐이어서 검사가 받아들이지 않으면 그만이다. 미국의 대배심과 일본의 검사심사회를 결합하여 과도적 기구로 신설한다고 명분을 붙인 검찰시민위원회[29]도 마찬가지다. 위원회의 결정은 구속력은 없고 권고적 효력만 있다.

우리나라도 하루속히 검사의 기소독점권을 제한하는 기소배심제도가 확정.시행돼야 한다. 검찰 개혁이 반쪽의 성과일 뿐이라는 이야기가 나오는 배경이다. 검찰 개혁의 내용 중 검사들의 내부 반발이 가장 심한 것 중 하나가 이 기소독점권 제한 부분이다. 밥그릇을 통째로 내준다는 표현도 있을 정도로. 그 말대로라면 미국과 일본 검사들은 빈 밥그릇만 차고 있다는 말도 되는데...

29 2010년 6월 11일 김준규 검찰총장이 전국 1700여명의 검사가 참석한 전국 검사 영상회의를 열고, 검찰시민위원회 도입을 논의, 확정했다.

6

검사들이 별종이긴 해도 외롭긴 마찬가지다

검사들은 공무원 사회에서 별세계 인종으로 특특급에 속한다고 했다. 급여나 처우, 부여된 권한이나 객관적인 위상을 보면 하늘 같다. 하지만, 그것도 초임 검사 시절에나 그렇고, 잘나가는 부서, 그중에서도 수도권 소재의 지청이나 대검 등에 근무할 때나 그렇다.

매일 꿀을 먹는 사람은 꿀맛을 제대로 모른다. 매일 먹다 보면 꿀이 왜 쌀값보다 몇 배나 더 비싸고, 밥보다 얼마나 더 달고 맛있는 것인지를 의식하지 못한다. 꿀은 상온에서 몇천 년이 돼도 부패되지 않는 유일한 자연산 식품이다. 몇천 년 동안 이집트의 미라 묘지에 들어 있던 꿀이 여전한 상태를 유지하고 있는 것을 보고서야 알게 된 진실이다.

그처럼 벌꿀이 썩지 않는 것은 높은 당도에 의한 삼투압 현상과 꿀에 함유된 부패 방지 효소 때문이다. 고당도 삼투압 현상에 의해서 균 속에 들어 있는 수분을 흡수하여 균을 고사시키고 거기에 부패 방지 효소를 첨가하니, 썩을 수가 없다. 완벽한 자가 환경 정제(淨濟) 겸 정화(淨化) 방식이다. 그 덕분에 벌꿀은 썩지 않는다.

하지만 검사들은 그처럼 귀하고 소중한 꿀을 상식(常食)하게 되면서부터 자신들의 가치도 퇴색하거나 잊어간다. 특히 평검사 시절 시작된 지방 지청(支廳) 근무가 계속 이어지게 되면 별세계 인종은커녕 자기도 모르게 한숨을 자주 뱉게 된다.

심할 때는 썩어가기도 한다. 벽지 지청의 검사가 단독 판사[30]의 선고일에 술냄새를 풍기며 나타나기도 한다. 단독심에서는 집행유예나 벌금 판결이 잦고, 선고까지 단 5분도 안 걸리기 때문에 잠깐 검사석만 채우면 되는 일인지라 그 시간 동안만 잠깐 입을 닫고서 술냄새를 가리고 있으면 된다. 몸이 몹시 고단하시면 수습 중인 검사를 대신 검사석에 세우기도 한다. 자리만 채우고 있으면 되는 일이므로. 법조 경력 10년 이상인 단독 판사가 주관하는 법정에 법조 경력이 일천한 검사들이 그냥 자리만 채워도 된다는 얘기다. 검찰이 자신들의 몸체 부풀리기를 위해 내세웠던 법원과의 일대일 대응 논리가 괴상하게 왜곡돼 있음을 확인할 수 있는 기묘한 실물 현장이기도 하다.

30 1심 법원에서 합의제 재판을 필요로 하지 않는 비교적 가벼운 사건에 대하여 혼자서 재판권을 행사하는 판사. 교통사고처리특례법상의 음주운전이나 뺑소니 사건 따위가 대표적이다. 현재는 경력 10년 이상의 판사들이 배치돼 있다.

7

'헌법기관'에 관한 코미디들

잠시 삼천포에 들렀다 가기로 한다. 판사는 헌법기관이지만 검사는 아니다. 국회의원 나리들이 걸핏하면 꺼내드는 말이 헌법기관인데 자신들의 독점물로 대착각들을 하고 있다. 천만의 말씀, 만만의 콩떡이다.

헌법기관이란 헌법에 그 신분, 직책, 자격 따위가 규정된 '기관'을 말한다. 대통령에서부터 감사원장, 국무위원, 판사... 등 모두가 해당된다. 흔히 국회의원들이 장관을 앞에 두고 자신들은 헌법기관이라면서 큰소리를 쳐대는데 참으로 소가 웃을 일이다.

장관도 헌법기관이다. 장관은 헌법기관인 국무위원 중에서 보하니까. 그래서 총리가 장관 후보를 제청할 때도 공식 용어는 국무위원 후보 제청으로 표기한다. 그렇기 때문에 장관 역시 같은 헌법기관인데 그 앞에서 의원 나리들은 헌법기관 소리로 위압하려 든다. 장관들의 옷깃을 보면 배지들이 달려 있기도 한데 흔히 장관 배지라 부르지만 정확한 명칭은 국무위원 배지다. 예전에는 행정 부처를 맡지 않는 국무위원, 곧 '무임소장관'도 있었다.

국무위원(장관) 배지 ©AIFIC

흔히 일상적으로 쓰는 '기관장'과 '기관'은 다르다. 일례로 군수나 시장을 흔히 기관장이라고 표기하지만, 법적으로는 '기관'이 바른 표기다. 즉 행정주체를 위하여 그 의사를 결정하고 이를 자기의 명의로 대외적으로 표시할 수 있는 권한을 가진 자가 행정기관인데 이를 줄여 '기관'이라고 말한다. 각부 장관, 지방자치단체의 장, 세무서장, 경찰서장, 지방경찰청장 등의 독임제 외에도 예외적으로 행정심판위원회, 선거관리위원회, 방송통신위원회 등 합의제로 조직되는 경우도 있다. 군대에서는 부대 지휘관이 이 '기관'에 해당한다.

이런 기관 중 헌법에 명시된 이들은 모두 헌법기관이다. 따라서 헌법에 그 신분, 직책, 자격 따위가 규정된 기관은 모두 헌법기관이다. 위에서 언급한 대통령에서부터 감사원장, 국무위원, 판사, 국회의원... 등 모두가 해당된다. 그럼에도 걸핏하면 국회의원들이 똑같은 헌법기관인 장관(국무위원)들 앞에서 '감히 헌법기관 앞에서...'라는 말로 큰소리를 친다. 심지어 율사 출신들까지도. 그래서 소가 웃을 일이라고 위에서 적었다.

그럴 때 조용히 '저도 헌법기관입니다만...'라고 국개의원들에게 일침을 가하는 국무위원들, 아직 한 사람도 없었다. 이낙연은 총리 시절(2017) 국회에서 야당 의원들의 저급한 공세에 이렇게 답한 적도 있다.

(전희경[31]. '75년생. 자유한국당 비례대표) "김원봉에 대한 평가 등을 총리께서는 한번 살펴보시길 바랍니다."

(이 총리) "네, 제가 의원님만 하겠습니까만 저도 공부를 하는 사람입니다."

(전희경) "세심함이라는 말은 그런데 쓰는 게 아니죠. 비정함입니다."

(이 총리) "네, 저도 의원님만 못하지만, 저도 국어깨나 했습니다. 가르쳐주셔서 감사합니다."

(전희경) "교육부에만 맡겨놓고 총리가 하나도 안 챙기셔서 대한민국 교육이 이 지경이라고 믿고 싶어지는 순간입니다."

(이 총리) "저를 과대평가하셨습니다."

그때 야당인 자한당의 박대출이 당시의 MBC 사장으로서 직원들로부터 편파적 방송으로 공격을 받고 있던 김장겸을 옹호하기 위하여 'MBC나 KBS의 불공정 보도를 본 적이 있느냐, 어찌 생각하느냐'고 묻자, 이낙연은 '저는 (그것들을) 잘 안 봐서 모릅니다. 꽤 오래 전부터 좀 더 공정한 보도 채널을 보고 있습니다'라고 답하여 모든 국회의원으로부터 폭

---

31 자유한국당, 미래통합당 시절의 대변인으로 20대 의원을 지냈다. 21~22대에서는 입성하지 못했다. 입으로 정치하는 이들은 한때 반짝 뜰 수도 있지만, 오래가지 못하는 게 대부분이다.

소와 고갯방아를 받아내기도 했다.

그때 아마 그들 중 어느 하나가 '헌법기관' 얘기를 꺼내들었다면 서울 법대 출신의 이낙연은 이랬을 듯하다: "저도 헌법기관입니다만...". 그처럼 충분히 유식하고 충분히 유머러스한 화법을 구사할 줄 아는 격식/품위 있고, 제대로 똘똘한 정치인들이 그립다. 엄청.

8

술꾼 검사들과 당청 꼴찌 검사, 그리고 강제 독신인 검사들

삼천포에서 원위치!

위에서 언급한 술꾼 검사 수준을 넘어 왕창 썩은 검사들에게서는 악취가 풀풀 나기도 한다. 이런 썩은 검사 문화에 너무나 실망하여 "죄의 무게를 다는 검찰의 저울은 고장 났다!"고 외치며 검찰을 박차고 나온 여검사 이연주가 적나라하게 까보인 장면들 중 두 가지만 원문대로 보이면 이렇다. 이 책 《내가 검찰을 떠난 이유》는 추미애 전 법무장관이 2020.12.9. 국회의 본회의 개회 전 시간을 이용하여 탐독하는 모습이 카메라에 잡히는 바람에 저절로 추천 도서가 된 책[32]이기도 하다.

– 지역의 변호사가 룸살롱에서 검사들을 접대했을 때, 눈앞에서 검사들이 유흥접객원을 희롱하는 것을 보며 '저 검사들이 검찰청에서 여직원이나 여검사들을 볼 때 과연 다르게 볼까'라고 생각한 적이 있다. 싫

32 이 책에 대해 블로거 하나(스윙맨)는 이런 말로 추천사를 요약했다: '사람들이 왜 검찰 개혁을 주장하는지 모른 채, 주변인들에 의해 바보가 되기 싫다면 읽어봐야 한다. [중략] 검찰의 문제는 남의 문제가 아니라 나의 문제다'. 이 책 외에 필자가 추천하고 싶은 것으로는 김두식의 <불멸의 신성가족>과 이성윤의 <그것은 쿠데타였다> 등도 있다.

다는 자리에 (나를) 데려가 놓고서는 나중에는 흥건하게 노는 데 방해가 되었는지 분위기도 모르고 남아 있다고 구박했다. 하급자의 의사 따위는 물을 것도 없었고 감정 따위는 존재하지도 않는 것처럼 거칠 것 없었다.

– 초임 여검사를 호텔로 불러내던 검사장도, 부산의 나이트클럽 사장에게서 소개받은 젊고 예쁜 여자를 지역 유지에게서 빌린 요트에 태워 통영으로 여행 간 추억을 자랑하던 부장검사도 모두 국회의원 선거에 출마했다. 그중 한 사람은 당선되기까지 했다. 그 부장검사는 아래 검사들에게 이런 신조를 전파했다. "사람들이 가장 좋아하는 공무원은 먹고 해주는 공무원이다. 다음은 먹고 안 해주는 공무원. 그다음이 안 먹고 해주는 공무원. 어, 안 먹고 해주면 안 되지. 사람들 심리란 게, 먹고 안 해주면 그래도 얘는 썼구나 하며 고마워하는데, 안 먹고 해주면 고마워할 줄 몰라. 가장 싫어하는 공무원은 당연히 안 먹고 안 해주는 공무원이지." –이연주 《내가 검찰을 떠난 이유》

하급 평검사들이 보임되는 지청은 그 규모나 위상이 천차만별이다. 예를 들면 대전지검 산하의 천안지청에는 부장 3명에(형사1부~3부) 공판부까지 해서 검사가 총 18명이다. 하지만 대전지검 산하의 지청이라는 이름은 같이 달고 있지만, 홍성지청과 서산지청은 각각 검사만 8명이고 부장검사급은 홍성지청에만 1명 있다. 지청 중에서도 천안지청처럼 부가 설치된 지청을 부치(部置)지청, 홍성지청과 서산지청처럼 부(部)마저도 설치돼 있지 않은 소규모 지청을 무부지청(無部支廳)이라 하는데, 전국엔 미니 지청급의 무부지청도 여러 곳이 있다.

한편 의정부지검 고양지청은 지청임에도 차장검사가 있고, 형사1부~3부에다 공판부, 그리고 공판검사실까지 두고 있다. 지청장과 차장검사를 빼고도 부장검사 4명, 검사 22명, 직대검사 2명 등 모두 28명이나 된다. 그 반면 제주지검은 검사 16명, 부부장검사 1명, 부장검사 3명으로 총 20명이다. 제주는 버젓이 지검임에도 지청인 고양보다도 8명이나 적고, 245명의 검사가 배치된 서울지검의 1/10도 안 된다.

이처럼, 지검이나 지청에 배치되는 검사의 규모는 천차만별이다. 그에 따라 소속 검사들의 위상도 달라진다. 그러면 어느 곳이 좋은 곳이냐. 수도권이 제일이다. 수도권 근무지일수록 집에서 출퇴근이 가능하니까 검사의 개인생활에 좋고, 규모가 큰 곳일수록 근무 경력에 도움이 된다. 검사들 자신이 위에서 언급한 '경검'과 '향검'으로 구분하는 이유이기도 하다.

검사들 세계의 극히 일부를 좀 과장해서 다룬 드라마 《검사내전》을 보면 3명의 남자 평검사들이 한 아파트에서 방 하나씩만 차지한 채 함께 살고 있는 게 여러 번 나온다. 그게 지방으로 발령난 검사들에게 국가에서 제공하는 보편적인 관사(官舍) 형태다. 운용 실태로 보면 합숙소라 해야 하고, 거주자 중심으로 보면 독신 검사용 숙소다. 군대에서 기혼 미혼을 가리지 않고 가족이 없이 부임해 온 장교들을 위해 합숙소로 만들어 놓은 BOQ(bachelor officers' quarters, 독신 장교 숙소)나 마찬가지다. 그래서 검사 BOQ라고도 한다. 물론 여검사들은 따로 관사가 제공되는데, 독신[33]의 경우에는 대체로 남자 검사들과 마찬가지로 아파트형 합숙소

33 여기서 '독신(獨身)'은 사전의 의미대로 배우자가 없는 사람을 뜻하지 않는다. 기혼 미혼과 무관하게 부임지로 홀로 와서 생활하는 사람을 뜻한다. 전국을 떠돌며 순환보직제로 근무하는 판검사들은 대부분이 독신 상태로 근무한다.

형태로 제공된다.

지청 발령이 나면 기혼자들은 자의반 타의반 99% 기러기 남편(부인)이 된다. 애틋하게 주말부부 어쩌고 하면서 서로 오가는 것도 신혼 때의 얘기지, 점차 뜸해지는 건 일반인들과 똑같다. 부부 중 어느 일방이 다녀오고 나면, 오간 사람은 그다음 날 피곤해서 근무에 지장이 있다는 게 하나같은 핑계다.

물론 가족 생활이 가능한 규모로의 관사도 제공되지만, 오려는 부인이 없다. 거기서도 하나같은 구실은 아이들 교육이다. 맞벌이 부부도 있다. 초등학교라도 들어간 아이가 생기면 그 검사 부부는 100% 기러기족이 된다. 검사 경력 15년 전후의 부장검사급이면 대체로 결혼생활도 10년 이상쯤에 이르기 마련인데 그 정도의 결혼 기간자 중에 서울을 떠나 지방 벽지로 아이들을 데리고 내려와 함께 생활하려는 검사 부인은 없다. 부산, 대구, 광주 등과 같은 대도시에 친정이 있고 남편이 요행히 그런 대규모 지검에 발령받은 게 아니고는...

몇 해 전 제주지검장[34]이 해괴한 짓을 해서 망신을 산 적이 있다. 죄명은 공연(公然)음란죄인데 쉽게 말하면 사람들이 (많이) 보는 데서 음란한 짓을 했다는 뜻이다. 사람들 있는 데서, 그것도 컴컴한 곳도 아닌 환한 곳에서, 자기 물건을 꺼내서 혼자서 뭘 한 모양인데, 일반인도 감히

34 김00 검사장인데, 사건 후 그의 처지를 딱하게 여긴 검사가 기소유예 처분을 했고, 검찰에서도 사표를 수리하여 면직으로 처리해 줬다. 그 덕분에 변호사 개업도 할 수 있었는데, 3개월 근신 후 변호사회에 개업 신청을 했다가 1차는 반려됐고, 2차 신청에서는 동정표를 받아 통과됐다. 서초동에서 개업 중이다.

하지 못할 그런 비정상적인 행위를 검사장급이 하도록 이끄는 것. 그게 타의에 의해서 오랜 독신생활을 해온 자들을 덮치는 정신적 이상 증세이기도 하다. 더구나 제주지검은 앞서도 언급했듯이 지검임에도 고양지청도 못한 최하위 지검이다. 그곳의 지검장 역시 검사장 대우에서는 최하위라는 건 지검 검사들도 안다. 지검장실에 재실등이 켜져도 다른 곳들처럼 여검사들이 속으로 좌불안석할 일은 없다.

지검장은 규모에 관계없이 검사장급이 돼야 맡는다. 앞서 살펴보았듯 검사장급은 검사 세계에서는 하늘같이 높은 존재다. 그런 사람이 그런 해괴망측한 짓을 했다. 가족들과 떨어져 오래오래 생홀아비나 생과부로 떠돌다 보면, 신체 건강한 사람의 경우라면 머리도, 몸도 조금은 이상해진다. 도리어 그게 정상이다. 그래서 사건 사고들이 많이 생긴다. 부장검사들이 하급 여검사들에 대해 성희롱을 하는 건 예사고, 성추행 사건도 매우 잦다. 검찰 내부에서 조직적으로 가해자를 덮어주면서 쉬쉬할 뿐이고 피해자가 이를 악물고 참아내고 있어서일 뿐이다. 세월이 흐르면서 차츰 좋아지고 있는 게 그나마 다행이지만.

아무튼 부장검사급 이상만 돼도 지방 발령을 받았을 때 따라 내려오는 가족들은 거의 없다. 모두들 아이들 교육 핑계를 대고 서울에 머물거나 미국 등으로 간다. 김건희와의 스위스/체코 여행 건으로 이런저런 각본들이 쓰여지기도 했던 양재택 차장검사도 그 당시 부인은 아이들 유학 건으로 미국에 머물고 있던 기러기 아빠였다.

2020년 미투 사건이 한창이었고 검찰 내부에서도 서지현(33기. 윤석열

정부 들어 지청으로 좌천성 발령을 내자 사직했다. 현재 변호사로도 활동하고 있지 않다) 검사가 막강한 간부(검찰국장 안태근)에게 당한 성추행 문제로 시끄러웠을 때다. 실은 그 사건도 서 검사가 용감했던 덕분에 수면 위로 떠오를 것이었을 뿐, 수면 하에서는 전국 어느 곳에서도 여검사들이 말도 못하고 속을 끓여야 했던 일상적인 사건의 일부였다.

서 검사 일로 당시 유일한 여성 검사장이었던 조희진 서울동부지검장(19기)이 검찰 내의 성비위 사건을 조사하는 특별조사단장을 겸했다. 그 첫 수사 성과가 당시 고양지청의 현직 부장검사를 성범죄 혐의로 긴급체포한 일이었다. 그 부장검사의 범죄 장소도 검사 관사였는데, 여검사를 자신의 관사로 불러서 시도한 짓이었다.

그때 그 조 지검장이 부적격자라면서 임은정 검사(30기. 현 대전지검 부장검사)가 제시한 사유가 자신이 당한 강간미수 사건 때문이었다. 그녀는 2003년 경주지청(1부장 5검사의 미니 지청)에 근무할 때 술에 취한 부장검사가 자신의 숙소에서 강간하려 했는데(그녀도 지역 의사들의 집중 폭탄주 권유로 만취했다가 잠깐 정신이 돌아왔을 때였다), 그걸 기를 쓰고 밀쳐내어 현관 밖으로 쫓아냈다. 그리고 그런 사건의 자초지종을 당시 상관에게 보고했는데 아무런 조치도 이뤄지지 않았다. 그래서 다시 또 다른 통로로 그걸 문제를 삼았을 때야 비로소 그 부장검사가 사표를 냈는데, 그때의 미온적인 업무 처리에 조 지검장도 관여했다는 게 임 검사의 주장이었다.

임은정 검사(1974~) ⓒAIFIC

이처럼 두 검사가 큰일을 당할 뻔했던 곳도 검사 관사에서였다. 소규모 지청일수록 여검사 숫자가 적어서(예전에는 단 1명도 없는 곳이 대부분) 여검사 전용 숙소가 배치되지 않은 곳들도 흔했다.

이와 관련하여 《내가 검찰을 떠난 이유》의 저자가 매스컴과 가진 인터뷰 답변 내용의 일부를 전재한다. 검찰 내의 성 관련 타락상은 우리의 상상을 뛰어넘는다.

[문] 책에서 검찰 내 성추행, 직장 내 괴롭힘이 극심하다고 계속해서 지적하고 있는데요. 법조인들임에도 고소와 고발이 쉽지 않은 이유는 무엇일까요?

[답] 검찰 내에 엄격한 상명하복의 문화가 자리 잡고 있고, 검찰지상주의적 사고 하에 조직의 위신을 우선하니 검사 개개인의 양심과 인권은 무시됩니다. 검찰은 그동안 정권의 통치 도구로 협력한 대가로 아무런 통제와 감시를 받지 않고 해방구로 지내오면서 검찰 간부들의 전횡이

난무하였고요. 그러다 보니 하급자들이 자기 목소리를 못 내고 짓눌려 있게 되죠.

알려진 대로 어느 검사의 부친 장례식장에서 안태근 검사가 서지현 검사를 추행했습니다. 상관인 이귀남 법무부 장관조차 "내가 이놈을 수행하고 다니는지, 이놈이 나를 수행하는지 모르겠다"라고 말한 게 전부였다는데 참 기가 막히죠. 안태근 검사가 워낙 잘나가니 대검의 감찰 담당 검사들 또한 겁을 먹고 감찰을 중간에 덮어 버리죠. 자기 자신도 겁먹어 동료의 피해에도 눈을 감는 사람들이 국민의 권익을 위해 과연 나설까요? – 채널예스. 2020.12.18.

일반 검사들은 대체로 2년에 한 번씩 옮긴다. 특별한 연이나 줄(발탁 인사), 실력이 없으면 그냥 그렇게 '뺑뺑이'가 이어진다. 그래서 자신들을 '뺑뺑이족'으로 자조하는 이들도 적지 않다. 그처럼 인간적으로는 쓸쓸한 구석들이 검사들에게도 있다. 그것이 검사들로 하여금 양지(陽地) 지향 과잉으로 만들기도 한다. 수도권으로, 이른바 잘나가는 3대 부서로(특수/강력/공안) 옮기는 걸 선망하다가 무리수를 두게도 된다.

그것이 지나치면 이른바 권력 지향형 검사, 권력 아부형 검사에서 권력 쟁취형 검사로 빠지게 된다. 검사들이 선망하는 최고위직인 검찰총장 자리에서 자족하지 못하고 자만에 빠진 윤석열은 그런 권력 쟁취 시도형 검사로서는 제1호다. 그 또한 윤석열이 기록한 찬란한 흑역사의 일부다.

검사 출신 대선 후보 1호를 기록한 홍준표는 여러모로 윤석열과는 다르다. 평검사로 끝낸 그는 그게 억울했고, 그래서 권력의 힘을 절감했다. 변호사 개업을 하고도 가족의 안위까지 걱정해야 할 처지였던 그에게 당시 대통령이던 YS가 직접 전화를 걸었다. 노무현까지 찾아와 민주당 입당을 권유할 때였다.

자리에서 벌떡 일어나 차렷 자세로 전화를 받든 홍준표[35]는 YS가 '문민정부하에서 큰 사람이 힘이 있는 신한국당으로 와야지, 민주당으로 가면 고생만 하게 된다'고 특유의 직설적인 화법으로 말하자 큰소리로 '예' 하고 답했다. YS가 말한 '힘'의 실체가 무엇인지를 재삼 재사 몸과 맘으로 체득하고 절통한 심정으로 절감하고 있던 참이었다. 홍준표는 그 후 국회의원부터 시작했다. 그리하여 홍준표는 권력의 사다리를 맨 아래에서부터 오른 사람이고, 윤석열은 겨우 한 단만 뛰어오르면 된다고 여긴 사람이다.

시중에서 오랫동안 떠돌며 굳어져 가고 있는 말에는 이런 것도 있다: '판사를 하려면 이회창처럼, 검사는 홍준표처럼, 변호사는 노무현처럼 하라'. 이 말을 지금도 상당수의 언론인들이 이런저런 용도로 써먹는다. 윤석열은 죽었다 깨어나도 그런 검사 대열에 끼지 못한다.

---

35 이 차렷자세와 관련하여 홍준표는 YS에 대해 이렇게 말하기도 했다. '아버지도 일찍 돌아가시고 장인.장모도 돌아가신 내가 밖에서 90도 각도로 절을 올린 분은 각하밖에 없다'

9

정치인들과 폭탄주

정치인들의 음주 문화 역시 여러모로 매우 유별나다. 정치는 부업이고 음주가 주업이란 말이 있을 정도로 술자리가 잦고 그 행태도 천태만상이다. 주당으로 불리는 말술급의 주호(酒豪)도 즐비한가 하면, 박근혜의 비접촉 은둔 정치의 근본 원인은 술자리를 기피해서라는 말도 나올 정도로, 술을 못하는 사람은 정치를 시작해선 안 된다는 말까지도 있다. 실제로 여성 의원들 중에는 주당급들도 적지 않다. 지방 의회로 가면 남성 의원과의 술내기에서 이긴 사람도 드물지 않다.

오래 전 '국개의원'들을 만나려면 국회 대신 여의도의 M호텔로 가라는 말이 있었다. 그 말대로 그 호텔 사우나로 가면 만나고자 하는 이들이 몰려 있었다. 그 사우나 문을 열면 술냄새가 진동할 정도로 간밤의 주독을 풀고자 하는 의원 나리들이 득시글득시글 했다.

지금은 그 사우나가 예전의 성황을 누리지 못한다. 여의도에 국회 건물을 지으면서 의원 나리들이 사우나를 필수 시설로 꼽으며 노래한 덕분에, 의원 전용의 사우나 시설도 특급으로 개보수되었기 때문이다. 의

국회 여성 의원 전용 욕실 ©AIFIC

원회관 지하 1층에 '건강관리실'이란 이름으로 널찍하게 단장된 곳에는 헬스장과 목욕탕/사우나, 그리고 이.미용실이 고급으로 갖춰져 있다. 다만 욕탕의 크기가 좀 작다. 남성탕의 경우 한꺼번에 8~9명 정도가 들어가면 꽉 찬다. 여성 의원들까지 배려하여 남녀의 출입구도 달리 해놓았다. 의원 나리들은 그들의 목욕비와 이발비, 운동비도 국민들이 내준다.

이런 국비 사우나 시설은 청와대에도 있다. 하지만, 의원 나리들의 쓰임과는 사뭇 다르다. 청와대의 프레스센터라 할 수 있는 춘추관 지하에 있는데, 이 시설은 24시간 근무 체제라서 출퇴근이 자유롭지 못한 청와대 직원들 용도다. 상황에 따라서는 몇 날 며칠이고 퇴근을 못해 목욕탕에도 갈 수 없는 하급 직원들을 배려한 시설이다. 사우나 출입이 숙취 해소나 취미/여흥 수준인 의원 나리들과는 근본적으로 그 목적 자체가 다르다.

참, 청와대의 일반 직원용 식당도 같은 건물에 있다. 외부 기자들은 끼니당 3천 원을 내고 먹을 수 있었다. 기자들 역시 일단 청와대로 출근을 하고 나면 외식하기가 무척 어렵다. 청와대 내 주차장이 협소하고 이용 자격이 까다로워서 청와대의 일반 출입자들 대부분이 대중교통을 이용한다. 밥 한 끼 먹으려고 나갔다 오려면 최소한 1.5시간 걸린다. 그러한 대중교통의 전폭적인 애용 상황은 청와대의 일반 직원들도 마찬가지다. 수석급을 제외하고는 비서관/행정관들 역시 대중 교통에 의존한다. 그래서 출근 시간대가 되면 청와대 주변에는 이른바 BMW족(Bus, Metro, Walking의 약자들로 대중교통 이용자나 보행파들)들이 북적였다.

우리나라에서 공무원[36]들의 정시 출근 시각이 오후 2시인 곳은 현재 국회가 유일하다. 국회법에서 본회의 개회 시각을 오후 2시로 못박고 있는데, 의원들의 공식 출근 의무는 본회의와 임시회 두 가지뿐이라서다. 그 때문만은 아니겠지만, 각종 상임위나 특별위원회 회의에 무단 결석하는 의원들이 적지 않다. 그들에게도 무노동 무임금을 적용하여 세비(歲費)[37] 지급액과 연동시키자는 법안도 제출돼 있지만 형식적인 심사 대상조차도 되지 못하고 있다.

출근 시각이 오후 2시로 된 건 술 때문이다. 밤늦게까지 술을 퍼 마신 의원 나리들이 그다음 날 9시까지 출근하는 건 어떻게 해도 불가능

---

36 국회의원의 예우도 특별히 규정되지 않은 것에 대해서는 정무직 공무원 관련 규정을 준용하여 시행하고 있다.

37 세비(歲費)는 본래 한 해에 한 번 주는 급여를 뜻한다. 예전에 관료들에게 주던 방식이었다. 주인이 한 해 동안 일한 머슴에게 주는 급여를 '새경'이라고 하는데, 당초 세비는 그처럼 국민의 머슴으로 일한 자기네들이 받는 돈이라는 겸손한 뜻으로 시작했지만, 국민의 진짜 머슴인지는 의문이다. 여야를 가리지 않고 군말 없이 즉각 처리되는 게 이 세비 인상 건이다. 어느 새 슬그머니 올라가 있을 때가 비일비재다. 현재 의원들의 세비는 한 해에 한 번 받는 게 아니라 매달 월급으로 받고 있어서, 말만 세비다.

했다. 그래서 개회 시각을 늦췄고 그것이 전통으로 굳어지면서 국회법에까지 성문화되었다.

그런 국회이다 보니, 의원들의 폭탄주 과음으로 인한 각종 추태가 매스컴을 심심찮게 장식해 왔다. 21세기에 들어서만도 최연희(부장검사 출신. 4선 의원. 전 한나라당 사무총장. 여기자 성추행), 주성영(대구고검 부장검사 출신. 한나라당 2선 의원. 피감기관 간부 및 동료와의 주석에서 여주인과 여종업원에게 욕설), 곽성문(MBC 보도국 부국장 출신. 17대 한나라당 의원. 주석에서 노희찬 대구상공회의소 회장에게 맥주병 투척), 김태환(17~19대 한나라당 의원. 골프장 경비원 폭행) 등의 사건들이 이어졌다.

이런 원외 사건들 외에도 국회 내에서의 추태도 적지 않았다. 89년 9월 '공안 정국' 문제로 여야가 첨예하게 대치했던 국회 법사위에서는 의원들이 저녁식사 때 폭탄주를 너무 많이 마셔서 허형구 법무장관이 답변을 시작할 무렵, 의원끼리 말다툼을 하다가 끌려나가기도 했다.

94년에는 민주당이 YS 정부를 상대로 의욕적으로 추진한 상무대 비리 의혹 국정조사 과정에서 술에 취한 나 모·정 모 의원이 돌출 발언을 하는 바람에 회의가 엉망이 됐는가 하면, 96년 서울지검 국감 때에는 폭탄주에 취한 한 의원이 자정을 넘길 때까지 회의장 밖 휴게실에서 곯아 떨어진 모습이 취재되어 망신을 당하기도 했다.

최근에는 2019년 김재원(평검사 출신. 19~20대 의원)이 낮술에 취하여 얼굴이 벌개진 채로 술냄새를 잔뜩 풍기며 예결특위 회의를 주재하다가 기자들에게 걸리자 어설픈 변명으로 빠져나가려다 더 창피를 당한 적이 있다. 그는 2022 국회의원 보궐선거에서 대장동 비리 연루 혐의로 의원직을 사퇴한 곽상도의 대구 수성구 지역구에 출마하려다가 여론의 질타와 당내의 강경한 저지에 밀려 뜻을 접어야 했다. 즉 자당 소속이었던 의원의 유책(有責) 지역구에서 당에서 후보를 내지 않겠다고 하자 김재원은 탈당을 하고라도 출마한 뒤 당으로 돌아오겠다는 그럴 듯한 핑계를 대면서 출마를 선언했지만, 그런 발언이 여론의 질타를 받게 되자 당 쪽에서도(권영세 사무총장) 탈당자의 복당은 허용하지 않겠다고 호응했다. 그 바람에 할 수 없이 출마를 포기했다.

폭탄주와 관련된 이런 문제적 취중 발언과 행태에서는 이른바 중진이나 유명인사도 예외가 아니었다.

87년 당시 노태우 민정당 대표와 당직자, 국회의원들이 '장원'에서 회식하던 중 노 대표가 후계자로 내정된 것에 대해 당내 인사 일부가 폭탄주에 취해서 "왜 군인끼리 해먹느냐"며 대들자, 노태우가 술잔을 날리며 육탄전을 벌였다.

이회창 전 총재는 97년 한 중식당에서 기자들과 함께한 술자리에서 자신에게 비판적인 글을 쓴 기자들에게 농담으로 "장을 절단내겠다"고 했다가 이것이 기사화되는 바람에 곤욕을 치렀다.

2001년 7월에는 추미애 의원이 소설가 이문열이 조선일보에 기고한 글을 문제삼아 기자들 앞에서 "이문열 같은 가당찮은 놈이 X같은 조선일보에 글을 써" 등의 험한 말을 해서 파문이 일었다. 당시 정동영 최고위원, 이호웅 대표비서실장 등과 2차 폭탄주를 과음한 게 주사의 화근이었다.

그중에서도 대형 불상사의 대표 격은 86년의 '국방위 회식 사건'이다. 군 장성들이 3당 원내총무를 포함한 고위직 의원들과 주먹다짐을 한 일이어서 아직까지도 국회 역사상 최고위 수준으로 기억되고 있다. 국회 국방위 소속 여야 의원 10여 명과 육군 수뇌부 8명이 중구 회현동의 요정 회림에 모여 질탕하게 술잔치를 벌인 데서 벌어졌다. 술자리가 길어지면 만취 상태가 되는 법. 군인과 정치인 간에 언쟁이 오가고 급기야 주먹다짐까지 하는 사태가 발생했다. 하지만, 이 사건은 참석 장교들이 예편하거나 좌천되는 것으로 마무리됐다. 의원 나리들이야 그때나 지금이나 정치적 책임만 지면 되는 것이고, 선거 때가 되면 유권자들은 희한하게도 그런 일들을 잊곤 한다.

사실 의원들의 음주 버릇과 양은 '어마무시'할 정도다. 오죽하면 음주 횟수와 양, 방법을 줄여서 조용히 폭탄주를 마시자고 자성하는 모임까지 만들었을까. 하기야 그에 앞서 만들어진 것이 문제가 되는 폭탄주를 국회 내에서는 소탕하자는 '폭소클럽'이었다.

폭소클럽은 2006년 9월 한나라당 박진 의원과 우리당 김명자 의원 등 여야 의원 43명이 모여 "폭탄주 없는 건강한 국회상을 구현해 청정 정치를 실현하겠다"고 선언하면서 모습을 드러냈다. 그런데 재미있는 건 그 모임에 폭탄주 제조에 일가견이 있는 이계진, 최구식, 정두언 의원들까지도 참여했다는 점이다. 폭탄주는 만들되 국회 주변에서는 마시지 말자는 뜻이었을까.

그에 맞서서 폭탄주와의 절연은 곤란하니 그 현실을 인정하고, 마시되 문제을 일으키지 말고 참하게 조용히 즐기자는 취지로 결성된 게 '조폭클럽'이었다. 당연히 국회의원 중에서 내로라하는 주당파들이 참여했다. 그 면면을 보면 정진석(1960~. 21대 전반기 국회 부의장. 5선 의원)이 회장을 맡고 노현송, 유기준 등등이 회원이었다. 당시 폭탄주의 대가로 받들리던 박희태와 조용한 애주가인 유인태는 고문을 맡았다[38].

의원들 중 한없는 주량을 자랑하는 주호급으로는 박희태, 유인태, 권영길, 김무성, 이상민 등이 있었는데, 박희태와 유인태만 조폭클럽에 합류했다. 그렇다고 나머지 주호들이 시끄럽게 마신 건 아니다. 모두 술버릇 면에서는 엄지 척이었다고 한다.

이 폭소클럽과 조폭클럽의 탄생과 소멸 과정에서 소소하게 재미있는 게 있다. 폭탄주를 소탕하자는 폭소클럽이 먼저 결성되었는데, 그래도 사고를 치지 말고 폭탄주를 잘 지켜내자는 조폭클럽이 결성되면서 폭소클럽이 힘을 못 쓰고 이내 소탕되었다. 아무래도 조폭이 세서일까. 하하하.

---

38 박희태의 공식 기록은 폭탄주 22잔이다. 꼬박꼬박 잔 수를 헤아려가며 마셔서 공식 기록으로 꼽힌다. 유인태는 30잔으로 되어 있다. 두 사람 모두 비공식 기록은 이를 상회한다. 유인태가 청와대 정무수석 시절에 술을 해도 좀처럼 지각하는 일이 없었는데 딱 하루 지각을 했다. 문제적 기사를 작성한 기자와 밤새 대작을 했는데 30잔을 넘겼다고 한다.

10

검찰은 술 권하는 사회:
자위용 겸 단합용

검사들은 자신들을 4D 업종 종사자라 하기도 한다. 일반적인 3D에 하나를 덧붙여서 부풀린다. 마지막 D가 영어로 뭐냐고 물으면 그냥 얼버무릴 때가 많은데, 온갖 지저분한 범죄자들을 상대하면서 단죄하고 뭔가를 결정해야 하는 일을 평생 하기 때문이란다.

드라마 《검사내전》에 나오는 검사실을 보면 검사 책상의 앞뒤는 물론이고 옆으로도 서류 뭉치들이 산처럼 쌓여 있다. 검사실로 배달되는 사건 서류들은 쓸데없이 양이 많다. 들고 올 수가 없어서 배달 카트에 싣고서 밀고 끌며 다닌다. 온갖 첨부서류들이 많아서다. 증거물이 서류 쪽이면 일건 증거서류의 높이가 1미터에 육박하거나 넘길 때도 있다. 그래서 법원에 가는 서류를 종이박스에 따로 넣어서 보내야 할 때가 빈번하다. 1건 서류의 복사에 직원 하나가 매달려 하루종일 해대도 안 될 때가 있고, 며칠 걸릴 때도 있다. 이 서류 열람.복사에 몇 주가 걸리는 바람에 재판 기일이 밀리는 일도 허다하다. 지극히 단순한 사건조차도 기본적으로 책 한 권 두께를 가볍게 넘긴다.

그리고 모든 서류가 책과 같이 옆으로 묶인 게 아니라 위쪽에서 편철돼 있어서 서류를 읽으려면 아래 부분을 손으로 잡고 위로 넘겨야 한다. 모든 인쇄물이 오른쪽에서 왼쪽으로 넘기면서 읽게 된 세월이 얼마인데, 사법 관련 서류들은 아직도 몇십 년 전 방식으로 읽어야 하는 원시인 시대에 머물러 있다. 손으로 잡고 아래에서 위로 페이지를 넘기려면 수도 없이 손에 침을 발라야 할 때도 있어서, 눈치 빠른 검찰 여서기들은 요즘 나온 귀여운 발명품, 곧 손가락에 끼는 종이 넘기기용 골무를 살짝 사다가 신임 검사들에게 들이밀기도 한다.

시대 문화와 어울리지 않는 원시인 문화는 이밖에도 더 있다. IT시대임에도 경찰 수사 관련 서류들은 반드시 종이에 인쇄되어 검찰에 인도돼야 하고 검찰에서 법원으로 가는 서류들도 마찬가지다. USB 등에 담겨 전해지면 간단할 일인데도 그리하지 못한다. 경찰 서류에 들어 있는 동일 문구들을 검찰에서는 복사+전재하지 못하고 일일이 다시 타자하는 일은 기본이다. 모든 법적 문서는 원본이어야 해서다. 증거물로 첨부되는 사본들도 반드시 원본 확인 도장이 찍혀야 한다. 이 법적 서류들의 종이문서 원본주의 때문에 1건 관련 서류들이 산더미가 되곤 한다.

예컨대 검찰은 2025년 1~2월 초에 판결이 나올 이재용의 삼성물산·제일모직 합병 부정거래 사건의 2심 재판부에 1200쪽의 항소이유서와 1500쪽에 달하는 의견서를 제출했다고 하는데, 이 정도는 약과다. 2018년 울산시장 선거와 관련하여 불거진 청와대의 선거 개입 의혹 사건과 같이 별것 아닌(?) 것만 해도 수사 기록이 4만7000여 쪽, 증거 기록이 3만 쪽을 조금 넘기는 바람에 열람.복사에만 2주 이상이 걸렸다. 그 기록들을 작성하는 쪽도 그렇지만 읽어내야 하는 쪽도 고역일 건 뻔하다. 판사들의 과로 중 대부분이 이 사건 기록 검토 때문이란 말도 과장은 아니다. 전면적인 전자서류의 확대 도입이 시급하다. 지금이 어느 시대인데... 사법 계통에서의 서류 처리 분야는 왜정시대에 못질돼 있다.

형사 처벌에서 대부분의 서류들은 경찰에서 작성해서 보내오지만, 검사들이 꼭 해야 할 일 중의 하나로 검찰 신문(訊問)[39]조서 작성이 있다. 경찰 측이 보내온 조서에는 빈틈이 많거나 자신이 내리고자 하는 결정과는 거리가 있을 때가 태반이라서다. 게다가 예전에는 피의자가 검찰에 나와 작성하고 날인한 신문조서는 확정적인 반증이 없는 한 유력한 법정 증거로 자동 채택되었기 때문에 신문조서 작성은 거의 필수 업무였다(2022년부터는 피의자가 부정하면 신문 조서의 그런 증거 능력은 상실되게 되었다). 물론 그 신문조서 작성을 검사가 직접 하지는 않는다. 수습을 시키거나 검찰 서기.수사관들에게 맡기지만, 옆에서 지켜보는 일은 한다.

피의자가 늘 고분고분하지는 않다. 누범자일수록, 검찰 출입 경력이 많으면 많을수록, 검사를 은근히 애먹인다. 대들고 반항하고, 때로는 소리를 질러대거나, 고개나 다리를 외로 꼬고 내내 삐딱선을 타기도 한다. 그런 피의자들을 억누르고 기를 꺾기 위해서는 말투가 거칠어질 수밖

39 이 '신문(訊問)'을 흔히 '심문(審問)'으로 잘못 적기도 한다. 일반인들의 경우는 그런 일이 매우 흔하고, 법조계 종사자조차도 '심문 기일'을 '신문 기일'로 오기할 때도 있다. '신문(訊問)'은 말(訊)로 묻는(問) 걸 뜻한다. 어떤 사건에 관하여 증인/당사자/피고인 등에게 말로 물어 조사하는 일은 '신문(訊問)'이다. 한편 '심문(審問)'은 자세히 따져(審) 묻는(問) 걸 뜻한다. 그래서 법원이 당사자나 그 밖에 이해관계가 있는 사람에게 서면이나 구두로 개별적으로 진술할 기회를 주는 일을 '심문'으로 구분한다. 즉 '신문'은 경찰이나 검찰에서 구두로 피의자를 조사하는 일이고, '심문'은 법정에서 판사가 행하는 일이다. 신문(訊問)과 심문(審問)은 그 두 가지를 구분하기 위한 법률용어다.

에 없다. 60~70년대엔 '너 이 새끼' 정도의 호칭은 기본이고, 그 앞에 'ㅆㅍ놈' 따위가 안 붙으면 다행이었다. 그러다 보니 그런 말투가 아예 몸에 들러붙는다. 검찰청 안에서나 밖에서나.

윤석열이 바이든과 48초간 만나고(악수하고 의례적인 안부 인사만 해도 그 정도는 걸리는데, 그 짧은 시간에 이런저런 중요한 사안들에 대해 대화했노라고 잔뜩 늘어놓는 데만 1~2분은 걸리는 바람에 기자들의 빈축을 샀다) 내뱉은 그 문제적 발언 '국회에서 이 xx들이 안 해주면'에서 자동발사된 xx도 오랜 검사 생활이 윤석열의 혀에 인각시킨 일상적인 말버릇에 불과했다. 오죽하면 적군인 조응천조차도 라디오에 나와서 "검사 생활을 한 10년 하면 xx가 입에 붙는다. (그렇다는 사정을 솔직히 밝히지 못하는) 윤 대통령 조금 억울할 것이다."라고 했을까.

이 '새끼' 소리가 80~90년대에 들어 '당신'으로 바뀌긴 했지만, 새파란 검사가 나이 든 피의자에게조차 그냥 던지는 '당신'이라는 호칭은 속을 뒤집어놓기에 충분했다. 중소기업이나 대기업의 고위직 또는 대표가 검찰청에 한 번 다녀오면 다시는 검찰에 불려가고 싶지 않다는 말부터 꺼낸다. 그것은 책상 앞에 놓인 조그만 접이식 의자에 앉혀진 채 공손히 두 손을 모으고 얌전히 쪼그린 자세로 신문에 답하는 일도 그렇지만, 되풀이되는 '당신' 소리에 속이 뒤집힐 정도로 자존심에 상처를 입어서였다.

그러던 것이 DJ 정부 들어 공무원들의 대국민 언어 순화 운동이 감시용 녹음 체계까지 갖추고 강력하게 시행되면서 피의자의 표준 호칭이

'~ 씨'로 바뀌었다. 이 호칭 하나가 바뀌었을 뿐인데도 그 뒤로 검찰이 피의자를 대하는 전반적인 태도 자체가 확 바뀌었다. 검사들이 "이젠 우리가 '피의자 고객님'들을 대하는 처지가 됐네그랴"로 자조할 정도로.

게다가 1건의 사건 서류들은 위에서 언급한 것처럼 쓸데없이 양만 많아서 기본적인 게 몇백 페이지이고 가볍게 1000페이지도 넘긴다. 그런 사건 서류들을 훑고(사실 세심히 다 읽어보진 않는다. 형식적인 서류들이 그처럼 많기도 하고, 종류별로 첫 몇 페이지는 그냥 뛰고 읽어도 된다. 되풀이되는 고정적 상투적 표현과 기본 사항들이 그처럼 많다), 피의자들을 불러 조지거나[40] 입씨름한 뒤, 검찰 측 서류들을 덧대고 어쩌고 하다 보면 하루가 간다. 그런 짓이 하루이틀이 아니다.

그 때문에 퇴근길에 눈길이 마주쳤거나, 퇴근 전의 전화로 약속을 잡은 검사들끼리 가까운 곳으로 가서 한 잔 걸치게 되는 건 자동빵이다. 만족이나 행복과는 거리가 멀게 그저 하루를 채우느라 피곤해진 몸과 마음의 긴장을 풀기에는 그 이상이 없다. 그럴 때는 검사의 하루 역시 '참새의 하루'다. '간단히 한 잔!'이 길어질 때도 있지만, 그런 날도 무리로 이어지는 일은 드물다. 왜냐, 검사니까. 평상시, 특히 외부에서는 스스로를 검사(檢査)하여 외부적인 흐트러짐을 최소화해야만 한다. 싫어도 하려고 노력들은 한다. 그게 몸에 배어 있다.

---

40 교도소 수감자들에게 전통적으로 전해 내려오는 유명한 말로 속칭 '6조지'가 있다. 판사는 (선고하면서 땅땅땅 망치를) '때려 조지고', 검사는 (죄수를 신문한답시고 수없이) '불러 조지고', 재소자는 (사식 값으로) '먹어 조지고', 가족들은 (뒷바라지 때문에) '팔아 조지고', 변호사는 '상소해서 조지고'(그래야 수입이 되니까), 간수는 죄수를 '세어 조지고'(잘 때, 기상 후, 출장할 때, 밥 먹을 때, 작업할 때 등 하루 9번쯤 죄수 머릿수를 센다). 이러한 상황들은 지금도 마찬가지다.

게다가 실무 처리에서는 고스톱의 명언[41]처럼 윗놈을 잘 만나야 한다. 궁합이 잘 안 맞는 상관 밑에서 일하다 보면 입이 삐뚤어지거나 이마에 내 천 자를 달고 산다. 검찰 고위직은 두 종류다. 외풍을 잘 막아주는 사람과 외압 중개자(또는 외압 행사자) 중 하나다. 전자 밑에서 일하면 행복하고, 후자 밑에서 일하면 네네 소리를 달고 살아야 하거나 다음 인사발령으로 어서 빨리 다른 곳으로 뜨기를 고대하게 된다.

부서 회식도 잦은 편이다. 대개 부장검사를 보스로 삼아 검사들끼리 몰려가 목을 축인다. 좋은 일이 있으면 축하하거나 자축하고, 부서의 일로 차장검사나 지청장(또는 지검장)에게 부장이 불려가 깨지고 오면 위로 삼아 술잔을 부딪친다.

부(部)가 하나뿐인 미니 지청은 부장 취향에 따라 회식 횟수가 들쑥날쑥 한다. 부가 두 개 있고, 부장끼리 은근한 경쟁 관계일 때는 회식이 늘어난다. '2부에서는 며칠 전에 회식을 했다는데요'로 살살 부장의 도발 의식을 꼬드기기도 한다. 그런 관계에서는 서로의 단골집이 달라진다. 하지만, 서울중앙지검과 같은 매머드급에서는 갈 수 있는 데가 뻔한 지라 들어가서 보면, 별로 반갑지 않은 다른 부서가 이미 와 있을 때도 흔하다.

---

41 고스톱에는 우리 사회의 기존 질서를 뒤흔드는(?) 유쾌한 명언들이 예삿말로 유통된다. '윗놈을 잘 만나야 한다'도 그중 하나다. 자기 차례의 앞에서 치는 사람이 자신에게 좋은 패를 내줘야 한다거나, 자기 먹을 걸 먹어가면 안 된다는 뜻으로 하는 말인데, 그 앞사람이 나이 또는 직위로 까마득히 높은 사람일 때도 고스톱 판에서는 신나게 해댈 수 있는 말이 '윗놈을 잘 만나야 한다'다. 광을 들고 망설이는 할머니에게 손주가 '할머니 죽어' 라고 큰소리로 코치를 자유롭게 할 수 있는 것도 고스톱 판에서다. 장수를 기원해도 모자랄 할머니에게 죽으라는 말도 고스톱 판에서는 신 나게 해댈 수 있다.

검사들은 그런 통상적인 회식에서는 회식비를 걱정하지 않는다. 검사들은 고위직인지라 야간 근무를 해도 연장근로수당은 나오지 않지만, 매월 수사지도수당(10년 미만 시에도, 월 10만 원), 관리업무수당(월봉급액의 9%) 명목으로 나오는 것들은 검사가 어디 가서 얻어먹고 다니지 말라는 의미로도 주는 돈이다. 그뿐만 아니라 소위 기밀비라 불리는 검찰용 특활비가 거액[42]으로 편성돼 있어서 그중 일부가 하사되기도 한다. 물론 공식적인 부서 회식비 지출도 가능하지만, 잦으면 곤란해서 눈치껏 해야 한다.

검사들은 혼술도 흔하다. 박종철의 고문 치사 사건을 다룬 영화 《1987》을 보면 공안 당국의 거친 밀어붙이기에 홀로 저항하는 검사가 나온다. 그가 당시 서울지검 공안부장이던 최환('43년생. 당시 44세)[43]인데, 울분에 찬 그는 허름한 술집에 들어가 소주를 들이붓는다. 최 부장의 경우처럼 큰 외압에 맞설 때뿐만 아니라, 혼자서 겪어야 하는 이런저런 일들 때문에 소주병과 홀로 대화를 나누는 검사들도 실은 적지 않다.

그렇다고 모든 검사들이 술꾼인 것은 아니다. 부친의 알코올 중독과 그로 인한 사망을 겪었던 홍준표는 어떠한 경우에도 소주 2잔 이상을 넘기지 않겠다고 자신에게 약속하고 대체로 그걸 지켰다. 못 먹어서가 아니라... 공안검사로서는 물샐틈없이 독종이었던 황교안은 독실한 기독

---

42 예를 들면 2021년에도 84억 원이 편성돼 있었고, 그 뒤로도 80억 원대를 유지해 왔다. 2025년 예산 심사에서는 전액 삭감되어 검찰의 반발이 드세다. 시민단체들은 지속적으로 검찰 특활비 폐지를 요구해 왔다.

43 그 뒤 세상이 정상화되면서, 1992~1993 대검 공안부장(검사장)을 거쳐 부산고검의 검사장까지 하고 퇴역했다(1999).

교 신자답게 종교에도 충성을 넘치게 했고 그건 지금도 그렇다. 평검사 시절에도 술잔을 입에 대는 척만 했다. 한동훈 역시 그의 잔에 채워지는 것은 쥬스류다. 그걸 빌려서 '알고 보면 (정치인) 한동훈은 맹탕주'라는 혹평이 친윤계 사이에서 떠돌기도 했다.

그럼에도 대부분의 검사들은 안팎으로 삼중고에 시달린다. 특히 '잘나가는 3부' 소속 검사들일수록 그렇다. 육체적 격무, 잦은 야근이나 연장 근무에다 연속적인 무휴일 근무, 드물지 않은 회식, 그 사이를 뚫고 채워지는 지인들과의 식사 겸 술자리, 퇴근 후의 수시 호출, 이따금 떨어지는 상관의 질책, 동급자들과의 은밀한 경쟁, 그런 바깥 사정을 일일이 고할 수 없어 입 닫고 지내는 사이에 점점 멀어지는 가족들과의 관계... 등등 첩첩산중이다. 그러다 보니 이따금 건강상의 경고가 몸에 전해지기도 한다. 그런 상황에서 최우선은 그저 조금이라도 편히 쉬고 싶다다. 잠을 푹 자거나, 머리 스위치를 끈 채로, 가족들도 잊은 채 그냥 멍이라도 때리고 싶어진다. 그저 멍 때리기를 위해서 하지도 못하는 낚시대를 들고 나가 수평선만 바라보는 그림이 드라마 《검사내전》에 나오기도 했다. 그러다 보니 한 해 독서량이 책 3권도 안 된다는 자백이 검사들의 입에서 나오는 건 지극히 정상이다. 대부분 초중딩 시절에는 책벌레 소리를 달고 지냈던 이들이었는데...

하기야 전문직들의 독서 빈곤 현상은 놀랍게도 일반적이다. 심지어 책을 끼고 살 듯한 연구직조차도 그렇다. 얼마 전 후배 하나와 나눈 대화는 충격적이었다. 후배는 국책 연구원에서 근무하는데 정년을 코앞에 두고 있다.

"사실 연구원들도 독서 빈곤 상황은 심각합니다. 맨날 책상 앞에 책들을 쌓아놓고 읽고, 논문 등을 뒤적이지만 사실 그건 독서가 아니거든요. 그냥 밥벌이와 관련된 것들을 훑어내는 것에 불과해요. 일종의 자료보기죠. 일반 인문 교양 부분, 예를 들면 요즘 많이 뜨는 재미있는 역사 재해석서 같은 것만 해도 그저 제목과 저자 정도... 언제 한번 읽어봐야지 하면서도 실제로 손에 잡고 독파해 본 건 제 기억에도 까마득해요. 진짜 문제는 전문직들의 그런 독서 빈곤 현상이 일반화돼 가고 있고 일상화되어 가고 있는데, 막상 당사자들은 그걸 제대로 인식조차 못할 정도로 그저 맨날 쳇바퀴 같은 일상에 매달려 산다는 것이죠. 저 자신이 그런 말을 할 입장도 못 되지만요. 제가 연구원을 떠나면서 퇴임사에다 꼭 담고 싶은 말이긴 합니다."

11

군림(君臨)하는 검찰에서 제대로 망쳐진 윤석열

우리나라의 검찰이 아직도 누리고 있는 권력의 실체들은 어마어마하다. 그러함에도 윤석열은 '검수완박' 소리를 확성기로 틀면서 검찰을 떠났다. 당시에도 엄연히 특특급 지검인 서울중앙지검의 4차장 휘하에 반부패.강력수사 1~2부를 비롯하여 반부패.강력수사 협력부, 경제범죄형사부, 공정거래조사부, 범죄수익환수부 등이 있어서 예전의 특수 수사영역에 해당하는 알짜배기 수사권이 고스란히 주어져 있었음에도... 더구나 당시 대검에 반부패.강력부가 설치되어 전국의 특수 수사 지휘를 하고 있었고, 앞서 언급한 서울중앙/대구/광주 등의 3개 지검에는 아직도 특수부가 잔존하고 있다.

윤석열의 '검수완박'은 그러한 현실을 가린 채 국민들에게 진실을 호도하고, 반정부 깃발 들기를 선동한 것이 그 본질이자 실체다. 불복과 항명을 일삼은 자신의 하극상을 가리기 위해 흔들어댄 깃발에 적힌 거짓 구호다.

나아가 그런 대국민 사기극까지 감행하여 해댄 선동의 진짜 본질은 권력을 연장하고 높이려는 권력 추동 욕구였지 싶다. 즉 자신이 검찰총장으로 군림하면서 누렸던 권력을 최고의 권력자로 다시 향유하고자 하는 욕망의 사다리 오르기용으로 사용했음이 그 뒤의 행보로 드러난다.

그것은 검사 집단에 암묵적으로 뿌리 박혀 있는 군림(君臨) 의식의 표출이기도 하다. 피의자들을 조지면서 세월을 보내다 보니 저절로 심어지고 지속적으로 자신 안에서 이뤄진 세포분열을 통해서 증식된 대국민 하대시(下待視)/하향시(下向視. 내려다보기) 의식이 그 검사 집단의 최고봉에 오르자, 이제는 진짜로 임금 자리로까지 올라가서 최고 최대의 권력을 휘두르고 싶어지지 않았나 싶다. 사전에 나오는 군림(君臨)의 기본적인 1차적 의미는 '임금으로서 나라를 거느려 다스림'이다.

윤석열은 집중 조명까지 받으며 그런 거짓 구호 흔들기 코스프레를 해내고서 검찰을 뛰쳐 나왔다. 그러고 나서 정치판에 뛰어들었다. 검찰판에서 정치판으로 폴짝 뛰어서 놀이판만 바꿨다. 정치판이 어떤 곳인지 공부도 하지 않은 채, 국가 지도자로서의 기본 소양 쌓기도 거른 채... 그런 오만한 땡땡이 치기의 결과가 현재 윤석열이 빠져 있는 수렁길로 이끌었다.

하기야 윤석열이 보기에는 검찰 판이나 정치판이나 그게 그것으로 보였을지도 모른다. 앞에서야 법과 원칙의 깃발을 흔들지만 뒤에서는 지위고하를 막론하고 검사 앞에 피의자로 앉아 있는 이를 향해서 '당신' 소리를 맘껏 해대는 특수통의 희열을 만끽한 터였고, 정치판도 거기서 거기였으므로. 국민을 향한 앞쪽에서는 민주주의니 민생이니 공정 등을 내걸면서도 뒷전에서는 야합, 변절, 술수와 꼼수를 구사해서라도 기어이 자신들의 밥그릇을 챙기는 게 몸에 밴 집단이 정치검사들이다.

그 뒤, 그런 경솔한 생각에 이끌려 그저 판만 바꾸어 올라탄 윤석열이 드러낸 문제점들은 이미 우리가 익히 대해 왔다. 한 삼태기로는 다 담아낼 수 없을 정도로 많고, 그 폐해가 정치판은 물론이고 온 국민을 휘저었다. 역대 대통령 중 계속해서 최저 점수 기록을 경신하고 있는 낙제생임에도 대오각성은커녕 반성문 하나조차 솔직하고 진정성 있게 써내지 못한 채 임기의 절반을 넘겼다.

그런 꼴을 보다못해 전국의 대학교수들까지 시국선언에 동참하여 그 버릇 고치기에 뛰어들었고, 끝내는 그의 모교인 서울대의 교수들조차도 더 이상 기회를 줘 봤자 그 결과가 뻔한지라 '대통령 퇴진과 김건희 특검'이라는 마지막 카드까지 꺼내드는 극한 처방으로 응했다. 역대 대통령 중 대학교수들의 시국선언까지 봇물 터지듯 하는 상황에서 끝까지 버텨낸 대통령은 이 나라 역사상 단 한 사람도 없다.

그러한 망국적인 사태를 이끌어낼 조짐은 대선 후보로 나선 뒤부터 곧장 줄을 이어 쏟아졌다. 온갖 실언과 망언, 구멍이 숭숭 뚫린 리더십, 국가지도자로서 기본적으로 갖춰야 할 외교/국방 분야에서의 무식, 국가 예산에 대한 기초적인 지식이 없이 남발하는 예산 폭증형 공약들, 그 자신의 여전한 검사스러움, 주변 인사들까지도 동굴 안 개구리들인 전직 검사들을 중심으로 편성하기, 그들에게서 드러나는 피폐된 언어들... 끝이 없을 정도였다. (이것들에 대해서는 다음 장(章)에서 상세히 다룬다.)

요컨대 대선후보로서의 윤석열은 국가 지도자로서의 자질 부족, 함량 미달 정도의 표현으로는 한참 모자랐다. 인간적으로도 그는 직속 상관은 물론이고 자신을 키워준 사람까지 배신한 하극상의 아이콘이었다. 우물 안의 개구리를 동굴 안의 황소개구리로 키워낸 것은 문재인과 추미애라는 말까지 나왔다. 윤석열은 대통령으로서는 아예 자격 자체가 한참 모자라는 무자격자였다. 그런 무자격자가 대통령직에 올랐으니 국민들은 무면허 운전자가 모는 차에 탑승한 승객 꼴이 되었다. 윤석열 덕분에(?) 우리 국민은 두 번째로 무면허 운전자 대통령에게 운명을 맡기게 되었다.

윤석열은 실제로도 운전면허가 없다. 2021년 12월 7일 KBS 2TV '옥탑방의 문제아들'의 대선 주자 특집 2탄에 출연하여 스스로 밝힌 내용이다. 그 사유가 운전면허 시험에서의 필수 과목인 신체 검사에서의 탈락 가능성 때문이라고도 생각되지 않는다. 그의 병역 면탈의 사유가 되었던 양안 부동시 따위는 안경 등의 도움을 받아 어떻게든 시력 교정이 가능하니까. 더구나 윤석열의 검사 임용 때의 양안 시력 차이는 왕년의 0.7에서 0.3으로 줄어들어 있었다. 그 정도의 차이는 매우 흔해서 거의 일반적이다. 나만 해도 오른쪽 눈은 0.7이고 왼쪽 눈은 0.3이다. 그런 이들 모두가 운전면허 취득을 포기한다면 우리나라는 무면허가 넘쳐나야 한다. 윤석열은 예전이나 지금도 안경 따위를 쓰지 않는다. 안경 없이 지금도 연설 때면 1~2미터 앞의 프롬프터에 떠오르는 글씨들을 잘만 읽어내고 있다.

그가 운전 면허 취득을 포기한 것은 대학생 시절부터 시작된 술꾼 생활이 키워낸 현명한(?) 선택으로도 보인다. 운전면허가 있었다면 몇 번은 요행으로 피할 수 있겠지만, 수도 없이 음주운전으로 적발되어 검사 생활조차도 해내기 어려웠지 않았을까 싶다. 하지만, 활발히 대외 활동을 해내야 하는 30~50대의 대한민국 남성이 운전면허도 없이 살아올 수 있었다는 것은 상식 밖의 일이다. 자신의 사회적 지위를 감안하여 주로 택시를 이용했을 듯한데 그 택시비만을 모아도 집 한 채는 사고도 남았을 거라는 관찰자들의 지적은 일응 타당하다. 50대 초반의 윤석열과 막상 결혼을 하고 보니 겨우 예금 2천만 원 정도가 전부더라는 김건희의 발언이 그를 뒷받침한다.

대통령의 무면허 운전으로 돌아가자. 역대 대통령들을 운전자에 비유한 농담[44] 중 속수무책으로 IMF를 초래한 YS를 '무면허 운전 대통령'이라 했는데, 똑같은 '무면허 운전'이라도 그 수준 차이는 천양지차인 것이 YS에게는 외환 관리와 관련된 환란(換亂) 부분에 대해서만 '무면허 운전'이었다. 하지만 윤석열의 '무면허 운전'은 덩치만 큰 중딩의 무모한 '무면허 운전'에 해당된다. 언제 어떤 대형 사고를 낼지 모르고, 그 피해는 승객인 국민에게 고스란히 돌아온다.

윤석열이 갑작스레 국민적 조명을 받게 된 말, '나는 사람에게 충성하지 않는다'는 어찌 보면 멋진 말이긴 하다. 하지만, 이 말을 자세히 들여다보면 지극히 문제적인 말이기도 하다. 앞말이 묻히는 바람에 꼬리만 눈에 띈 경우라서다. 마치 꼬리 잘린 도마뱀의 몸통 부분은 잊히고

44 역대 대통령을 운전자에 비유한 내역은 이렇다. 이승만: 국제면허 소지자. 박정희: 모범택시 운전자. 최규하: 대리운전 기사. 전두환: 난폭 운전자. 노태우: 초보 운전자. DJ: 운행 중 음주 운전자(초기와 달리 갈수록 시선이 흐릿해져서). 노무현: 역주행 운전자(무리하게 시대 변혁을 시도해서). 이명박: 개인택시 운전자(오직 자신의 돈벌이 중심이어서).

팔딱거리는 꼬리만 집중 조명된 것과 같다. 당시에 언급된 전체의 말을 제대로 보이면 이렇다: '나는 조직에 충성할 뿐, 사람에게는 충성하지 않는다'.

당시 이 말이 나오게 된 것은 2013년 10월 21일 국가정보원 여론조작 사건 관련 국정감사에서 윤석열이 증인석에 앉게 되었을 때다. 그는 수사 과정에서 외압이 심했다고 주장하며, "상관으로부터 '야당 도와줄 일 있냐'라는 질책을 받았다[45]. 이래선 조영곤 검사장님 밑에서 수사를 계속할 수 없다고 생각했다"라고 했다. 그러자 새누리당 측 위원인 정갑윤 의원이 "조직을 사랑하느냐, 사람에 충성하는 것 아니냐"라고 물었다. 그때, 윤석열은 "저는 (조직을 사랑하지) 사람에 충성하지 않기 때문에 오늘 이런 말씀을 드린 것이다"라고 답했다.

이처럼 꼬리 잘린 말이 나오게 된 앞뒤 배경을 다시 세밀히 살펴보면 그 발언 내용의 진의는 정반대 쪽을 향하고 있음을 알 수 있다. 정작 중요한 뿌리[나는 조직에 충성할 뿐]는 왼쪽이었는데, 사람들이 주목하게 된 것은 오른쪽을 향한 줄기[사람에게는 충성하지 않는다]였다.

즉, 윤석열의 숨겨진 뿌리는 '상관이야 뭐 어떻든(조금 참고 있으면 늘 바뀌는 자리니까) 그 사람에게 충성 따위를 바치는 일은 하지 않더라도, 어

45 이 또한 윤석열의 편의대로 한 말이다. 조영곤 지검장은 당시에 영장 관련 서류를 들고 윤석열이 자택으로 찾아오자 사무실에서 정식 절차를 밟으라 했고, 차장검사의 전결사항을 팀장도 아닌 부장검사가 전결 처리한 문제를 지적했다. 수사 방식에 대해서도 야당 도와 줄 일 있느냐는 발언은 하지 않았고 다만 정치적 중립을 의심받을 만한 일은 하지 않는 게 좋다는 쪽으로 지시했다고, 정확하게 기억하고 있다.

떻게 해서든 검찰 조직은 사수해야 한다'는 쪽을 지향하고 있었다. 그러므로 윤석열의 사람(상관) 무시 버릇은 그 뿌리가 깊다. 그리고 그 뿌리는 검찰이라는 최고의 권력 집단[조직]을 어떻게든 사수해야 한다는 완강한 검찰주의자의 생각에서 나고 자란 것이었다. 즉 '사람'이라는 표현에 담긴 직위 숭배에 대한 최고의 멋진 반격으로 잘못 확대 해석되어 일반적으로 널리 번지게 된 그런 내용, 곧 좀 더 큰 멋진 대의(大義) 구현과는 전혀 다른 것이었다.

거듭 말하지만 윤석열의 값어치를 애드벌룬에 매달아 하늘 높이 띄워올리기까지 한 말, '나는 사람에게 충성하지 않는다'의 진실은 '나는 검찰이라는 강철 권력 조직에 충성할 뿐, 일개 인간 따위에는 충성하지 않는다'다. 그래서 '절대 권력의 요람인 검찰에 손을 대려는 이가 있으면 그것이 장관이든(추미애), 나를 키워준 대통령(문재인)이든 달려들어 물어뜯는다'가 그의 일관된 본심이었다. 즉 그에게는 언제 어디서든 불복/항명을 할 수 있었고 또 저지르려는 준비가 돼 있었다. 윤석열에게 하극상 결행 준비는 언제든 늘 상비군 상태였다.

12

검사들이나 변호사들이나... 천차만별이다

하여튼 검찰에는 윗자리에 오르려 애쓰고 그 자리에 오르면 더욱 권력을 휘두르며 권력의 맛에 심취하는 각개 전투형 검사가 있는가 하면, 검찰 조직의 장막 뒤에서 검찰의 힘을 빌려 자신의 존재 의미를 확대 해석을 하려는 검사도 있다. 그들이 혼재해 있다.

정작 무서운 것은 후자다. 검찰 집단이기주의자들인 그런 존재들이 검찰 본연의 임무보다는 검찰의 권력 강화 쪽에 더욱 결연하다. '검찰의, 검찰에 의한, 검찰을 위한' 검사로 복무할 것을 거듭 다짐하면서, 외부의 침투나 침략에 대비하여 외피를 철갑으로 씌우고, 그 뒤에서는 요격 미사일의 스위치에서 손을 떼지 않고 있다. 검찰 개혁과 관련하여 어떤 안이 나오면 즉시 검찰 내부 통신망 '이프로스'에 오르는 수많은 무조건 반대 취지의 글들은 그들에게서 주로 나온다.

대표적인 게 김웅('70. 29기)이다. 2020년 문재인정부에서 검경수사권 조정을 입법으로 성사시키자 그에 반발하여 자신의 베스트셀러 《검사내전》의 흥행 성공을 발판 삼아 검찰을 떠나면서 이프로스에다 "국민에게는 검찰개혁이라고 속이고 결국 도착한 곳은 중국 공안이자 경찰공화국", "봉건적인 명(命)에는 거역하라. 우리는 민주시민이다"라며 현 정부의 검찰개혁을 비판하는 글을 올렸다. 그 글에 검사 전체의 4분의 1에 달하는 660여 명이 좋아요를 누르며 호응했는데, 역대 최대 숫자였다. 총장의 이임사 따위도 멀찍이 따돌리는.

그런 이들이 걸핏하면 떠드는 법과 원칙, 공정, 정의 따위는 생업용 도구일 뿐인 법전에서 필요할 때면 꺼내드는 말들일 뿐이고, 실제로 그들의 집단이기주의를 지켜주는 갑옷은 검찰이라는 이름으로 철옹성처럼 구축된 검찰 조직이다. 낱개의 검사들은 선출되지 않은 권력을 구성하는 일개 분자일 뿐이고 완성된 권력을 힘차게 행사할 수 있도록 보장해주는 것은 검찰이라는 조직이라서다.

이 두 그룹 외에 중간형들도 있다. 검찰 조직 내에서 자신의 개인적 가치가 일반적으로 하향 평가되고 있음을 잘 알고 있음에도, 연공 서열에 따라 베풀어지는 승진 혜택도 슬슬 받고 적지 않은 급여에 만족하면서 그럭저럭 지내다가 때가 되면 나가서 변호사를 하면 된다는 자진(自進) 자족파다. 사법시험에 합격하는 것으로 자신의 인생 목표는 이루었다고 여기고, 그 이후의 삶까지 생각하는 건 그저 머릿골 아픈 짓일 뿐이라며 40대 이후로는 대체로 느리게 걷는 사람들이다. 김웅의 《검사내전》에는 '당청꼴찌'라는 말이 나오는데 그것은 그 해당 지청의 검사들 중 근무 성적이 꼴찌라는 걸 스스로 받아들이는 것을 자조적으로 표현한 말이다. 실제로도 그런 자세로 일관하는 이들이 없는 것은 아니다. 의외로 적지 않다.

그런 이들 중 변호사로 나가서 돈맛과 돈의 힘에 뒤늦게, 새롭게 맛을 들인 이들은 이따금 신문 지상에 이름을 올리기도 한다. 하지만 그런 조명은 좀 굵직한 사건에 연루되었거나 선정성과 연결되어 독자용 낚시질감이 될 수 있을 때의 이야기이고, 갑남을녀들 수준으로 전관 검사 변호사들이 수시로 저지르는 잔챙이 사건 따위에는 매스컴이 눈길도 안 준다. 그런 변호사들의 잔챙이 비리 사건을 전부 다루려면 신문 한 면이 증면돼야 할지도 모른다고, 현역 법조계 담당 기자가 내게 말한 적도 있다. 개업 변호사들을 관리하는 각 지방변호사회에서 이런저런 사유로 제명되거나, 탈회 또는 회원 자격을 상실하거나 정지당하는 이들의 숫자가 매년 두 자릿수에 육박하고 있다면서.

하긴 변호사 중에는 생활고[46] 때문에 음독 자살까지 시도한 이도 있다. 또 지난 2007년 양심 선언을 통해 삼성 비리를 폭로하여 이 나라를 뒤흔들었던 김용철 변호사 같은 이가 내몰리는 매서운 현실도 있다. 그는 온갖 조직적인 방해 때문에 변호사 사무실 유지가 힘들어 사무실을 닫고 빵가게로 전업했다. 그 가게 사장으로 손님맞이만 하고 지내는 게 아니라 제빵사로 직접 빵을 만들고 있다. 제빵사를 둘 처지가 아니라서.

이 삼성 비리 사건 폭로와 관련하여 유탄을 맞은 이로는 김 변호사 외에 고 노회찬 의원도 있다. 그는 '안기부 X파일'을 입수해 삼성으로부

46 2017년의 조사에 따르면 우리나라 변호사 전체의 연평균 소득은 4천만 원대다. 일반 직장의 대리급. 한 해에 2천 명 가까이 쏟아져 나오는 수적 증가가 그 원인이기도 하다. 6~7급에 해당하는 직급의 공채에 경력이 일천한 변호사들이 몰려드는 일은 이제 흔한 현상이 되었다. 2023년 부가세 신고에서 상위 10%의 변호사들이 전체의 77.3%를 차지했고, 신고 건수의 22%는 월평균 400만 원에도 못 미쳤다. 아예 매출이 없다고 신고한 것도 697건이었다.

터 떡값을 받은 검사들의 실명을 공개했는데, 통신비밀보호법 위반 혐의로 기소되어 2013년 2월 14일 대법원에서 의원직 상실에 해당되는 징역 4월(집행유예 1년)과 자격정지 1년의 형이 확정되었다.

그때 대법원은 'X파일'에 실린 검사들의 이름을 보도자료를 통해 기자들에게 배포하는 것은 면책 특권에 해당하지만, 인터넷을 통해 일반 국민들에게 알게 하는 것은 불법이라고 규정하는 통신비밀보호법에 근거하여 판결했다.

이 'X파일'과 관련하여 당시 우리 사회를 뜨겁게 달궜던 것이 독수독과이론(毒樹毒果理論, Fruit of the poisonous tree, Früchte des vergifteten Baumes)이다. 이것은 위법하게 수집된 증거(毒樹)에 의하여 발견된 제2차 증거(毒果)의 증거능력은 인정할 수 없다는 이론으로서, 미국의 연방대법원 판례에서 유래했다. 한국도 이것을 형사소송법상의 증거 법칙으로 받아들였는데, 독과수(毒果樹)이론이라고도 한다.

이 독과수(毒果樹)이론 때문에 당시 삼성의 돈을 지속적으로 받아 와 '삼성 장학생'으로 불렸던 문제의 보험용 고위직 검사들은 하나도 처벌되지 않았고, 노 의원만 역처벌되는 희한한 일이 벌어졌다. 이를 두고 노 의원은 '폐암 환자를 수술한다더니 암 걸린 폐는 그냥 두고 멀쩡한 위를 들어낸 의료 사고와 무엇이 다른가'라는 명언을 남겼다.

그는 갔지만, 명언 제조기답게 정치판 물갈이를 뜻하는 '삼겹살 불판 갈이'라는 희대의 명언을 남겼다. 그는 또 구로동에서 대치동까지 전철이 운행되지 않는 새벽에 첫 차를 타고 나가 청소.경비직으로 일하는 이들이 타는 버스 6411번을 2012년에 전 국민 앞으로 소환한 사람이기도 하다. 그 덕택에 이러한 직종에서 일하는 어르신들을 위한 지원 법안이 뒤늦게나마 본격적으로 논의되고 있다.

13

'검찰 개혁'을 제대로 하려면 '검사 개조' → '검사 문화 혁신'의 순이어야 한다

이러한 윤석열과 같거나 비슷한 행태는 검찰 내부 조직에서 드물거나 희귀한 편이 아니다. 매우 보편적이다. 위아래를 따질 필요없이 널리 퍼져 있고, 그 뿌리도 깊고 단단하다.

그 때문에 검사 일개인의 변화만으로는 역부족이고 불감당이다. 검사 문화가 혁명적으로 혁신되어야 하는 근본적인 이유이기도 하다. 나아가 검찰 개혁은 검사 각자를 변화시키는 검사 개조를 동시에 추진하여 검사 집단 전체의 문화가 혁신적으로 변화될 때 비로소 완성된다. 몇몇 제도 개혁으로는 용두사미가 되거나 부작용을 촉발하여 도리어 키우는 일로도 이어진다. 지탄의 대상인 검찰공화국 혁파는 검사 문화 혁신이 그 핵심이 되어 실체적으로 이뤄질 때 가능해진다.

직업인으로서의 검사가 노정하는 문제점들은 한두 가지가 아니다. 그것들을 상세히 거론하려면 책자 한 권으로도 모자란다[47]. 여기서는 개

47 시간이 없는 분들을 위해 개인적으로 추천하자면 다음의 것들이다. 1) 이연주, 《내가 검찰을 떠난 이유》. 2) 김희수/서보학 외, 《검찰공화국, 대한민국》. 3) 참여연대, 《그 사건/그 검사》 4) 김두식,

략적으로만 다룬다. 다음 장에서 다룰 윤석열의 문제점 항목들에서 상당 부분이 보충될 것이기도 해서다.

(1) 시인 변호사는 있어도 시인 검사는 없다: 적분(積分) 세상이 없는 검사들

가장 으뜸 문제이자 근본적인 영역은 검사들의 언어 능력 부분이다. 하이데거가 적확하게 짚어냈듯이 '언어는 사고(思考)의 집이다.' 모든 사고는 언어로 이뤄진다. 언어라는 벽돌이 한 채의 집을 지어낸다. 어떤 벽돌을 어떻게 쌓았는지에 따라 그 집의 모양, 품질, 나아가 품격까지도 달라진다. 언어는 그래서 그 사람이다.

검사들은 사법시험 합격 이후로는 언어 성장이 멈춰졌거나 성장을 방해받는 사람들이다. 우리 사회에서 수능시험 직전까지의 학생들이 최고의 지식 보유자인 것과 비슷하다. 그런 학생들이 대학 진학 후에는 잘해야 1~2학년 때까지만 지적 성장이 이뤄지고 3~4학년 이후로는(학문 연구의 길을 택한 학생들을 빼고는) 진로에 따른 실용 중심의 인스턴트 지식으로 채워지고 마는데, 그런 흐름들이나 검사들의 현실이나 거기서 거기다.

잘나가는 부서에 근무할수록, 서울이나 수도권에 근무할수록, 한 해에 인문 교양 서적 독서량이 3권도 안 된다는 말은 보편적 진실이다. 일

《헌법의 풍경》, 《불멸의 신성가족》, 《칼을 쳐서 보습을》, 《법률가들 - 선출되지 않은 권력의 탄생》. 시간이 없는 분들은 김두식의 저서를 연속으로 읽으면 체계화도 이뤄지고, 법조계 이면이 훤히 보인다.

반인으로서의 정상적인 언어 구사 능력은 검사들 역시 고3~대학 2년 시절이 최정상이었다고 단언할 수 있다. 대부분의 검사들 언어는 대학생 시절의 망부석에 갇혀 그 자리에 멈춰 서 있다. 정치판으로 진출한 전직 검사들이 내보이는 언어 현실이 바로 그 답이기도 하다.

2021년 9월 대선 후보 경선 토론회에서 안철수가 부동산 정책과 관련된 청문회 개최에 관하여 의견을 묻자 윤석열은 "필요하지만 그렇다고 해서 반성하거나 개전의 정이 없기 때문에 답은 정권교체밖에 없다"면서 불쑥 '개전(改悛)의 정(情)'[48]이라는 법률용어를 꺼내들었다. 윤석열로서야 그 말은 피부의 일부처럼 달고 살아온 것이지만, 범죄와는 전혀 무관한 일반적인 상황에 대해서조차도 '개전의 정'을 운운하는 것은 뜬금없는 어법이다. 일반인의 시선에서는 의아하기 짝이 없다. 괴상할 정도로 비정상적인 용법인데도 그런 사실을 윤석열은 의식하지도 못한다.

하기야, 검사들은 사시 준비에 뛰어들면서부터 정상적이고 일반적인 인문 교양 지식 쌓기는 끝난다. 모든 세상의 사물이 법률 현미경에 놓여지면서 미분(微分)되기 때문이다. 그런 미분 행태는 합격 후에도 그대로 이어진다. 검사의 세계에서는 적분(積分) 세상이 증발돼 있다. 넓은 세상 보기 대신에 낱개의 범죄에 시선을 집중하고 파헤치는 미시적 세상에 파묻혀 지내기 때문이다. 국가 지도자가 갖춰야 할 필수적인 요건 중의

48 개전(改悛)의 정(情): 피의자 또는 피고인이나 수형자가 잘못을 뉘우치는 마음가짐을 이른다. 선고유예나 가석방, 형의 선고 양형 등에서 법관이 판단을 할 때 고려할 수 있는 요건 가운데 하나이다. 2022.1. 고교생 제자와 지속적인 성관계를 했던 40대의 전직 여교사에게 징역 1.5년에 집유 3년이 선고됐는데, 당시 검찰은 징역 5년형을 구형했다. 여교사가 23차례 제출한 반성문이 크게 작용했다.

하나가 다방면에 걸쳐 많이 아는 generalist인데 윤석열은 이 부문에서도 과락이다. 그에게 가장 크게 뚫려 있는 부분이 광범위한 상식에 대한 무지인 것도 오랜 검사 생활이 쌓은 퇴적물이 그런 것들뿐이라서다.

그러한 언어 피폐화 현상을 낳는 일등 주범으로는 위에서 언급한 사건 수사 기록과 법률 문서들을 꼽을 수 있다. 특히 경찰에서 보내오는 수사 기록과 각종 서류들에는 불완전한 문구나 엉터리 표기, 그리고 어법 파괴가 예사다.

일례로 아직도 자주 등장하는 표기로 '시근장치'가 있다. 이것은 일종의 일본어 잔재이기도 한데, 문 따위를 잠그는 장치를 뜻하는 '시건장치(施鍵裝置)'의 잘못이다. 군대 용어로 전해져 오기 때문에 일부 부사관들의 입에서는 여전히 '시근장치'('시근'을 '식은/식언'으로 적기도 한다)가 유행하고, 그걸 군대 시절에 입으로만 익힌 일부 경찰관들은 수사 보고서 등에 '시근장치'로 표기한다. 검사들 역시 그것이 시건장치의 잘못이라는 걸 아는 이들이 드물기 때문에(혹은 좀 이상하긴 해도 찾아보고 하는 게 귀찮아서) 그냥 그대로 베껴서 쓴다. 그밖에도 비문(非文)이라 할 만한 것들이 차고넘친다. 그런 오기와 어법 파괴 등이 담긴 표기들을 맨날 대하다 보니 검사의 언어들도 거기에 물든다. 검사들의 표기도 거기서 거기다. 기소장 하나만 봐도 오기들투성이다.

법률용어의 상당수는 기본적으로 일반 세상과의 격막으로도 작용한다. 그것들 역시 검사들의 언어 능력 편협화로 이끈다. 일례로 '상당한 이유' 등과 같이 빈번히 쓰이는 '상당(相當)하다'도 우리가 일반적으로 쓰는 사전적 의미인 '일정한 액수/수치/정도 따위에 이르다'와는 전혀 다르다. 현재 일본어나 중국에서 쓰이고 있는 의미, 곧 '합당하다/마땅하다' 쪽이다. 다시 말해서 '상당한 이유가 있다고 보인다'라는 선고문의 글귀는 '합당한[마땅한] 이유가 있다고 보여서 (그 주장을) 받아들인다'라는 뜻이다.

사전에서는 '상태/모양/성질 따위가 그와 같다고 보거나 그렇다'를 뜻하는 '간주(看做)'는 훨씬 더 엄중하게 작동한다. 확정적인 반증이 없을 때는 현 상태를 진실로 받아들이고 그에 따라서 처분/처리를 한다는 뜻이다. 즉 '간주(看做)'가 법률용어로 쓰일 때는 일반적인 의미와는 하늘과 땅 차이다. 유죄로 간주될 상황에서 확실한 반박 증거가 없으면 빼도 박도 못하는 무서운 말이 '간주'다.

그뿐만이 아니다. 고색창연한 낡은 표현들이나 난삽한 표기도 엄청 많다. 법률용어를 쉬운 말이나 현대적 표현으로 고치는 작업이 계속되고는 있지만, 엄청 시간이 걸린다. 법이란 건 같은 뜻의 말이라 해서 그냥 바꿀 수 있는 게 아니라서다. 규정 하나, 표현 하나를 바꾸어도 개정 절차를 거쳐야만 한다. 여하간 이러한 법률용어에 갇혀 지내다 보면 최소한 그만큼은 정상적인 언어생활과 거리를 두게 된다.

언어력의 발전이나 개발을 훼방하는 것에는 관행도 빠지지 않는다. 검사나 수사관들이 작성하는 공소장이나 신문조서 등의 언어는 전해내려오는 어투들의 베끼기가 90% 이상인 것도 문제다. 잘못 굳어진 관행어 앞에서 검사가 자신의 창의적 표현을 찾아내려고 애쓰지 않는다.

애쓸 필요가 없어서다. 시간낭비일 뿐이라고, 검사 생활을 조금만 해보면 금방 결론이 나온다.

검사들이 자신의 담당 사건에서는 반드시 훑어보게 마련인 판사들의 선고문 역시 법률 용어들의 범벅인데, 대부분이 그 꼬리를 찾기 힘들게 긴 만연체들이다. 주어의 불일치는 예사이고, 반드시 들어가야 할 목적어(구) 생략과 앞뒤 연결이 몹시 부자연스러운 문장들의 연속 나열 따위는 아예 일상적이었다(그나마 요즘에는 좀 나아졌다). 그런 것들을 대하면서 처음에는 앞뒤가 맞는 문장들을 써보기도 하지만, 이내 지친다. 또 그래 봤자다. 자신 혼자서 애써봤자 전체적으로는 요지부동이니까.

검사 출신 정치인들의 발언을 들어보면, 짧은 한 문장의 단문(單文)들이 거의 없다. 중문(重文)들이 뒤섞이고 길게 길게 이어지면서 온갖 비문(非文)들이 날뛰는 엉터리 만연체가 대부분이다. 뒤의 장(章)에서 상세히 드러나게 되듯, 윤석열이 원고 없이 발언할 때 보면 역시 딱 그 짝이다. 비문(非文) 사례 수집이 필요하면 멀리 갈 것도 없이 즉시 전직이 검사였던 정치인들의 발언만 모아도 된다.

게다가 위에서도 언급했듯이 일반 인문 교양서 한 권 제대로 읽을 시간도 없고, 형편도 되지 않는다. 코로나 확진자와 접촉하는 바람에 자가격리자가 된 수도권 근무 검사 하나는 동료들의 부러움을 샀다. 한창 바쁜 시기에 2주씩이나 늘어지게 휴가를 받았으니 그 얼마나 부러운 일이냐면서.

그런 상황들이 되풀이되면서 계속 쌓이다 보니 독서 기피와 관련한 격무 핑계는 습관이 되어 간다. 또 전혀 다른 세계로의 그런 기웃거림이 실제로는 큰 힘이 되지도 않는다. 교양인 노릇을 하기 위해 읽어야 한다는 강박도 갈수록 귀찮아지기만 하고, 검사들이 자기계발서 따위를 손에 드는 건 괜한 자격지심부터 앞서기도 한다. 부장검사쯤 되면 잠깐씩 손에 책을 들 수 있는 시간도 나지만, 매달 꼬박꼬박 사무실에 도착하는 종합 월간지도 처음부터 끝까지 완독한 건 거의 없다시피 한다는 고백은 팩트다. 대신 신문의 정치면은 꼭 훑는다. 사회면은 참고서이고 경제면은 재미가 없어서 건너뛴다. 어쩌다 경제 수사를 맡게 되면 기초 용어부터 익혀야 해서 곤욕을 치른다.

그런 언어생활들이 알게 모르게 개인 언어의 피폐화(疲弊化)/황폐화를 가져오고 그것이 사고의 편협과 경직으로 이어지면서 세상 좁히기로 발전한다. 그리고 그것들이 단단히 형성된 이분법 구조와 결합하면 똥고집이나 옹고집파로 발전한다. 시쳇말 중 하나인 '꼴통보수'는 이념의 방향이 무엇이건 간에 실은 똥고집으로 자신의 안을 채운 이들의 일반적인 대명사이기도 하다. 전통적인 것을 옹호하며 유지하려 함을 뜻하는 보수(保守)의 기본적인 의미는 예전 것을 지켜내려는 수구(守舊)다. 그것에 똥고집이 가세하면 꼴통보수가 된다. 그래서 진보파 안에도 그런 꼴통보수 계열의 똥고집파들이 적지 않다.

윤석열의 똥고집 사례는 한두 가지가 아니다. 정치 입문이 임박하자 주변에서는 말리기도 했다. '문재인 정부와 결탁해 자기 복수를 이루었다'는 말까지도 나오는데 그런 일련의 전적(前績)들이 다시 정치 논쟁이

될 경우 어떻게 대처하겠느냐는 물음에 윤석열은 이렇게 답했다: '나는 내 페이스대로 갈 것이다!'

이처럼 '내 페이스'란 말에다 흔히는 남자다움, 결기, 의연함에 더하여 당당함까지도 욱여넣은 채 그걸 꼭 움켜쥐거나 내세우기도 한다. '내 페이스'를 결코 다른 사람들에게는 함부로 내어줄 수 없는 자신만의 소중한 숨겨진 보물단지로 껴안으면서... 하지만, 페이스(pace)란 말은 단순히 속도를 뜻하는 중립어다. 투수가 던진 공의 속도나 달리기 속도를 뜻하는데, 일상적으로는 걸음과 뛰기 속도에 주로 쓴다. 그럼에도 '내 페이스'를 자주 운위하는 사람일수록 그런 본래의 의미와 올바른 뜻과는 무관하게, 자신이 이미 단정해 둔 의미의 영역으로 언어의 스펙트럼을 좁히고 사유화한다. 그 끝판은 똥고집이다.

그것이 사고의 편협과 경직을 낳고, 똥고집을 더 키운다. 세상도 단순하게 이분화된다. 나 아니면 모두 타인들이고, 순백이 아니면 다 검다는 흑백 논리로 발전한다. 너와 내가 함께 이루는 우리는 없다. 흑과 백 사이의 회색지대는 도리어 없는 편이 세상을 위해서는 좋은 일이라고 단정하고 못질까지 한다. 누가 뭐래도 예의 그 '나는 내 페이스'로 갈 거라면서, 다지고 또 다진다. 그 순간에도 '나의 페이스'라는 것도 실은 세상이 설정한 어떤 기준을 자신도 그냥 빌리거나 단순히 베껴온 것이라는 생각은 전혀 하지 못한다. 즉 '내 페이스'조차도 실은 자신의 것이 아니다.

이러한 언어 피폐화/황폐화/빈곤화의 실물 현장이 고스란히 드러나는 게 개인적인 글쓰기 분야에서다. 한마디로 시인 변호사는 있어도 시인 검사는 없다. 수필가 판사들은 몇 있어도 수필가 검사는 매우 드물다. 그런 상황인지라 2021년 시인 류근과 검사 진혜원(34기. 당시 수원지검 안산지청 부부장검사)이 함께 엮은 《당신에게 시가 있다면 당신은 혼자가 아닙니다》는 매우 신선했다. 비록 자작시들은 아니고 서정시 81편을 모은 시선집이긴 했지만, 시에도 관심하는 검사의 발견이라는 점에서.

한편 처음부터 변호사로 출발한 전원책은 대표적인 시인 변호사다. 정식으로 등단도 했고 세 권의 시집도 있다. 객관적인 작품 수준도 낮지 않다. 하기야, 전원책은 고시 공부에 전념해야 할 법대생 시기에도 시에 미쳐서(?) 지내는 바람에 문단 등단을 먼저 했다. 1977년 제2회 백만 원 고료 한국문학신인상을 연작시 《동해단장(東海斷章)》으로 수상하면서 문단에 정식으로 등단했고, 군단 법무참모 시절이던 1990년 조선일보 신춘문예 시 부분을 통해 당당히 재등단했다.

전원책은 일반 법조인들과는 여러모로 다르다. 지금은 폐지된 군법무관시험(4회) 출신이다. 군대는 가야겠는데 일반병으로 가기는 그렇고 해서 군법무관 시험을 봤다. 합격하면 기본적으로 장기 복무(10년)를 해야 하고, 사시 출신처럼 판검사가 되지는 못하고 변호사 자격만 부여된다. 그런 군법무관 시험 출신 중 유명 인사로는 조국 사태 때 허위인턴증명 발급으로 말썽이 나 물러난 최강욱(전 21대 비례대표 의원)도 있고, 전문가를 뺨치는 야구 해설 능력으로 유명한 박지훈 변호사도 있다. (그래서 그는 KBO에 공식 등록된 에이전트이기도 하다)

전원책은 군단 법무참모까지 지낸 예비역 중령이다. 그런 그가 정치

평론 분야에서 가장 멋진 촌철살인의 명구들을 생산하는 몇 안 되는 이에 꼽히는 것은 그러한 기본적인 문학적 소양이 뒷받침되고 있어서다. 그에게는 '칼바람 논객'이라는 별명이 있는데, 간결 명확해서 단칼로 제압도 하지만 그와 동시에 시원시원함을 선물한다. 적군이든 아군이든 그의 칼질에서 시원함을 느낀다.

검사들과는 달리, 법관들의 수필집 간행은 드물지 않다. 오래 전에 간행된 수필집을 사후에 후손들이 손보아 다시 펴낸 《무상을 넘어서》(2003)는 왕년의 고참 법관인 김홍섭(1915~1965. 전 서울고법원장) 님이 현직 재직 시에 썼던 작품들을 편간한 책이다.

김 원장은 당시의 명수필가로 이름을 떨친 정신과 의사 최신해 박사(1919~1991. 최현배 선생의 아들)와 교유할 정도로 필력이 있었다. 이 작품집 속에는 그가 천주교 평신자들의 봉사 모임인 장례팀원으로 일할 때 목도했던 시인 노천명의 최후 이야기도 나온다. 서울의 대표적 달동네에서 홀로 살다 숨진 불쌍한 노인이 있다면서 먼저 가 있으라는 신부님 얘기대로 했는데, 가서 책상 위의 책들을 보니 바로 그가 노천명 여사더란다. 노 시인은 그녀의 대표작 〈사슴〉 속에 보이는 갸녀린 이미지와는 전혀 달리 씩씩하고 화통하게, 남성적으로 사신 분이다. 어려서부터 남장(男裝)을 하고 자랐고 신문기자 시절에는 남성들과의 대작(對酌)에서도 전혀 밀리지 않았다. 주변에서 내미는 손길들에도 외면하지 않았지만, 자신의 것은 챙기지 않았다.

그런 김 원장의 뒤를 이은 법관들은 간간이 수필을 쓰고 외부 지면에도 싣는다. 법률신문의 고정 필객들로 활약하는 이들도 적지 않다.

하지만 검사 쪽은 영 부실하다. 무지무지하게 늘 바쁘신 탓들인지. 얼마 전 법률 에세이《검사의 삼국지》(2018)를 펴낸 양중진 부장검사(서울지검)가 매스컴들의 취재 대상이 되었던 것은 무엇보다도 현직 검사의 간행물이라서였다. 전직 검사들의 단행본들은 있어도 현직 검사의 것은 매우 드물다. 전직 검사로서 법조계 현실을 가장 멋지고 통쾌하게 해부한 이로는 김두식 교수의 여러 스테디셀러 저서들을 들 수 있다. 스테디셀러 자리를 지키고 있는 데는 그만한 이유와 가치가 있어서다.

검사 시절 돈키호테로 꼽힌 탓에 '돈키호테형 사회사업가'라는 긴 타이틀을 보유하고 있는 강지원 변호사('49년생. 푸르메재단 이사장)는《나쁜 아이는 없다》,《강지원 생각: 큰바위얼굴 어디없나》,《강지원의 꿈 멘토링》,《구도자 마음으로》,《대한민국 주식혁명》,《꿈같은 거 없는데요》등을 써냈는데, 검찰 이야기는 필요한 에피소드로 극히 일부분만 넣었고 대부분이 사랑과 정의에 관한 내용이었다. 책 내용에서조차도 그는 검사 출신답지 않게 돈키호테적이었다.

2021년 '고발 사주' 의혹과 관련하여 조성은과의 문제적 녹취록 건으로 다시 떠오른 김웅은 현직 시절 검찰 내부 이야기를 재미있게 쓴 책이 베스트셀러가 되어 정치판에까지 나서고 초선 의원으로 당 대표에까지 도전했지만 우리에게 아주 큰 실망을 선물했다. 수필집 속에 담긴 모습과 정치판 출현 후에 그가 보인 모습과는 너무나 큰 차이였다면 나만의 오판일까.

⑵ 과거를 헤집으며 현재를 버티는 검사들에겐 미래가 없다

검찰의 유리창을 통해서 검사들이 보는 세상은 전부 과거 세상이다. 검사가 핀셋으로 집어내어 현미경으로 들여다보는 피의자의 범죄는 과거에 이미 벌어진 일인데, 그것에만 주로 코를 박고 지낸다. 그러다 보니 검찰의 유리창으로 보이는 세상의 크기도 그 유리창 면적만큼만 보이는 좁디좁은 세상이다. 그나마 깨끗이 닦여 있어야만 제대로 그리고 선명히 창문 너머의 세상도 보일 텐데, 유리창을 닦을 시간조차 없다. 짬이 나면 한잔하거나 두 다리 뻗고 눕는 게 우선이다. 그게 가장 시급한 과제다.

하지만 그런 검사들도 과거는 화려하다. 사시에 합격할 정도의 준재(俊才)들은 초등생 시절부터 시키지 않아도 선행 심층 학습에 몸에 밴 이들이다. 참고서의 각주란에 첨기된 것들까지 놓치지 않는다. 그리하여 초등생 시절에 이미 중성자가속기나 요즘 같으면 양자컴퓨터와 같은 것에조차 일반 성인들 이상의 지식을 갖춘다.

그럼에도 검사 생활 이후에는 좁혀지고 쪼그라들면서 현재는 포기 상태다. 간단한 예로 요즘 새롭게 뜬 한강의《채식주의자》만 해도 그들 수준에서는 이미 중딩 시절에 대뜸 읽었을 작품이다. 그러면서 그 작품 속이 담고 있는 여러 복잡한, 그래서 어려운 다의적 의미들을 반추했을 것이다. 이를테면 내가 타인을 제대로 보고 있는가, 타인들은 나를 내 모습 그대로 볼 수 있을 것인가, 몸을 피신처로 삼는 게 옳은 것인가, 그 결과를 확신할 수 있을 것인가... 등의 여러 생각들을 하고도 남을 사람들이다. 그런데도 검사가 된 이후는 아예 그런 (골 때리는) 작품은 손에 들 생각이 하나도 없다. "지금 내 머릿속만 해도 복잡해서 죽겠는데, 뭐 그 따위 생각들로(영양가 없는 보태기로) 스스로를 괴롭혀? 난 그저 쉬고 싶다고, 그냥." 소리가 저절로 나온다.

반면에 검사와 달리 판사들은 과거의 범죄에 대해 단죄도 하지만 죄인의 미래도 고려한다. 판사들이 반드시 고려하는 항목으로 형의 종류나 양형 감경에 적용하는 '개전(改悛)의 정(情)'이 있다. 반성 정도에 따라 미래의 삶을 조금이라도 더 넓고 밝게 열어주려는 항목이다. 하지만 검사에게서는 이 문이 꽉 닫혀 있다. 도리어 더 중형을 내려줍시사 하는 쪽이다.

검사는 오직 과거의 범죄가 중요하다. 안 그러면 무죄율이 높아지고 무죄율이 높아지면 자신의 고과는 깎인다. 그러므로 피의자의 미래는 논리적으로도 검사에게는 마이너스 요인일 뿐이고, 도리어 짐이 된다. 그런 생활에 오래도록 젖어 있다 보니 검사에게서도 미래가 사라진다. 그저 현재에서 끝난다. 바라보는 시선의 대부분이 과거가 중심이고 현재와는 짧게만 접촉하고 살아가는 이의 삶에서는 미래 조감도가 쉬 발아하지도, 잘 성장하지도 못한다.

전직 검사들에게 (검사로든 변호사로든 현직을 완전히 떠날 때) 자신의 인생 3모작 내역을 구체적으로 생각해 본 적이 있느냐고 물으면, 힘차게 '예스'로 답하는 이는 거의 없다. 대부분의 첫머리 대꾸는 '일단 좀 쉬고 나서'다. 그 뒤로 생각해 보겠다는 말이지만, 그 뒤는 대부분 변호사 개업 관련 사항으로 채워진다. 또 다시 현업에 등줄이 꿰인다. 만약 명확히 답변하는 사람이 있다면 그는 어딜 가든 '당청꼴찌'를 내놓고 선언한 채 여러 해를 보낸 사람이다.

선거 유세 때 노인 단체를 방문한 윤석열에게 그의 노후 계획을 물었을 때다. 잠시 머뭇거리고 나서는 '실은 아직까지 전혀 생각해 본 적이 없다'고 답했다. 정상적인 자기 인생 3모작 계획은 늦어도 40대 후반까지는 구체화돼 있어야 실현 가능하다. 그만치 준비 사항도 많고 준비 기간도 오래 걸린다. 60대 이후의 삶의 설계와 준비는 또 다른 탄생이나 마찬가지인데, 그런 일이 하루아침에 뚝딱해서 이뤄지진 않는다.

(3) 미래가 닫히면 형평도 공정도 닫힌다

대법원의 로비 벽면 상단에는 정의의 여신 디케(Dike)의 조각상이 있다. 오른손에는 저울을 들고 왼손으로는 법전을 끼고 있다. 어떻게든 억울함을 줄여 형평을 유지하고자 함이다. 본래 디케(Dike)는 저울과 칼을 들고 있는데 우리 대법 로비의 조각상에는 칼은 없다. 칼을 검찰에 내줘서? 하기야 검사(檢事)들은 자신을 검사(劍士), 곧 칼잡이라고 부르는 데에 주저하지 않는다.

하지만 그 칼을 대검으로 가서 찾아보면 없다. 건물 외부 앞쪽에 뭘 뜻하는지 잘 모르겠는 대형 조각만 있고(건축법에 의무적으로 규정된 조경용 조각인 듯하다), 그 앞쪽으로 멀리 별도 작품인 듯한 석판에 '정의 질서 평화'라고만 써 있다. 검찰이 그 칼 하나도 보관을 제대로 잘 못 한 건지,

아님 그냥 얻어온 칼이다 싶어서 용도 폐기 처분한 것인지 모를 일이다.

그리고 석판의 글씨 내용도 한참 들여다보다 보면 별 생각이 다 든다. '정의를 세우고 질서를 잡으면 세상엔 평화가 온다'는 뜻으로 새긴 듯은 한데, 때로는 '정의와 질서 확립을 핑계로 세상을 들쑤셔 놓으면 검찰에는 평화가 온다. 그래서 배를 내밀고 지낼 수 있게 된다'는 뜻이 아닌가 싶기도 해지면서. 그런 해석까지 이끌기도 하는 게 이 나라를 검찰공화국이자 검사공화국으로 부르게 만든 이들이 거둬 온 그들만의 혁혁한 전과다.

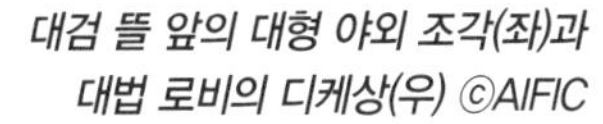

대검 뜰 앞의 대형 야외 조각(좌)과 대법 로비의 디케상(우) ©AIFIC

대검 건물 안으로 들어서서 둘러봐도, 대법에서 포기하고 넘겨준 그 칼을 들고 있는 여신상은 없다. 그 대신 방문객들을 맞이하는 것은 큼지막한 글씨로 써서 벽면에 매단 〈검사 선서〉다. 3문장의 글을 여러 줄로 나누어 미적 감각도 살린 서예 작품이지만, 여기서는 실물 배열은 무시하고 문장 내용으로만 제시하면 이렇다.

"나는 이 순간 국가와 국민의 부름을 받고 영광스러운 대한민국 검사의 직에 나섭니다. 공익의 대표자로서 정의와 인권을 바로 세우고 범죄로부터 내 이웃과 공동체를 지키라는 막중한 사명을 부여받은 것입니다. 나는 불의의 어둠을 걷어내는 용기 있는 검사, 힘없고 소외된 사람들을 돌보는 따뜻한 검사, 오로지 진실만을 따라가는 공평한 검사, 스스로에게 더 엄격한 바른 검사로서, 처음부터 끝까지 혼신의 힘을 다해 국민을 섬기고 국가에 봉사할 것을 나의 명예를 걸고 굳게 다짐합니다."
(밑줄은 필자의 가필)

검사 선서 ©AIFIC

이를 팍 줄이자면, 검사 생활 내내 용기 있고 따뜻하며 공평한 검사, 스스로에게 더 엄격한 바른 검사가 되어 국민을 섬기겠다는 서약문이다. 이것은 이명박 정부 시절 임채진(9기) 검찰총장이 2009년에 '검사 선서에 관한 규정'을 시행하면서 정식으로 제정한 것인데, 그동안 초임 검사들이 임용장을 받아들고 법무부장관 앞에서 하던 선서를 좀 더 의미

있게 하고자 한 것이었다.

그리고 그 깊은 배경에는 2005년에 터진 삼성의 X파일도 크게 작용했다. 즉 그 파일에 등장하는 전·현직 검찰 고위직 7명의 이름이 노회찬 의원의 희생 덕분에 이미 파다하게 시중에 퍼져 있었기 때문이다. 저 위의 선서 중 '스스로에게 더 엄격한 바른 검사'라는 항목에 가장 큰 방점이 찍히게 된 것도 그 때문이 아닐까 한다.

삼성의 X파일 사건은 기업이 관리하는 보험용 검사와 관련된 오랜 관행의 일부가 수면 위로 떠오른 빙산의 일부였다. 거의 모든 대기업들이 제각기 행태와 정도를 달리했을 뿐, '검사 보험'에 관여하지 않고 있는 기업들은 하나도 없었다.

대선 기간 중 밝혀진 윤석열에 대한 삼부토건 조남욱 회장의 17회에게 걸친 정기적인 선물 제공도 당시로서는 무시해도 되고, 전혀 문제도 삼지 않았던 의례적인 수준일 정도였다. 삼성은 사건 당시 검사 일인당 최소 5백만 원에서 천만 원까지의 현금을 제공한 것으로 알려져 있다.

검찰의 오랜 관행 중 하나로 전별금(餞別金)이라는 게 있었다. 지방 근무를 마치고 떠나는 이에게 지방 유지나 '검사 보험' 필요가 있는 이들이 모여 봉투를 마련하여 전달하는 걸 뜻한다. 본래 전별(餞別)이란 잔치를 베풀어 작별한다는 뜻으로, 보내는 쪽에서 예를 차려 작별함을 이르는 말인데, 그런 주연(酒宴)이야 당연했지만 돈봉투까지 곁들여지는 괴상한 풍토로 자리 잡고 있었다. 거마비(車馬費)나 하라면서 찔러주는 봉투에는 대체로 천만 원~2천만 원 정도가 담겼다. 전별금 봉투는 그러고 보면 검사가 칼자루를 손에 잡고 있을 때의 빈 칼집이었는지도 모르겠다. 칼이 들어갈 자리를 돈이 채운.

물론 하급 평검사의 경우에는 그 격에 맞게 그 액수가 하향 조정되기도 했고, 중앙 요직으로 금의환향하는 검사에게는 그 이상의 거금을 개별적으로 쾌척하기도 했다. 그런 일반적인 전별금 규모에 비춰 볼 때 이른바 명절 때마다 '삼성 장학생 보험 검사'들에게 갔던 금액은 삼성다웠다고 할 만치 통이 컸다.

그런 점에서 그런 관행들까지 단칼에 박살낸 김영란법은 '제2의 건국'이라 할 만하다. 2012년 당시 김영란 국민권익위원회 위원장이 발의하여 온갖 신고간난 끝에 3년 후인 2015년 3월 27일 제정된 이 법은 공직사회 기강 확립을 위해서 그 이상의 효험이 없다 할 정도로 그동안 만연된 일상적 부패를 단번에 청소했다.

힘 있는 자리나 고위 공직자뿐만 아니라 그 물결이 공직사회 전반에 빠짐 없이 번진 덕분에, 시골 관청의 하급 직원조차도 식사 한 끼니 대접을 제안하면 손사래를 치고, 경찰 지구대에서는 순수한 감사 표시로 들고가는 박카스 한 박스조차도 사절하게 되었다. 또한 그 이웃사회인 금융계나 매스컴 등에도 미쳐서 지방 주재 기자들이 공무원보다도 더 위세를 부리던 모습들도 사라졌다. 그러한 사회적 분위기 덕분이리라. 검사들의 전별금 제도도, 일상적이던 검사 향응도, 심지어 명절 인사까지도 이제는 확실하게 사라졌다. 김영란 판사('56년생, 11기. 전 대법관)[49] 만세!

(4) 인격적으로 존중받는 사람이 타인의 인격도 배려해 준다: 검사간의 호칭 문제

잘못된 검찰 문화가 검사 문화에도 악영향을 끼친 것에는 상호간 또는 상하간의 호칭 문제도 있다.

변호사들은 흔히 드라마에서도 자주 보듯, 성 뒤에 변호사를 줄인 '변'을 붙여 부른다. 동료나 상하 관계에서도 그리 부르는 것이 일반적이다. 김가면 '김 변', 박가면 '박 변' 하는 식이다. 그럼 변씨는?

판사들은 대체로 변호사들이 변호사를 '변'으로 줄여 부르듯, 판사를 줄인 '판'을 붙여 부른다. '이 판, 박 판, 최 판' 등처럼. 그런데 성이 개(介)씨일 때는 우얄꼬. 실제로 개씨도 있다. 개씨(介氏)는 중국의 주나라 양왕(襄王) 때 등장한 개자추(介子推)의 후손으로 한족계 성씨인데, 조선 시대에도 무과/잡과 급제자 명단에 두엇이 보인다. 2000년 인구 조사 당시 86명으로, 남한 내에서는 본향인 경기도 여주시에 가장 많은 것으로 나와 있다. 개씨 성의 판사를 '개 판'으로 부를지 말지는 머리 좋은 판사

49 김 판사는 경기여고, 서울법대를 졸업한 재원으로 대법관까지 거친 이지만 동네 아줌마처럼 푸근하고 수더분하다. 양형위원회 위원장 등을 거쳐 현재는 아주대 로스쿨 석좌교수. 남편 강지원('49년생, 9기)은 더 재미있는 이로서, 서울대 정치학과 출신으로 행정고시를 거쳐 사시에 수석 합격하고도 자신의 표현대로 '검사질+판사질'에는 그다지 관심이 없어서 주로 사법연수원 교수 노릇 등을 하고는, 청소년/자살 예방/사회 통합/국민 적성 찾기 등에 매달렸다. 2011년 '가장 문학적인 법조인' 부문 상을 받았다. 현존 법조인 중 50대에 국민훈장(모란장)을 받은 유일한 사람이다.

님들에게 맡기자.

참고로 끼워넣자면, 김종인의 조부인 가인 김병로(초대 대법원장) 선생은 손아래 판사들도 깍듯이 선생으로 호칭했다. 의견을 물을 때면, '0 선생은 어떻게 생각하시나?' 등의 어법을 쓰시는 바람에 나이 차가 한참 나는 판사들이 되레 엄청 송구스레했다고 한다. 하기야 예전 어른들은 아랫것들이라고 해서 함부로 하대어를 쓰지 않았다.

그럼 그런 예전 어른들과 대비되는 '요즘 것'들, 특히 검사들은 어떨까. 손쉬운 짐작대로 '요즘 것'들답다. 부장검사쯤 되면 평검사들을 대하는 기본이 '야, 너'다. 뿔이 좀 나면 '너 이새끼'나 '너 이누무 새끼'도 예사다. 큰소리로 해댈 때는 문밖을 지나가는 직원들에게도 들릴 정도라고 한다.

그처럼 욕설까지 예사로 해대는 조직은 요즘 세상에 드물다. 일반 기업체에서까지도 그런 상사는 씹히고, 공개적으로 성토되거나 사규에 의해서 처벌도 받는다. 하지만 검찰 내에서는 횡행한다. 그리고 그런 욕설은 입에서 나와 귀로만 전달되는 건 아니다. 주먹질까지도 서슴지 않는다. (검사들의 주먹질 버릇은 유명하다. 강압 수사라는 이름으로 판정되는 것들의 대부분은 폭행이다. 그 때문에 잘나가던 부산지검의 검사 하나가 옷을 벗은 뒤 서울의 여당 지역구 의원으로 서너 번씩이나 출마했지만, 여의도 가는 길이 그리 쉬울 리가... 얼마 전 모 검사장 수사 사건에서 서로 몸을 날리며 치고받는 난투극을 펼쳐 문제가 된 것도 그런 습관적인 폭력 행사 버릇의 연장선이었을 듯하다.)

2016년 5월 서울남부지검의 김홍영 검사가 자살했다. 그가 초임 검사로 부임한 지 1년 3개월 만의 사건이었다. 2015년 4월 9일 김 검사를 환영하기 위한 회식 자리에서 그는 당시 형사1부 부장검사였던 김대현이 후배 여검사를 성추행하는 걸 목도했다. 상사 검사가 여검사를 집적거리는 일은 사실 비일비재다.

가장 유명한 것이 상갓집에서 여검사를 성추행하여 법정 싸움으로도 번지는 바람에 세상에 널리 알려진 안태근(20기) 검사장 대 서지현 여검사(33기. 1973~) 건이다. 서 검사는 2018년 자신의 초임 검사 시절에 당한 성추행을 용감하게 방송에 폭로하면서 검찰 내 미투 운동의 기수로 떠올랐는데 2022년 윤 정부 출발 시 부장.고검검사급 인사에서 불이익을 받자(법무부에서 성남지청으로 좌천성 발령) 21년간의 검사 생활을 접었다. 그 뒤로도 변호사 개업은 하지 않은 것으로 안다. 성추행의 피해자인 서 검사는 검찰 내의 문제아로 찍힌 뒤 4년 뒤 또 다시 희생되다시피 했다. 그런 안타까운 결과 앞에서 되씹게 되는 것은 약자인 성추행 피해자의 피해는 한 번으로 끝나지 않는다는 점이다.

그 밖에도 여검사 생활 몇 해 만에 그런 꼴들이 신물이 나서 검찰을 떠난 뒤 책으로 검찰의 그런 더러운 민낯을 까발긴 이연주의《내가 검찰을 떠난 이유》라는 책자 속에도 그녀 자신이 당한 이야기가 나온다. 심지어 지방으로 발령난 탓에 홀로 관사에서 지낼 수밖에 여검사를 밤에 찾아가 집적거리는 상관 이야기도 나온다.

암튼 그런 김대현 부장검사의 여검사 추행은 초임 검사가 목도한 ‘더

럽고 치사한' 검찰의 첫 광경이었다. 이뿐만이 아니었다. 고 김홍영 검사가 재직하던 2015년~2016년 남부지검에서는 ㄴ 검사가 후배 검사를 강제 추행하는 등의 성범죄를 비롯한 검찰 내의 '일반적/통상적' 비위가 광범위하게 일어났다. 그렇지만 아무도 제대로 된 징계를 받지 않았다.

그런 것들에 계속 절망하고 있던 그는 그런 태도를 보이는 그를 곱게 보지 않고 있었던 김대현 부장검사의 폭언과 폭행은 끝까지 견뎌내지는 못했다. 그가 택한 건 검찰만을 떠나는 것이 아니라 그런 검찰 조직을 키워낸 세상과의 결별이었다 .

그러나 그 자살 사건은 부장검사의 해임으로 간단히 일단락되었다. 현직 검사는 탄핵이나 금고 이상의 형 중 하나가 아니고는 결코+절대로+결단코+맹세코 파면될 수 없는 철밥통 자리[검찰청법 제37조(신분보장)] 덕이었다. 파면된 검사는 변호사 개업을 할 수 없지만, 해임된 검사는 얼마든지 계속해서 밥벌이가 보장된다. 당시, 사건을 자체 조사한 남부지검에 대한 비판도 있었고, 남부지검의 김진모 검사장과 조상철 차장검사가 책임자 처벌을 무마하려 했다는 의혹도 있었지만 늘 그렇듯 유야무야로 끝났다.

검사동일체를 까보면 윗놈 말에는 찍소리도 하지 말란 뜻이 전부랄 수도 있다. 아예 법에서 내놓고, 아랫것들을 무시하라고 하는 것이나 마찬가지다. 실무 검사의 수사 태도나 결과를 놓고 위에서 왈가왈부하는 건 그냥 일상이다. 약과다.

얼마나 기수에 따른 상하문화/서열문화가 철저한가 하면, 어느 초임 검사 하나가 부장실에서의 회의 참석 지시를 받자 눈도장을 찍으려고 쏜살같이 부장실로 뛰어가고 보니 1등이었다. 그는 그냥 소파의 맨 앞자리에 앉았다. 뒤에 오는 이들에게 자리에 앉기 편하라고. 회의를 마치고 돌아가는 복도에서 그는 선배들로부터 잔소리 겸 훈수를 한 가마니 이상 들었고, 술자리에서는 업무와는 전혀 무관한 것들로 가득 채워진 특별 과외 보충 교육도 따로 받았다. 그날 이후 그는 제아무리 1등으로 도착해도 다른 선배 기수들이 자리에 다 앉은 다음에야 말석으로 가서 앉게 되었고, 선배들이 앉을 때까지는 두 손을 모으고서 한쪽에 서 있곤 했다.

그래서 이 검사동일체의 원칙이 검사들의 기본적인 하극상 의식을 키워내는 온상이기도 하다는 말을 한참 위에서 했다. 명색이 그 어렵다는 사시를 통과해서, 대가리도 남에게 안 떨어진다고 객관적으로도 증명받아 오른 검사 자리인데, 결재 서류가 뒤집어지거나 날아오는 일을 당하고 나서도 속이 태평양처럼 너르고 평안할 사람은 없다. 상황 모면을 위해서 참기는 하지만, 그 안에서 부글거리는 화나 분기(憤氣)는 쉽게 다스려지지 않는다. 밑으로 내려가 고이고, 되풀이되면 쌓인다. 그리고 그것이 발효 형태로 숙성되면 자신이 윗놈으로 올라갔을 때 그 행태를 되풀이한다. 못된 시어미 밑에서 고된 시집살이를 했던 며느리들 중 일부가 더 못된 시어미 노릇하는 거나 똑같다.

여하간 그런 분기가 술 한 잔으로 풀리면 다행이지만, 그렇지 않을 때가 더 많다. 부장검사 이전의 검사 사직자들은 단호한 불복/항명 등의 하극상 반복자일 때가 많지만, 실현되지 않은 하극상의 피해자들일 때도 있다. 쌓인 화가 과격 수사, 강압 수사, 불법 수사 등으로 분출되어 사달을 일으키는 일도 적지 않기 때문이다.

수사나 검거 중 피의자 폭행 등의 사유로(그리고 그런 사실이 검찰 청사를 벗어나 밖으로 새어나가는 바람에) 검사복을 벗은 이들도 있는데 그 상해를 보면 폭행 정도가 상상을 뛰어넘을 정도로 심할 때도 있다. 가슴속에 쌓인 것들을 주먹이나 발길질에 실어 피의자에게 화풀이를 했다는 게 쉽게 짐작되는 대목이기도 하다.

검사들의 기본적인 자존심을 해치는 것, 그것은 상하관계에서 쓰이는 호칭 문제에도 그 뿌리가 걸쳐 있다. 적절한 호칭을 찾아내어, 존중을 담지는 못했다 할지라도 최소한 평어 수준은 되는 그런 수평적 호칭이 언제 어디서고 통용되도록 해야 하지 않을까. 법원의 사례를 본받아, 상관이라 할지라도 직위 명칭이 없는 평검사들에게 '박 검, 이 검' 등으로 부르는 것을 관례로 굳힐 필요가 있다는 생각을 한다.

인격적으로 존중받는 사람이 타인의 인격도 배려해준다. 피의자나 피고를 기본적으로 하향시하게 되는 검사 직무 수행 과정에서도 그런 상승작용의 발현은 권장 사항 이상이다.

(5) 좌절한 엘리트에게 왜곡된 자기위안을 강요하는 검사 문화

검사 생활이라는 현장에 투입되면서부터 성장을 멈춘 채 가끔 좌절도 하는 엘리트들에게 빼꼼히 열린 문 중의 하나는 왜곡된 자기 위안도 있다.

우리 인간은 대체로 자신이 맞은 좌절을 '적당한(최적의) 좌절(optimal frustration)'로 여기면 '견딜 수 있는 실망'이 된다. 그리고 그런 '견딜 수 있는 실망'이라면 자기위안(自己慰安, self-soothing)으로 이어진다[50]. 손쉬운 예로, 엄마 젖을 맛있게 빨던 아이가 엄마의 사정으로 그 젖꼭지가 사라지면 그 순간 좌절을 겪는다. 하지만 그 젖꼭지가 아주 멀리 사라진 게 아니라 엄마가 급히 등을 돌려야 하는 상황 같은 것이 생겨서 여전히 눈앞에는 있고 그저 입에 닿지 않는 것임을 알게 되면 최악의 좌절(traumatic frustration)이 아니라 견딜 수 있는 실망이 된다. 그리하여 자기위안으로 돌아와 그러한 상황을 수용한다.

검사들에게도 그러한 '적당한(최적의) 좌절'은 온다. 크고 작게, 그리고 때로는 일상적으로. 모든 평검사들에게는 빠짐없이 찾아오고, 중견 간부들도 예외는 아니다. 그리고 대부분은 그것을 '견딜 수 있는 실망'으로 환치시키기도 한다. 그러지 못하는 사람은 사표를 내게 된다. 심할 경우에는 그런 상황들까지도 일상화된다.

> "검찰에 근무할 동안 검찰이라는 조직의 불합리와 폐쇄성, 어두운 이면을 목격한 후 극심한 무기력과 우울감에 시달렸다. 매일 잠자리에 들기 전 다음 날 아침에 눈이 떠지지 않기를 바랄 정도였다." –이연주, 《내가 검찰을 떠난 이유》

---

50 자기심리학(自己心理學, Self psychology)의 창시자 하인츠 코헛(Heinz Kohut)의 이론이다.

문제는 그렇게 해서 맞이하는 자기위안은 진정한 자기애(自己愛. narcissism. 자기의 가치를 높이고 싶은 욕망에서 생기는, 자기에 대한 사랑)에 도달한 수준이 아니라는 점이다. 독립적/독자적 존재로서 맛보는 완전한 자기애가 아니라 관계적/상대적 존재로서 맛보는 의존적 자기애라서 일시적이고 불안정하다. 늘 일상적으로 대하는 피의자(피고)들과의 관계에서 자동적으로 설정되는 상대적 우위 관계를 독자적 존재로서의 자기(self)로 의제(擬制)하는 게 무의식적으로 몸에 배어 있고, 거기서 거두는 얄팍한 자기애일 뿐이라서다.

거기서 발아(發芽)되는 본 줄기가 자신은 피의자(피고)들과는 층위[격(格)]가 다른 상층부에 속하는 특별한 사람, 곧 특권층이라는 의식이다. 거기서 정의의 수호자라는 의식이 곁가지로 벋어난다. 자신은 그들을 무죄 구역으로부터 분리하여 유죄 구역으로 확실하게(그리고 할 수 있다면 멋지게) 밀어넣는 단죄자 역할을 해내는 사람, 곧 정의의 수호자라는 의식을 가다듬는다. 그리하여 그렇게 떠오르는 의식을 허공 속의 치어리더, 곧 공기 인형으로 삼으며 다시 한 번 어깨에 힘을 줘본다. 그처럼 멋지게 단죄까지 해낼 수 있는 자기 자신은 '매우 잘나고, 잘나가는 사람'이라고 속으로 생각하며 자위한다.

그런 단계에 이른 사람을 검찰 내부 조직에서는 제대로 '건전하게' 길든 검사로 여긴다. 반대로 딴생각을 하면 불온한 검사가 된다. 이러한 총체적 불합리를 끝내 견디지 못하고 검찰을 뛰쳐 나온 전직 검사 이연주는 그의 책에서 이렇게 불온한 검사들을 응원하고 있다: "불합리한 시절을 건너오면서 그들이 바라는 대로 건전해지지 않고, 불온한 자유를 품고 꿈꾼 모든 이들에게 경의를 보낸다."

하지만 검찰 조직이 바라는 '건전한 검사' 생활을 하려 해도 현실 속에서는 걸리적거리는 게 한두 가지가 아니다. 걸핏하면 선임들에게 핀잔도 받고, 수시로 상관에게 속 쓰리도록 지적당하고, 심지어 피의자 녀석이 고개까지 바짝 쳐들고 대들기도 한다. 그게 기본적인 일상이다. 그런 일상들이 그나마 재수 없이 대형 사고로 이어지는 일 따위 없이, 그리고 자신이 거기에 연루되는 일 없이 그만그만하게 지나가는 걸 다행으로 여겨야 한다. 그게 검사의 하루다.

동시에 그런 것들이 쌓여서 '견딜 수 있는 실망'의 삶을 채우기도 한다. 그러면서 가장 확실하게 자신을 위안하는 것은 어쨌거나 자신은 죄인을 단죄하여 사회 질서를 회복하고 정의를 수호하는 사람이라는 생각이다. 그러는 사이에 조직에서 바라는 '건전한' 검사의 길을 새 힘을 내어 기웃거리게도 된다. 그러려면 재빨리 좋은 놈과 나쁜 놈을 구별해내는 전문가가 되어야 한다. 선입견으로든 색안경으로든, 아니면 짐작으로든... 피의자가 숨긴 죄과를 단번에 잘 찾아내거나 조작을 해서라도 유죄율을 높이고, 한 번 겨눈 사건에서는 수단방법을 가리지 말고라도 요절을 내고 마는 유능한 검사가 돼야 한다.

그 길로 걷어붙이고 나서면 국민을 지키고 섬기는 검사가 아니라 그 때부터는 '국민과 싸우는 검사들'로 발전한다. '수사라는 이름의 폭력'[51]

---

51 '수사라는 이름의 폭력'. 이연주 검사가 《내가 검찰을 떠난 이유》에서 사용한 말이다. 폭압 수사가 아니면 수사 성과를 얻기 어렵기 때문에 어떤 수사에서고 수단방법을 가리지 않고 피의자에게 정신적 폭력을 가하는 것이 가장 빨리 성과를 내는 길로 통용되는 게 검찰 내의 일반적인 '공기'라고 한다.

행사가 폭력인 줄도 모르게 되고, '조작은 나의 힘'이 되어 조작의 기술자가 되어간다. 증거와 사건 기록을 조작하여 '선택적 정의와 선택적 처벌'이 일상화된다. 그리하여 결국 검찰 내에는 '썩은 공기와 폐수'가 가득 차고, 자신의 이익과 전리품 챙기기에만 바쁜 검사들이 휘젓게 된다. 이연주의 말대로 검찰이 이제 '대한민국에서 가장 후지고 가장 불공정한 조직'이 되어 버린 것은 그 때문이다.

검사 생활을 오래 한 사람들일수록 어떤 사건 사고를 대하면 책임 소재부터 따진다. 대뜸 단죄의 칼부터 빼들고 휘두르려 든다, 특히 일반 국민들을 향해서. 이연주의 말대로 '권력을 얻고 유지하는 것에만 온몸의 감각이 집중된 탓에 인간의 마음을 느끼는 능력이 퇴화하여 괴물이 되어버린 검사들은 조직을 사랑한다는 핑계를 대며 인간을 향해 오만한 칼날을 찍어 누른다.' 그쯤되면 검사의 손에 쥐어 준 칼은 '미치광이의 칼'이 된다.

2021년 안양의 도로 포장공사에서 포장 장비인 롤러가 진행하여 어처구니없는 인명 사고가 났을 때 안전사고 대책을 강화해야 한다는 그 뻔한 깃발부터 꺼내들고서 사고 현장을 찾은 윤석열은 사고 경위를 듣고 나자 대뜸 100% 운전 조작자의 실수라면서, 그 자리에서 단칼로 귀책 사유의 소재지를 판정했다. 희생자 위문은 챙기지도 않은 채. 그가 떠나자 사람들은 서로 '저 사람 왜 여기에 온 거래?' 소리를 주고받았다.

당시 상황은 롤러 운전자가 장비 앞의 장애물을 치우고자 장비를 정지시키고(기어를 중립에 놓고) 하차했는데 그때 그의 옷이 기어를 건드리는 바람에 장비가 진행하여 그 앞에서 작업하던 이들이 희생된 사건이었다. 자초지종을 들은 윤석열은 중장비 조작자가 하차를 할 때는 반드시 시동을 꺼야 하는데 그 기본 수칙을 안 지켜 일어난 사고이므로 그 책임은 전적으로 장비 조작자에게 있다면서 즉석에서 운전자를 단죄했다.

윤석열의 말은 맞다. 하지만, 장비 앞의 단순한 장애물 제거를 위해 잠시 하차할 때 시동까지 끄는 일은 공사 현장에서는 실제로는 거의 하지 않는다. 못한다. 중장비 시동을 끄고 켜는 일은 승용차의 조작과 같이 단순한 일이 아닐 뿐만 아니라, 시동을 걸 때마다 시커먼 연기가 한 무더기로 나온다. 그것도 적지 않게. 그래서 최소한 몇 분 이상 이석해야 할 때나 시동을 끈다. 그게 현실이다.

⑹ 검사는 단순 직업의 표기일 뿐이다. 고자세나 어깨 깁스가 그 유니폼도 아닌...

검사는 사법시험이라는 자격 부여 시험을 통과하여 그 법조인 자격을 획득한 뒤에, 검사 선서에 적힌 대로 '공익의 대표자로서 정의와 인권을 바로 세우고 범죄로부터 내 이웃과 공동체를 지키라'고 국가가 시켜서(事) 그 일에 종사하는 일개 직업인이다. 그래서 그 한자 표기가 檢事다. 檢士나 檢師가 아니고.

직업 표기에는 흔히 '-사' 자 붙은 사람들이라 하여 권력이 있거나 돈벌이가 잘되는 사람들을 손가락질할 때 열거하는 직업들이 있다. 그런데 그 '사'의 한자 표기를 보면 서로 다르다. 같은 법조계에 있는데도 판사(判事)와 변호사(辯護士)처럼 다르다.

나아가 의사(醫師)/약사(藥師), 교사(敎師)와 석.박사(碩.博士)와 같이 신경을 쓰지 않으면 그 바른 표기 앞에서 헷갈릴 수도 있다. 이를테면 교사(敎師) 출신의 장학사는 장학사(獎學士)일까 장학사(獎學師)일까. 게다가 예전의 그 유명한 암행어사는 한자 표기가 두 가지다. 暗行御史도 있고, 暗行御使도 맞는다. 최고위급 외교 사절인 대사는 大使로 적고.

복잡해 보이는 이 한자 표기 부여에도 실은 일정한 룰이 있다. 요약하자면, 나라에서 일을 맡겨 시키는(事) 직업군에는 맡길 事 자를 쓰고, 자격 요건을 통과하여 그 자격증을 단순히 취득한 이에게는 '-士'를 쓴다. 그중에서도 주로 몸수고로 그 일을 해내는 이들은 '-師'로 적는다. '-使'는 '-事' 중 고위직에만 부여하는 직명이다.

이를 알기 쉽게 정리하면 다음과 같다.

- 사(事) : 일정한 직임을 맡긴 임명직(선출직). (예)판사(判事), 검사(檢事), 이사/감사(理事/監事), 도지사(道知事). 어사(御史. 당하관 이하)
- 사(使) : '-事' 중 고위직에 부여하는 표기 (예) 관찰사(觀察使), 대사(大使), 공사(公使), 어사(御使. 당상관 이상)
- 사(士) : 일정한 자질과 능력을 갖추고 검정 등을 통과한 이에게 수여한 자격. 운전 기사(-技士) 면허증을 생각하면 이해가 빠름. (예) 변호사(辯護士), 변리사(辨理士), 감정평가사(鑑定評價士), 회계사(會計士), 기관사(機關士), 장학사(獎學士), 각종 기사(技士), 바둑 기사(棋士

/碁士), 석.박사(碩.博士), 항해사(航海士), 세무사(稅務士), 관세사(關稅士), 조종사(操縱士)... 등등

- 사(師) : 전문 분야에서 정해진 능력을 갖추고 주로 몸수고로 그 업무를 해내는 사람 (예)의사(醫師), 약사(藥師), 교사(敎師), 간호사(看護師), 사육사(飼育師), 마술사(魔術師), 정원사(庭園師), 요리사(料理師)... 등등.

다시 말하지만 검사(檢事)는 직업 표기다. 수많은 직업군 중의 하나다. 누구 하나 이의를 매달지 않는 말, '직업에 귀천이 없다'는 말을 들여다보면 어떤 직업도 다른 직업에 비하여 절대적 우위에 설 수는 없다. 그러니 특정 직업에만 특혜나 특권, 명예 등이 추가될 수도 없고, 덧붙여도 안 된다. 그런데 검사들은 그런 덤을 스스로 얹는다. 국가가 씌워준 모자 속에다 자신들이 찬란하게 조립한 관(冠) 하나를 숨겨 넣고 다닌다. 대착각이 빚어낸 조잡품일 뿐인데도.

그런 착각을 나라도 부추긴다. 검사 선서에 들어 있는 대로 '국가와 국민의 부름을 받고 영광스러운 대한민국 검사의 직에 나섭니다' 소리를 하게 하는 순간부터다. 검사라는 직업이 영광스러운 것이 되도록 만들거나 어떻게든 지켜내라는 뜻이 담겨 있다.

거기에 매달려 지내다 보면 정작 중요한 것은 뒷전으로 밀린다. 같은 선서의 말미에 적힌 '처음부터 끝까지 혼신의 힘을 다해 국민을 섬기고 국가에 봉사할 것을' 잊는다. 봉사(奉仕)는 '국가나 사회 또는 남을 위하여 자신을 돌보지 아니하고 힘을 바쳐 애씀'을 뜻한다. 그런 집단 망각증

에 걸린 검사들이 검찰 조직을 장악하면 할수록 검찰은 이연주의 말대로 이런 프랑켄시타인으로 변한다: "검찰은 남을 치기 위해서 열심히 칼을 갈아 그 칼로 남에게 깊은 자상을 내면서도 칼날에 비친 자기 모습을 보지 않는다. 자기가 처단하려는 사람보다 더 흉한 모습이 비치는 데도 말이다."

그처럼 자신 돌아보기를 까맣게 잊고, 엄숙히 선서한 '봉사'에 땟국물이 잔뜩 끼어 그 글자가 보이지도 않을 무렵이면, 고자세로 국민을 발아래에 깔아두고서 어깨에 깁스를 하는 게 기본 자세로 굳어간다. 그러는 사이에 자신도 모르게 검사라는 직업만을 영광스럽게 하기 위해서 국민 위에 군림하는 검사로 둔갑하고, 그것은 검사 집단의 힘의 결집체인 검찰이라는 괴물로 태어난다.

그리하여 오직 그 조직을 위해 봉사하는 직업군으로 바뀐다. 검사는 검찰 조직을 위해 헌신하는 부속품이 된 지 오래다. 앞서 소개했던 속담대로, '버릇 배우라니까 과부 집 문고리 빼어 들고 엿장수 부른다(→좋은 버릇을 길러 품행을 단정히 하라고 이르니까 오히려 못된 짓만 하고 돌아다님). 윤석열 자신이 외쳤던 '나는 (검찰 조직을 사랑하지) 사람에게는 충성하지 않는다'가 바로 그 결정판이다.

그러다 보니 다른 직업들과 마찬가지로 직업으로서의 검사는 근무 환경의 영향으로부터 자유로울 수 없다. 마치 공동묘지 근처로 이사 간 맹자가 상여 소리를 따라 하고, 달구꾼들의 달구질 흉내를 내면서 달구질 노래를 배워 부르듯이.

검사 출신의 정치인들이 아주 잘하는 것 하나가 있다. 어설픈 변명이다. 자기 기준으로는 잘한다고 하는데, 세상 기준으로는 매우 어색한 내용들이다. FM 라디오의 주파수 맞추기에서 1~2mm쯤 안 맞아서 약간의 잡음이 섞일 때처럼 깔끔하지가 않고, 앞뒤도 잘 안 맞는다. 어쩌면 습관적인 변명으로 일관하는 피의자들과 오래 지내다 보니 자기도 모르게 저절로 그런 변명 습관에 물든 게 아닌가 싶다. 특히 앞뒤 안 맞는 변명을 주로 늘어놓는 피의자들에게서.

검사들이 고개를 제대로 숙일 때는 오직 줄서기와 줄 대기에 나설 때뿐이다. 지금까지 검찰 조직이 수많은 역사적 오류 앞에서도 국민을 향해 제대로 고개를 숙인 적은 없다. 현직 검사장이 뇌물수수로 구속이 돼도[52], 벤츠 여검사 사건이 터져도, 예전에는 차관 예우를 받던 고검 부장검사 둘이 연속으로 음주운전으로 체포돼도....[53]

딱 한 번, 2012년 11월 서울고검 부장검사 김광준이 '다단계 사기꾼' 조희팔과 유진그룹 등으로부터 9억 원가량을 받아 뇌물 수수와 알선 수재 혐의로 구속되었을 때 검찰총장이 사과했다. 하지만 그 사과도 특임검사까지 두어 조사한 결과 김 부장의 단독 범행이 아니라 김광준의 비리 막후에 검사장급을 포함한 전·현직 검사가 6명이나 더 연루돼 있는 듯하다는 중간 수사 결과가 새어나간 탓이었다. 그 파장을 어떻게든 서둘러 줄여보려는 안간힘 때문이었지, 검찰 조직 전체에 대한 진정한 반

---

52 진경준 검사장. 당시 49세. 2016.07.17.

53 검찰의 흑역사 상세판은 참여연대가 2009년부터 매년 작성해 오고 있는《검찰 보고서》에서 대할 수 있다. 청별 고위직 명단, 주요 사건별 수사청, 담당 검사, 결과 등까지도 나온다:《그 사건/그 검사》 https://www.peoplepower21.org/WatchPro/

성문은 아니었다. 그 이후, 검찰 조직 전체에 대한 단체기합성 자기 반성 행사나 조치는 전혀 없었던 게 그 증거다.

그러한 화려찬란한 검찰 기록들 중에서도 가장 민망하고 부끄러운 역대급 기록은 윤석열이 세웠다. 검사동일체라는 미명하에 검찰총장이 되기 전까지만 해도 그동안 철저하게 상명하복에 단련되어 온 현직 검찰총장이 백주 대낮에 직속상관에 대한 반복적 명시적 항명 사건의 주범이 되었다. 항명이란 이렇게 하는 것이라는 시범 조교 노릇을, 그것도 온 국민이 지켜보는 자리에서 했다.

이유 여하를 막론하고 있어서는 안 될 일이었고, 임명권자를 욕되게 하는 대표적인 하극상이었다. 그런 점에서도 윤석열은 검사 선서에서 가장 강조한 의무 조항인 '스스로에게 더 엄격한 바른 검사'이기를 포기한 최악의 검사로 기록돼야 마땅하다.

(7) 괜찮은 탈출구나 연착륙 로켓 마련은 누구나 할 수 있다, 맘만 먹으면

그럼에도, 검사의 기본 직분을 망각한 채 오직 검찰 조직을 위해(안으로는 자신의 이익과 전리품을 챙기면서) 봉사하기에 더 힘쓰는 그런 검사의 길을 걷지 않을 수도 있다. 아니 그대로 머물면서도 여기저기 그냥 휩쓸리거나 괜히 기웃거리지만 않으면 검사로서의 직업을 그런 대로 수행해 낼 수도 있고, 자기 나름의 '소확행'[54]도 맛볼 수 있다. 찾아보면 있다. 아주

54 '소확행(小確幸)'. '소소하지만 확실한 행복'의 줄임말. 덴마크의 휘게(Hygge), 프랑스의 오캄(Au Calme), 스웨덴의 라곰(Lagom) 등과 비슷한 의미.

가까이에 있다. 누구처럼 굳이 '당청꼴찌'를 요란하게 떠들 필요도 없다.

검찰 중견 간부급인 부장검사 이상의 모든 방에 빠지지 않고 있는 것은 난분(蘭盆)이다. 부임 때면 축하용으로 가장 많이 그게 동원되곤 해서다. 하지만, 그 난들을 제대로 살려내는 이들은 매우 드물다. 그냥 두고 지내다가 비실거리면 치우라고 시킨다.

그 난분 중 하나라도 제대로 살려내는 이는 가망이 있다. 세상사에 덜 시달리고, 마음의 평정을 일구는 손쉬운 길을 다른 이들보다 빨리 찾아낸다. 그런 이는 쉴 참이면 주변의 화단 근처도 걷고 휴일이면 숲도 찾는다. 그러다 보면 풀, 나무, 꽃 등에도 눈길을 준다. 다가가 살피고 유심히 들여다보고 만져보게 된다. 그 뒤로는 자연스럽게 자연(自然)에의 경도(傾倒)와 심취로 이어지고 이윽고 자연을 스승 삼을 무렵이면 세상만사에 슬슬 도사급이 된다.

이러한 것은 자신이 조금만 관심하면 찾아낼 수 있는 손쉬운 탈출구이자, 내내 긴장하고 살아온 인생에서의 연착륙지 중 하나다. 살아보니 인생이란 건 직업이 무엇이건 다 그게 그거더란 말을 할 때쯤 돼서는 늦다.

앞서도 적었듯이, 인생 3모작의 설계는 늦어도 40대 후반까지는 대충이라도 이뤄져야 한다. 얼개 그림조차 없거나 설계 생각 자체를 못한 사람은 퇴직 후의 삶에서 대가를 치루게 된다. 한참 동안, 심지어 몇 달 이상에서 한두 해에 이르는 시간 낭비와 방황은 기본이고, 의기소침과 자신감 상실, 고독감과 소외 등까지 겹치고 쌓이면 정신과 치료를 받게 도 된다.

노후 인생 상담과 대처 분야에서 오랫동안 일해 온 전문가에 의하면 가장 어려운 치유 대상이 고급 전문직 출신이라고 한다. 주변에서 전문가의 상담과 치유를 권유받을 정도가 되면 이미 너무 많은 후유증들이 쌓이고 쌓인 데다, 일반인들처럼 단순한 심리 상태들이 아닐 때가 많아서 그 마음문이 열릴 때까지 오랜 시간이 걸리기 때문이란다. 그리고 효과적인 치유책들의 대부분이 몸을 직접 움직여서 하는 몸수고들인데, 책상머리 출신이 대부분이어서 그런 움직임 자체를 즐기려 들지 않는 게 몸에 배여 있는 것도 적지 않은 장애물이 된다.

맹모삼천(孟母三遷)의 기본적인 교훈은 머무는 곳을 잘 가려야 한다는 것이지만, 그 확대 해석도 가능해진다. '어느 곳에 머물더라도 배울 것은 있다'다. 앞서 공동묘지 얘기를 했는데, 그때 맹자가 따라 배워서 흥얼거렸다는 상여 소리와 달구질 노래[55]에는 이런 구절들이 흔하다. 거의 공통적이라 할 만하다. 묘지에 이르기 전 살아 있을 때의 행동거지나 의식을 돌아보라는 무언의 가르침이 담겨 있다.

'금 시곗줄을 차던 몸이/포승줄이 원수로구나/서양요리 먹던 입에/감옥 콩밥이 원수로구나' – 제주달구질소리
'대궐같은 저 집을/빈 절같이 비워 두고/오늘날로 하직일세' –부천 상여 소리

---

55 시신을 땅에 묻고서 달구꾼들이 흙과 회를 다지며 부르는 노래.

14

"검찰이 바로 서야 나라가 바로 선다"

검찰 개혁은 현재와 같은 제도적 개혁이 먼저가 아니다. 검사 문화의 개혁과 혁신이 먼저다. 그것도 혁명적 수준으로 이뤄져야 한다. 제대로 된 검찰 개혁을 이뤄내려면 검사 개조부터 성공시켜야 한다. 썩은 공기와 폐수로 가득 찬 검찰 조직에 투항하여 국민과 싸우려드는 이른바 검찰 내부용의 '건전한' 검사 대신에, 거기에 항거하려는 '불온한' 검사들로 바뀌어야 한다.

반드시 그걸 이뤄내야 검찰도 살고, 국민이 편안해진다. 안온(安穩)해진다. 검찰에 대한 국민들의 불신은 하늘 끝에 닿아 있다. 기관 평가용 기초 자료 목적으로 실시한 모 조사에서는 (사전 예측과는 달리) 국세청을 누르고 비인기 기관 1위에 오르기도 했다. 그 반면 경찰청은 (그 또한 사전 예측과는 전혀 다르게) 소방청에 이어 인기 2위 기관이었다.

윤석열은 2021년 윤우진 서장 사건과 관련된 재수사 결과 무혐의로 나오자 사필귀정이라며 반겼다. 죄가 없어서가 아니라 소멸시효 완성과 처벌 규정이 없어서 그리되었음에도.

2021년 7월 2일 윤석열의 장모는 의료인이 아닌데도 요양병원을 열고 국민건강보험공단으로부터 부당하게 22억 원을 받은 게 인정되면서 징역 3년을 선고 받고 법정 구속됐다. 거기에 더하여 2021년 12월 24일에는 잔고 증명서 위조로 장모가 1년 징역을 선고받았다(희한하게도 이 사건을 공개적으로 문제 삼아 터뜨린 것은 장제원이었다. 2018년 10월 19일 국회 법제사법위원회의 서울중앙지검 국정감사장에서 관련 자료 사진들을 띄우면서 윤석열을 공격했다. 알다시피 그 뒤 장제원은 친윤 중의 핵심으로 활동한다.).

그러자 윤석열은 검찰의 수사를 공개적으로 비난하면서 신뢰할 수 없다고 했다. 그뿐만이 아니다. 대장동 수사와 관련해서는 온갖 수식어를 동원해서 검찰을 공격했다. 몇 달 전까지만 해도 그 검찰 조직의 수장이었던 사람이. 자신이 머물 때는 정의의 수호자이던 검찰이 자신이 뛰쳐나온 뒤로는 불신의 대상으로 전락했다. 겨우 사람 하나가 들고났을 뿐, 그 조직은 여전한데도.

건강한 세포들이 건강한 조직을 만든다. 생물학의 기본 중 기본이다. 건강한 검찰 조직은 그 핵심 세포들인 검사들이 건강할 때 이뤄진다. 어떤 사안 앞에서도 의연한 자세로 본연의 업무를 공명정대하게 처리해내는 검사 세포들이 조직을 채우고 있다면, 검찰총장 하나가 들고 나는 일로 흔들리거나 비난 받을 일은 없다. 그래서도, 검찰 이전에 우리가 챙기고 추스려야 하는 것은 검사들이 우선이다.

검찰이 국민의 인권을 수호한다는 미명하게 '거대한 사기극'을 계속 연출하고 있고, '오로지 나의 안위, 나의 승진, 나의 인맥, 나의 권력만을 생각하는 이들. 무엇을 상상하든 그 이상을 보여주는 곳, 그게 바로 대한민국 검찰이고 대한민국 검사'라는 전직 검사 이연주의 자기 반성문이 베스트셀러가 되지 않게 해야 한다. 검사의 연륜이 쌓이면 쌓일수록 도덕적 해이와 오만을 속옷 삼아 걸치고 지내게 되는 똥 묻은 개. 그 똥 묻은 개가 겨 묻은 개 앞에서 큰소리를 치는 일이 더 이상 지속돼서는 안 된다. 전직 검사가 자가 진단한, '부조리의 끝판이 검찰'이라는 위중증에서 한시바삐 벗어나야 한다. 환골탈태해야 한다. 한갓 미물인 매미조차도 목숨을 걸고 탈피(허물벗기)를 한다. 다음 단계로의 성장을 위해.

그리하여 "죄의 무게를 다는 검찰의 저울은 고장 났다!"는 말에 이의를 달 수 있는 검사들로 검찰 조직이 개비(改備)돼야 한다. 그것도 하루바삐. 그것이 검찰 개혁의 본질이다. 그게 목표가 돼야 한다. 국민들이 검사들의 손에 쥐어준 칼이 더 이상 '미치광이의 칼'이 돼서는 안 된다. 검찰 개혁의 일부였던 경찰과의 수사권 조정 실무회의에서 보인 이런 시건방진 꼴이 검사들에게서 다시는 되풀이돼선 안 된다.

> "검사들이 얼마나 오만한지는 2005년 검·경 수사권 조정이 논의될 때 검찰 대표와 경찰 대표가 협상을 위해 만나는 자리를 보면 확실히 알 수 있다. 경찰은 이런저런 자료를 잔뜩 준비해왔는데 검찰 대표들은 빈손으로 와서 "우리가 여기서 만나주는 것만으로도 큰 영광으로 아쇼"라고 했단다. 그 오만을 떨던 분이 참여정부 때 검·경 수사권 조정에 역량을 드러냈다고 언론에서 언급되고 있으니 웃기는 이야기다." –이연주, 《내가 검찰을 떠난 이유》

나아가 진실로 건전하고 온건하고 타당한 검사들에게서 아래와 같은 이직 사유가 또 다시 나오게 해서는 절대로 안 된다. 그때는 국민들이 용납하지 않는다. "죄의 무게를 다는 검찰의 저울은 고장 났다!"는 말이 여전히 유력하게 통용되게 되면, 검찰은 스스로 자살폭탄을 터뜨려서라도 다시 태어나야 한다. 피닉스는 스스로 불길 속에 몸을 던져 새 목숨을 얻었다.

> "이처럼 검사장, 차장검사, 부장검사는 하나같이 타인을 처벌하는 일을 하면서도 자기 행동의 옳고 그름에 대해서는 판단하지 않았다. 법률의 적용과 집행은 외부를 향한 것일 뿐 본인들은 거기에서 제외되고 법을 벗어나 있는 것처럼 행동했다.
>
> 나는 우울감에 시달렸고 출근하는 것이 두려웠다. 현실을 생각하면 할수록 혼란스럽고 불안해 마치 내가 딛고 있던 땅이 조금씩 침식되어 깎여나가는 느낌이었다. 그래서 나는 생각하지 않고 느끼지 않기로 마음먹었다. 그러자 나는 뿌리로부터 물과 영양분이 공급되지 않는 고목처럼 안으로부터 메말라갔고 현실을 살아가는 감각을 잃어버렸다. 영혼이 몸에서 빠져나간 채 어딘가를 부유하고 있어 허깨비로 살아가는 듯했다. 결국 나는 검찰을 떠났다." –이연주, 《내가 검찰을 떠난 이유》

"검찰이 바로 서야 나라가 바로 선다". 이것은 박정희 정권의 탄압으로 수도 없이 교도소를 오가면서 검찰의 거의 모든 것을 몸으로 체험한 DJ가 했던 말이다. 대통령 취임 2개월 만인 1998년 4월에 그는 법무부 장관과 간부 앞에서 이렇게 말했다: "검찰이 얼마나 중요한지는 말로 다 표현할 수 없다. 검찰이 바로 서야 나라가 바로 선다. 이건 진짜 하고 싶은 말이다. 일본 검찰이 다나카 총리를 구속한 사례를 보자. 지금까지 검찰은 권력의 지배를 받아 왔다. 앞으로 검찰은 법의 엄정중립을 반드시 실현시켜야 한다."

그래서일까. 지금도 지방검찰청을 가보면 청사 내에 이 "검찰이 바로 서야 나라가 바로 선다"가 지금도 걸려 있는 곳들이 많다.

노무현 대통령은 잘 알려지다시피 검찰개혁파였다. 2002년 대선 당시 "검찰은 중립을 지켜야 한다. 이제껏 검찰은 권력의 지시에 따라, 정치적 고려에 따라 수사하는 경우가 많았다"고 비판했다. 그리고 이른바 그 '검사스러운' 평검사들과의 대화도 가졌다. 그 뒤 3·1절 기념사에서 "(검찰·국정원 등) 몇몇 권력기관은 그동안 정권을 위해 봉사해왔던 게 사실이다. 권력기관은 국민을 위한 기관으로 거듭나야 한다"고 강조도 했다.

그리고 그런 뒤로도 20여 년이 흘렀다. 과연 검찰은 바로 섰을까. 권력의 지시나 정치적 고려와 무관하게 배짱껏 소신껏 법과 양심에 따라서 수사에 임해 왔을까. 그 답은 온 국민이 다 안다. 국민들이 더 잘 알고 있다.

15

검사공화국에서는 1할의 문제적 검사들이 문제다

일부 검사들의 엇나간 과잉 충성이 빚어낸 곰보 빵이 공장장을 몰아내거나 심지어 공장을 망치기도 한다. 이재명의 법카 유용 사건의 지각 추가 기소도 좋은 예다. 2024년 11월 수원지검 공공수사부(부장 허훈)는 뒤늦게 업무상 배임 혐의로 이 대표와 전 경기도지사 비서실장 정 모 씨, 전 경기도 별정직 공무원 배 모 씨를 불구속 기소했다. 관용차가 사저 앞에 정차돼 있는 사진과 실무자들이 빵.샌드위치 등등을 구입한 것을 문제 삼은 것인데, 이 사건은 2022년 경찰이 수사 후 이 대표에 대해선 무혐의 종결한 사건이었다.

그러자 홍준표는 다음과 같이 이례적으로 검찰을 직격했다. "(그것은) '마이 묵었다 아이가' 식의 망신 주기다. 이미 (이 대표가) 기소된 여러 내용만으로도 중형이 불가피한데 이 시점에 그런 것까지 기소해서 오해를 살 필요가 있었나. (나는) 주말이나 휴일에는 관용차를 일절 사용하지 않고, 시장 정책추진비도 공무상 목적 외에는 단돈 1원도 사용하지 않는다. 그렇지만 간혹 공무인지 사적인 일인지 불명할 때가 있다. (검찰이) 그런 것을 어떻게 입증하려고 기소했는지, 그저 망신 주기 기소가 아닌지

아리송하다" (그런 홍준표도 의원 시절이던 2017년 상임위가 열리든 안 열리든 상임위원장에게 매달 지급되는 특수활동비 -당시는 600만 원. 지금은 700만 원-를 공무상으로 쓰지 않고 전부 그냥 아내에게 갖다 바쳤다고 자진 고백해서 부스럼을 만든 적도 있다.)

이런 식의 검찰발 과잉 충성이 치졸하고도 졸속한 기소권 남용의 좋은 사례다. 더구나 이러한 일부 일탈 검사들의 눈치 보기나 과잉 충성 사례가 일반 국민들에게는 다반사로 여겨진다는 게 문제다. 검찰이 이 나라의 고질적인 병통으로 여겨지면서 검찰공화국이라는 악명을 선사받게 된 이유 중의 근간도 바로 여기서 비롯된다.

하지만 이런 샛길로 빗나가는 과잉 충성파들은 비율로만 따져 보면 전체 검사 중 일부라는 게 그나마 위안이라면 위안이다. 하지만 그들이 핵심 간부들 중 상당수에 이른다는 것은 크게 우려할 사항이다. 그래서 나는 검찰공화국이라는 말 대신에 일부의 문제적 검사들이 좌지우지하는 검사공화국이라는 말을 사용했으면 한다. 검찰 내부에서도 이런 문제적 칼잡이 검사들은 10% 안팎일 뿐인데 한 묶음으로 거친 비난을 받고 쌍소리로 매질을 당한다고 억울해하는 이들이 9할쯤 된다.

제 3 장

윤석열의 언어가 윤석열의 증명사진이다

이 장의 글들도 대부분 윤석열의 후보 시절에 쓰여졌다. 그 당시에도 윤석열의 언어에서 드러나는 심각한 문제점들은 하나둘이 아니었다. 그런 불길한 징조는 취임 후에도 예외가 아니었다. 단순한 오발탄으로만 보아 넘길 수 없는 것들이 잊을 만 하면 튀어나오곤 했다.

12.3의 그 끔찍한 계엄령 발동을 '경고용'으로 한번 해봤다는 말이나, 마누라의 국정 조언을 국정농단이라 한다면 국어사전을 바꿔야 한다는 망발이 대표적이다. 검사 생활을 하면서 입에 붙은 xx라는 말을 카메라 앞에서도 그냥 내뱉고 나서는 그걸 보도한 애먼 MBC를 향해 치졸한 복수를 해댄 것... 등등까지 치면 윤석열의 어처구니없는 망발/실언 리스트만 해도 한 페이지를 넘긴다.

이 장에서는 분량 관계로 그중 극히 일부만 다뤘다. 굳이 그 모두를 인용하지 않아도 윤석열의 얇고 경망스럽고 똥고집으로 가득 찬 사고(思考)의 그릇은 이미 훤히 그 바닥까지도 드러난 터라서다.

1

정치와 언어, 그리고 정치인의 '정치 언어'

과거 인물 위주의 이미지 정치 시대에서는 '정치 언어'가 보조적 수단이었다. 하지만 요즘은 정치인에 대한 판단이 몇몇 단어나 한 줄의 문장으로 압축되는 메시지 정치 시대다. 정치 행위의 대부분이 언어에 의존할 정도로 절대적 수단(absolute means)이 되었다.

특히 한국 정치는 과거 정동영의 노인 폄하 발언 하나에 50만 표가 날아갔다 할 정도로, 감수성과 직결되는 '실축(失蹴) 정치'다. 그 때문에 정치 언어의 윤색은 필연적이다. 더구나 20대 대선은 언어가 지배하고 뒤흔드는 온라인 선거운동이 주력 부대 격이었다. 후보들의 연설 현장에는 빨간색이나 파란색 의상들이 대부분이었고, 일반 유권자들이 접하는 후보들의 언어와 행동은 화면들을 통해서 전달되고 전파되었다.

선거운동의 실탄인 이 정치 언어의 윤색에도 단계가 있다. 나는 그것을 3단계로 나눈다. 대체로 1단계라 할 수 있는 조립(assembly)/공작(maneuvering), 2단계인 조작(manipulation)을 거쳐 3차적인 언어 성형(language cosmetic surgery) 단계에 이른다고 본다.

1차적인 '조립/공작' 단계에서는 함축적인 의미 전달을 위해 일반 언어를 단순하게 손보아, 비유적인 의미를 보탠다. '백의종군', '한 알의 밀알', '빅 텐트' 등이 그런 예다. 2차적인 '조작' 단계에서는 강도와 선명성을 높이고 흡인력과 정보 유통력을 강화하면서 이미지 확보와 각인을 위해 언어 조탁 및 카피라이터 수준의 홍보 용어를 개발(창안)한다. 예를 들면 '정권 교체'가 아니라 '정치(체제) 교체', 정치판 손보기/물갈이 수준이 아니라 '불판' 자체를 통째로 바꿔야... 등과 같은 것이나 오바마의 '담대한 희망(Audacity of hope)' 등이 이에 속한다.

3차 손질은 본격적인 정치적 언어 성형(language cosmetic surgery) 단계다. 감수성을 자극하는 낱말을 덧붙여 추상화하거나 고위 개념을 투영하여 긍정적 비전을 담는다. 이 추상화 정도에 따라서 실제 내용은 더욱 모호해진다. 과거의 예를 들면 '창조경제', '국민행복캠프', '저녁이 있는 삶', '행복 발전소' 등이 이에 속한다.

요컨대, 정치인의 정치 언어는 조지 오웰의 말대로 의도된 언어 조작이다: "본래 정치 언어란 거짓을 그럴 듯하게 만들고, 존경 대상을 죽이기도 하고, 딱딱한 것조차 바람결로 느끼도록 할 때 쓰려고 있는 것이다." 그걸 알면서도 우리는 여전히 정치인의 입에 주목한다. 그 이유 또한 조지 오웰은 적확히 짚었다: "정치를 생각할 때 사람들은 자기 자신의 소망과 결부될 때만 미래를 떠올린다."

그럼에도 언어가 그 사람이다. 그 안에 그의 사상, 철학... 등 모든 것이 담긴다. 성장 배경, 인문 환경, 업무 문화, 숙성기 생태, 대인관계 등의 총합 집적물이자 종합적 생태의 산물이다. 언어는 그의 삶에서 태어나고 자라서, 모든 생각의 둥지로 작용한다. DJ가 정치인의 필수 요소로 지적한 서생의 문제의식과 상인의 현실감각도 언어화될 때만 실물로 태어난다.

노무현, 문재인, 박원순, 추미애, 이재명의 공통점은 무엇일까. 모두 사법고시(시험)에 합격한 이들인데, 이른바 서울법대 출신의 '꽃길'파들이 아니다. 문재인, 박원순, 추미애, 이재명은 각각 경희대, 단국대, 한양대, 중앙대에서 설치.운영하던 고시생 특별반 출신들이다. 능력은 있지만 가정형편이 허락하지 않는 영재들에게 학비는 물론 생활비까지 특별히 지원하던 시절에 그 혜택을 받고자 그런 학교들을 선택한 흙수저들이다. 그런 흙수저들이 정치권에 진출하여 어떤 식으로든 이름을 날렸다.

이 흙수저들의 공통점은 또 있다. 언어 선별력.구사력이다. 일상적인 생활 언어를 통하여 꾸밈 없이, 그리고 빙빙 돌리는 일 따위도 없이, 짧고 깔끔한 단문(短文)으로 듣는 이들의 가슴속을 직격했다. 그 말들은 듣는 이들에게 그냥 파고 들어 자리 잡았고, 오래도록 잊히지 않는 말들이 되었다. 그 내용이나 품격에는 차이가 있지만...

그럼에도 우리들이 잊지 말고 챙겨야 할 것도 있다. '드러난 언어는 그 사람의 일부일 수도 있다'는 점이다. 특히 20대 대선처럼 언어가 이전투구 장의 돌팔매로 더 많이 쓰이고 있는 곳에서는 노무현의 말을 잣대 삼을 필요가 꼭 있다: "대통령이 말을 잘할 수도, 못할 수도 있다. 그러나 대통령이 하는 말에는 어떤 경우라 할지라도 철학과 사상이 들어 있어야 한다."

한 표를 구걸하기 위한 임시방편 공약 남발용 깔판으로 늘어놓는 말들이나, 모면이나 면피를 위한 땜질용 발언 등으로 잠시 진실을 가리려는 언어들은 그 안섶을 빼놓지 않고 훑어야 한다. 그것이 현명한 유권자들에게 주어진 책임이자 권리다.

2

단문(單文)이 부족하거나 흠이 많고, 만연체를 오용·남용하는 윤석열

단문(單文)이란 주어와 서술어가 각각 하나씩 있어서 둘 사이의 관계가 한 번만 이루어지는 문장이다. 홑문장이라고도 한다. "철수는 똑똑하다.", "그가 얼굴에 미소를 띠었다.", "이재명은 합니다." 따위가 단문(單文)이다. 비교적 문장이 짧은데, 그래서 단문(單文/短文)이라는 두 가지 표기를 혼용하기도 한다.

단문(短文)의 상대어는 만연체(蔓衍體) 문장이다. 만연체는 많은 어구를 동원하여 반복·부연·수식·설명함으로써 문장을 장황하게 표현하는 문체다. 정보를 충분히 전달할 수 있다는 장점은 있으나 문장의 긴밀성이 떨어진다는 흠이 있다. 자칫하면 중언부언하게 되거나, 불필요한 췌언이 끼어들기도 하고, 습관적인 간투사용(間投詞用)[56] 어구들을 남발하게도 된다. 한 문장이 길어짐에 따라 듣는 이들의 집중력이 떨어져 흡인력과 소구력도 낮아진다.

---

56 '어떤 그런 것'처럼 요즘 흔히 문장 중간에서 아무 데에나 덧붙이고 보는 '어떤'과 같은 것이 대표적인 간투사다. '뭐랄까' 역시 아무 데에나 끼워 넣는데, 이런 것들은 모두 습관적일 때가 대부분이다. 윤석열 역시 이 '어떤'을 아무 데나 자주 끼워 넣는다.

그리고 가장 큰 흠은 이 만연체를 습관적으로 구사하는 사람일수록 주어의 불일치나 분실, 필수 목적어의 생략이나 불일치, 시제의 불일치 등과 같은 숱한 어법상의 문제들을 스스로 내보이게도 된다는 점이다. 그 때문에 알아듣기 쉽지 않아서 듣는 이들이 몹시 불편해진다. 즉 완전한 해득의 몫을 듣는 이들에게 떠넘긴다. 유체 이탈 어법을 남용하고, 앞뒤 연결이 몹시 부자연스러운 괴상한 종속절들을 습관적으로 많이 끼워넣는 바람에 쉽게 알아듣기가 어려워서 박근혜 언어 해독기를 가동해야 한다는 말까지 나왔던 박근혜가 대표적인 만연체 애용자였다.

이 만연체를 즐겨 쓰는 사람들은 대체로 권위 과시형이며, 언어 포장 쪽에 신경을 쓰는 이들이다. 실용보다는 형식에, 내면보다는 외면 쪽에 치중하는 이들일수록 만연체를 자주 꺼내 든다. 자신감이 부족한 이들도 항용 이 만연체에 의지하여 내면을 가리고 외피(外皮) 치장으로 때우려 할 때가 많다. 그런 이들일수록 문장 내의 성분 상호 간에 호응이 원만하지 않아, 삐걱거리거나 논리의 충돌이 일어나기도 한다. 그처럼 자신의 언어 속에서 상호 모순을 키우다 보면, 앞서의 말이나 뒤의 말 중 하나가 거짓말이 될 때도 있다.

한편 일상의 언어생활, 특히 말하기에서(쓰기에서도 마찬가지지만) 가장 쓸모가 크고 높은 것은 단문(單文/短文)이다. 짧고 간단한 단문의 유효 적절한 구사는 효과적인 언어 침투 과정에서 매우 중요하고, 나아가 그 사람의 자질 판단으로 이어지는 이미지 형성에도 크게 관여한다. 즉 단문은 그 안에 단호한 결기를 담아 직설적으로 직선 주행하기 때문에 간결/간명하여 호소력/이해력을 높이고 강조 효과에 더하여 친밀도도 증대시킨다.

특히 정치가의 단문은 그의 실천적 사유(思惟)를 반영하여 현실적인 공감을 창출하고 정치적 언어 성형 느낌을 배제하여 동참 의식을 유도한다. 그리하여 공감을 통한 공명대 확산을 이루고 무엇보다도 참신한 이미지 제고에 크게 기여한다. 20대 대선에서 이 단문을 가장 유효 적절하게 잘 구사했던 건 이재명이다: (예) "이재명이 하면 대한민국 표준이 됩니다"; "머슴은 주인인 국민이 하는 말만 잘 들으면 됩니다"; "이재명은 했습니다. 이재명은 하겠습니다. 이재명은 합니다".

게다가 이재명은 써 준 연설문이 없이도 언제 어디서고 제대로 해낸다는 게 최대 강점이다. 그의 언어들은 대부분 '쌩얼'이다. 그러면서도 어법에서 벗어나지 않는 빼어난 영민함이 있다. 그가 중앙 정치인으로 주목을 받게 한 건 박근혜 사태 때의 촛불 집회다. 당시 청계천 입구에서 했던 연설이나, 대선 후보 수락 연설(15분짜리다) 모두가 메모지 한 장 없이 이뤄졌다. 그의 연설문집이 출간된다면 전문(全文)이 수록될 가치가 충분히 있는 명연설들이다.

윤석열도 단문을 구사하기는 한다. 하지만 점수가 무척 떨어진다. 이재명과는 비교가 안 된다. 민낯으로 무지가 드러나는 것들과 단견 또는 오류를 그대로 방류하는 발언들이 아주 많다. 비논리적인 것들도 많고, 임시방편의 땜질용 언어들은 얼마 못 가서 물이 새는 일도 잦았다. 무엇보다도 품격 면에서 하급이다. 술자리 발언처럼 가볍고, 다듬어지지 않아 거칠고, 한마디로 품위가 없다. 조잡하다. 그러니 노무현이 지적한

'대통령의 말에 반드시 담겨야 할 철학이나 사상'의 측면에서는 완전히 낙제점이다.

가장 심각한 것은 대선 후보 시절 '실언/망언의 아이콘' 또는 '실언의 제조기'로까지 불릴 정도로 실언/망언/망발을 일상적으로 남발한다는 점이다. 어떤 날은 하루에 네 개씩이나 생산해서 윤석열의 그것들을 별도 관리하던 모 방송[57]의 아카이브 관리자를 당혹스럽게 하기도 했다. 2022년 1월 말까지 그의 실언/망언/망발은 40개를 넘기기도 했다. 그 바람에 한때는 자신의 세 치 혀로 설화(舌化)를 자초하여 자신의 낙선 운동을 하는 사람이라는 말까지도 나왔다.

윤석열의 잦은 만연체 사용 습관도 하루바삐 벗어던져야 할 버릇이다. 정치가로든 개인으로든, 줄이고 줄여서 거기서 벗어나야 한다. 검사 문화에서 소거돼야 할 대표적 잔재이기도 하지만, 대선 후보의 언어로서는 최대의 장애물이었다. 그 부실한 내용물도 거의 박근혜 수준에 버금간다. 주어 분실, 목적어 불일치 혹은 임의 생략, 술어 망실... 등은 매우 흔하다. 매번 듣는 이가 목적어나 술어 등을 짐작으로 끼워 넣어야 말이 된다. 일례로 논란을 자초한 아래의 부정식품 발언도 그런 문제적 만연체 애용 버릇이 문제를 키우는 데에 크게 일조했다.

> "먹으면 병 걸리고 죽는 것이라면 몰라도, 부정식품이라고 하면, 없는 사람은 그 아래도 선택할 수 있게, 더 싸게 먹을 수 있게 해줘야 된다.

---

57 JTBC에서 후보 경선 기간 중 윤석열 언어를 별도 추적할 정도로 큰 실수들을 날마다 연발했다.

먹는다고 당장 어떻게 되는 것도 아니고"

이 발언은 중간에 불쑥 끼어든 '부정식품이라고 하면'이라는 어구 때문에 문장 자체가 성립되지도 않는 비문(非文)이 되었다. 제대로 바로잡기도 쉽지 않다. 무슨 소릴 하려는 건지 짐작부터 먼저 해야만 손질도 가능하다. 다시 말하면, 듣고 난 뒤 거꾸로 어순과 표현을 바로잡아야 하는 부담이 듣는 사람에게 생긴다. 말하는 사람과 듣는 이의 역할이 뒤바뀐 셈이다. 개떡같이 말해도 찰떡으로 알아들어라다.

이 말을 아래와 같이 그 앞뒤를 조금만 다듬어서 뱉었더라면, 특히 마지막의 군소리 '먹는다고 당장 어떻게 되는 것도 아니고' 따위는 빼고 했더라면, 듣는 이들도 조금 더 생각한 후에 반응했을 수 있고, 그가 이야기하려던 본지(本旨)가 무엇인지도 조금은 더 순하게 전달되었을 수도 있다. 그렇다고 해서, '(똑똑한 윤석열이 권하는 것이니만큼) 국민들은 부정식품도 먹으시오'라고 발언한 것이 취소되는 건 아니지만...

"먹으면 병 걸리고 죽는 것이라면 몰라도, 위생법을 조금 덜 지켜 만든 부정식품이라고 해서 다 그런 건 아니다. 먹으면 병 걸리고 죽는 건 불량식품이고, 부정식품과 불량식품은 명백히 다르다. 따라서 없는 사람은 그 아래도 선택할 수 있게 해서, 불량식품이 아닌 한은 부정식품이라도 선택할 수 있게 해서, 더 싸게 실제로 먹을 수 있게 해줘야 된다. (그것이 정책에서는 현명한 선택일 수도 있다.)"

아마도 윤석열은 정책을 정할 때는 고정관념에 의해 정답부터 정해놓고 해서는 안 되고, 일부 우회를 해서라도 최대한 유연성을 발휘하는 쪽을 고려하는 것이 오히려 더 국민을 위하는 일이 될 때도 있다는 취지로 이야기하려 한 듯도 한데, 그렇다면 그 말부터 제대로 했어야 했다.

말(馬)을 타고 말(言)을 제대로 쓰지 않으면 서울 가야 하는 말(馬)이 제주도로도 간다. 예전에 거꾸로 말을 타고서 제대로 가지 않는다고 말을 나무랐다는 어느 선비 꼴 난다.

3

윤석열의 언어들은 총체적 난국

윤석열의 언어는 그의 대선배 검사이자 명대변인이었던 박희태가 창시했던 말 그대로 '총체적 난국(total crisis)' 상을 보인다. 후보 경선 당시 날로 심각해지자 '윤석열의 적은 윤석열'이란 말도 나왔다. 캠프 내부에서 한탄 삼아 뱉은 쑥덕거림이 텐트 밖으로 빠져 나와 번졌다.

윤석열의 언어들이 지니고 있는 문제점들은 다층적이고 복합적이다. 게다가 일회적이 아니고 반복적이다. '대독(代讀) 후보', 'A4 후보'에다 '남자 최순실'이라고도 불릴 정도로 남이 써 준 것을 읽지 않을 때면 항상 문제를 일으켰다. 그 자신이 입으로 저지르고 보는 사달들이어서, 안전핀을 손으로 눌러잡고 다닐 사람이 따로 필요했을 지경이었다. 김종인이 말 한마디 하고서 쫓겨났던 유명한 말, 곧 윤석열에게 배우 노릇만 하라고 했던 말의 주성분은 '제발 함부로 입을 열지 말고 써 준 말들만 읽고 다니라'는 말과 같았다.

아래의 해당 항목들에서 자세히 다루겠지만, 그의 말실수 중 가장 급이 낮은 것이라 할 수 있는 실언(失言) 그룹도 경솔한 발설 수준에서부터, 미리 챙기지 않아서 생기는 실언류(失言類), 편협한 자신감과 오만이 만드는 망언과 망발(妄發)까지 그 층위가 다양하다.

윤석열의 머릿속이 정상 상태인가를 의심케 하는 비정상적인 발언도 드물지 않다. 망발 중 최고 수위급에 해당되는 발언 중에 그런 것들이 섞여 나온다. “가난하고 못 배운 사람은 자유가 뭔지도 몰라”, “없는 사람은 부정식품이라도 먹어야 한다”라든가 “집은 생필품이라 세금은 적절하지 않아”, “국어사전을 고쳐야 한다” 등이 대표적이다.

책임 지는 정치를 하겠다는 말을 가슴 앞의 펜던트처럼 달고 다니면서도, 윤석열의 뿌리를 흔들 망발급 중에는 그에 부끄러운 말을 서슴지 않고(실은 생각하기를 거른 채) 뱉은 것들도 있다. ‘공약이란 게 다 그런 거 아니냐’로 떠오른 구설이 대표적이다. 설 다음날의 행보에서 소상공인 피해 보상 추경과 관련해 이재명이 “국민의힘이 우리가 당선되면 하겠다고 하는데, 낙선하면 안 하겠다는 것”이라고 지적하자 그는 “공약이란 것이 다 그런 것 아닌가. 누구나 마찬가지”라고 지극히 경솔하게 맞받았다. 실제로 처음부터 공약(空約)을 남발하기도 하지만, 그래도 후보가 앞뒤 생각 없이 자신이 뱉은 말에 대해 즉시 고해성사를 해선 안 된다. 그럴 바에야 하질 말아야 그나마 점수가 덜 깎인다.

그때의 정답은 “설령 낙선하더라도 소상공인 피해 보상 추경은 꼭 필요한 것이므로 소속 의원들을 설득해서라도 반드시 그것이 이행되도록 하겠다. 그것이 한 번 말을 뱉은 정치인의 도리이자, 국민을 챙겨야 하는 지도자가 할 일 아니겠는가.” 쪽이었다. 윤석열의 그런 지각 없는 즉

각 대응 발언은 그의 공약 전체에 대한 순도를 의심하게 한다. 나아가 그가 내거는 책임이란 것도 말뿐인 사람으로 끝나는 사람이구나로 확신하게 된다.

그의 일반적 상식과 지식 수준을 의심케 하는 무지(無知)한 발언도 적지 않다. "집이 없어 청약통장을 못 해봤다"가 대표적이다. 무식이 민망할 정도의 알몸 상태로 고스란히 드러나는 그런 발언들을 대한 일부 국민들은 "윤석열이 서울법대 나온 거 맞아? 혹시 뒷문으로 들어가서 앞문으로 나온 거 아냐?" 소리도 했다.

그리고 다급해지면 그 상황만을 모면하려는 면피용 땜질 발언도 잦다. "장모가 10원 한 장 피해 준 적 없다"더니 그런 장모가 3년형에다 또 다른 죄로 1년형을 더 받게 되자, 다시 말을 바꾸었다.

문재인이 청와대를 나가면서 김정은에게 선물로 받은 두 마리의 풍산개 곰이와 송강이를 국가기록물 규정(선물)에 따라서 국가에 반납하자 당선인 시절의 윤석열은 "강아지는 아무리 정상 간에 받았다고 해도 키우던 주인이 계속 키워야 한다. 강아지는 일반 물건하고 다르다. 키우던 주인이 계속 키우는 게 맞지 않나 싶다"며 사룟값 아끼려고 반납했다고 비난한 국힘 일부 인사의 비난을 우회적으로 거들었다.

그러던 윤석열이 투르크메니스탄 국빈 방문에서 선물 받은 국견(國犬) 알라바이를 대통령 관저에서 서울대공원으로 옮겼다. 그러면서 내놓은 변명은 '대형 견종이라 넓은 공간에서 뛰놀아야 해서'였다. 그렇다면 그는 자신이 '(개는) 키우던 주인이 계속 키우는 게 맞다'라 했던 말조차도 기억하지 못하거나, '그때는 그때고'로 해대는 임시 땜질 버릇에 젖어 있다. 후보 때나 대통령이 돼서나 똑같다. 자신의 임기와 정국 안정 방안까지도 당에 맡기겠다면서 잠깐 반성하는 듯하더니(12.7.), 엿새 후엔 '끝까지 싸우겠다'로 표변하면서 이내 말을 바꿨다.

윤석열은 불을 끈다고 소화기 대신에 가연성 물질을 투척하는 일도 있었다. 청약통장 관련 실언 발언을 해명한다고 한 말이 '청약통장을 모르면 치매 환자'였는데, 결국 청약통장을 모르고 지낸 자신을 치매 환자 꼴로 만들었다. 게다가 그 '치매 환자'를 모시고 있는 자식들을 한껏 자극했다. 애꿎은 부모를(그것도 남들의 부모를) 아무 데나 끌어다 붙이는 윤석열을 향해 분통을 터뜨리게 만들었다. 힘겹게 모시고 있는 걸 도와주지도 않는 터에 그런 환자들을 지적 능력 미달자의 비유어로까지 사용하는 그의 지적 능력이 도리어 고스란히 드러나보이는 부끄러운 짓이었다.

김건희의 허위 이력 기재 내용이 한두 가지가 아닌데다가, 한두 번 써먹은 게 아니라 거의 모든 교수직(시간강사) 응모 때마다 그리했다는 게 밝혀지면서 문제가 커졌을 때다. 그때 윤석열이 다급하게 했던 땜질용 변명(2021.12.15.), 즉 "시간 강사라고 하는 것은 전공 이런 것을 봐서 공개 채용하는 게 아니다"라는 말도 그러한 기름 붓기였다. 이 말은 그런 자리에라도 못 들어가서 초조해하는 수많은 대기자들과, 그 어려운 과정들을 거쳐 그 자리를 거머쥔 이들의 이글거리는 분노를 샀다.

이 말이 나가자 바로 그다음날 전국교수노동조합과 한국비정규교수

노동조합은 국힘 당사 앞에서 긴급 기자회견을 열고 관련 발언으로 모멸감을 느꼈다며 사과를 요구했다. 시간강사들은 강사로 위촉받기 위해서 자격을 꾸준히 증명해야 하고, 시간강사나 겸임교수 모두 수차례 교수회의나 인사위원회 등 엄격한 절차를 거쳐 임용된다면서… 게다가 그런 자리들마저 갈수록 줄어들고 있어서 생존의 위협이 목전에 다다르고 있다고 울분을 토했고, 그런 무책임한 말을 손쉽게 내뱉은 윤석열을 성토했다.

그런 절박한 현실을 전혀 모르는 '윤석열 도련님'[58]께서 그런 말도 안 되는 말로 땜질식 변명을 하려다 그날 된통 당했다. 그날의 항의 집회로 오후 내내 시달린 국힘 당사 근무자들 사이엔 윤 후보의 말에 고삐를 채워야 한다는 속삭임이 사발통문(沙鉢通文)이 되어 돌았다. 그런 일이 그날 처음도 아니었지만.

58 그날의 항의 집회에서 나온 말이다. 내내 호의호식하면서 자라나 취미 삼아 느긋하게 9년 동안 사시와 놀고 나서 검사 생활을 하신 '도련님'께서 자신들의 절박한 심정을 조금이라도 알겠냐며.

4

국가 예산은 윤석열의 쌈짓돈?

그가 뱉고 나면 그 말을 받아든 국민들 쪽에서 도리어 걱정해야 하는 것들도 있었다. 거액의 예산 증액이 불가피한 것들조차도 국민적 예산 부담을 고려하지 않은 채 써 준 대로 그냥 뱉는, 이른바 공약을 위한 공약을 남발할 때였다. 특히 촘촘히 재정 문제 해결책과 부작용 등을 대비하지 않은 채 성급히 섣부른 대책, 불완전한 대안부터 꺼내드는 건 임시방편용 속임수의 전형적인 수법이기도 하다. 병사 월급 2백만 원 공약과 농민 직불금을 배로 높이겠다가 대표적이다.

'병사 월급 200만 원 지급'은 조급한 입발림의 대표 격이다. 2021년 당시 사병 봉급으로 약 1.5조 원 조금 안 되게 나갔다. 200만 원씩 주려면 6조 원이 더 든다. 그리고 일반 병사의 월급 200만 원은 직업군인인 하사관들과의 급여 역전이라는 심각한 문제도 일으킨다. (참고로 2024년의 경우 직업군인들의 초임 호봉 급여를 보면 하사는 월급이 187만원, 중사는 193만원, 상사는 231만원이었다.)

무엇보다도 병사 월급 인상용 추가 재원 6조 원이라는 거금 마련에 대해서는 일언반구도 없었다. 그 돈을 어디서 어떻게 마련하겠다는 대책은 언급도 안 했다. 당시의 국방 예산 중 그런 거금을 빼낼 데는 단 한 군데도 없었다. 그 말많은 4대강 사업 예산도 4조 원 규모였고, 윤석열이 그 공약을 내걸던 2021년의 국방 예산 중 시설물과 인원 유지비 총액이 대략 13조 원 규모였다. 병사 봉급을 윤석열의 말대로 주게 되면 대략 한 해 예산이 50조 원인 국방 예산의 16%를 사병 봉급이 차지하게 된다. 당시의 비율 3%에서 자그마치 500%나 껑충 뛰어오른다. 윤석열 만세! (그나마 다행히도 그 뒤 사병 봉급 인상 속도를 조절해서 2024년 병장 월급은 125만 원에 머물고 있다)

우리의 국방 부분 숙원 사업 중 하나가 항공모함 건조다. 거기에 필요한 액수가 6조 원 정도다. 우린 그 돈이 없어서 아직도 정식 항모 대신에 경항모 건조만이라도 해내자고 예산 심사 때마다 격론을 벌이고 있다.

병사용 봉급 급인상에 필요한 예산은 어디서 빼낼 곳이 없다. 유일한 곳이 군 시설 관리비 쪽인데, 병사들에게 그런 거액의 월급을 주려면 2천여 곳을 넘기는 군 시설에 물이 새도 손을 놓고 있어야 하고, 가스비나 유류비 납부가 연체되어 가스나 기름 공급이 중단될 수도 있다.

세금으로 때우려면 더 걷어야 하는데, 윤석열은 부자 감세 쪽이다. 국채 발행으로 돌파하려면 나라빚이 눈덩이로 불어난다. 국채 발행은 문재인정부의 3년간보다도 1.5배나 많게 했다. 실은 지금도 윤석열 정부는 세수 감수와 국채 발행 때문에 국채 이자마저 다 못 갚는 처지인지라 한국은행에 마이너스 통장을 개설해 놓고 간신히 연명 중이다.

또 윤석열은 농민직불금[농민들에게 정부가 보조금으로 주는 현금]을 2배로 늘리겠다고 공약했다.

윤석열의 재산 신고액은 2022년 66억 원이었는데 2년 뒤인 2024년에는 74억 8천만 원으로 늘어났다. 여기서 더 늘면 늘지 줄진 않는다. 돈 들어갈 자식들도 없다. 부부 단둘이서 살고 있는 50평대의 서초동 최고의 주상복합건물은 층마다 입주자용/배달용/쓰레기운반용 엘리베이터가 따로 있을 정도로 호화롭다. 그 이름도 '아크로비스타(acrovista)'인데 '하늘 끝 최고(acro)의 조망(vista)'을 뜻한다. 그 이름대로 늘 하늘에서 아랫것들을 내려다보며 산다. 그처럼 높은 집에 살면서 검찰의 최고위직을 거치는 등 내리보고만 살아온 윤석열은 아랫것들에 불과한 농민들에게 그렇게 아주 후한 선심을 썼다.

'기본형 공익 직불금'이라고 명칭이 바뀌면서 하나로 통합돼 있는 직불금은 두 가지다. 2021년 농가 기준(451천 호)으로 지급되는 소농직불금이 5410억 원이고, 농민 기준으로 지급되는 쌀/밭 직불금이 672천 명으로 16,853억 원에 달한다. 농민 직불금 총액은 그래서 2조 2천억 원을 넘긴다. 그런데 농축수산부가 중앙부처로서 집행할 수 있는 한 해 예산은(지자체에 교부금 형식으로 할당되는 것은 제외하고) 2021년에야 16조 원을 넘겼다. 자그마치 직불금 한 품목이 부처 전체 예산의 1/8이나 된다. 생각해 보면 그런 낭비가 없지만 울며 겨자 먹기다. 계속 농민이 줄고 있지만 아직도 70여만 명이나 되고, 농민 중 벼농사를 짓는 이가 아직도

54%나 된다.

농민들의 애로 사항은 애로 사항대로 첩첩산중이고 그걸 처리해야 하는 정부로서도 여간 애를 먹지 않는다. 잘해도 여간해서 티가 안 나고, 못해서 예전처럼 농민들이 경운기를 몰고 나서서 고속도로라도 막으면 장관 목이 위험해진다. 공무원들에게 전출 희망 부처를 적으라 하면 제일 많이 기피되는 부처 중 하나가 농축수산부다.

이런 복잡다단한 관련 내역도 전혀 모르고 있을 윤석열이 직불금을 2배로 늘리겠다고 하면서 농민을 언급한 걸 보면 아무래도 농민을 기준으로 지급하는 '쌀/밭 직불금'을 뜻한 듯하다. 그걸 두 배로 늘리면 그 직불금만도 3조 3천억 원이 넘는다. 직불금 하나에서만도 1조 7천억 원이라는 막대한 예산 증액이 이뤄져야만 한다. 윤석열에게 이 농민직불금이라는 단일 항목이 농수산부의 1년 예산 중 몇 %를 차지하고 있는지 물어본다면 현문우답이 나올 게 뻔하다. 공약 발표 전에 그런 걸 단 한 번이라도 챙겨봤다면 내 손에 장을 지진다. 그런 것으로도 주변 참모들의 수준이 짐작된다. 그들 역시 입만 갖고서 입으로만 살아온 터이므로.

대선 토론회에서 청약통장과 관련하여 안철수가 만점이 얼마인지 아느냐고 묻자, 윤석열은 어림짐작으로 40점을 꼽았다. 그 점수로는 청약의 문턱 근처에도 못 간다. 서울 지역의 평균 커트라인이 65점 근처였다. 만점은 100점이 아니라 84점인데, 무주택 기간, 부양가족의 수, 청약통장 가입 기간 등의 세 부분에서 항목별 가점 구분을 통해 점수가 나온다. 집이 없어서 청약통장을 못 해 봤다는 엉터리 소리를 해대는 사람이니 청약 제도 자체에 대해 깡일 것은 보나마나다.

대선 후보가 만점이 얼마인지까지는 모르고 있을 수도 있다. 정작 문제는 그런 이가 청약 제도의 가점과 관련되는 항목을 무턱대고 손질하려 들었다는 점이다. 군필 남성들에게 가점 5점을 신설하겠다면서... 윤석열의 공약 중 상당수가 그처럼 현실 검증을 생략한 즉흥적 립서비스용이라는 게 문제의 본질이었다. 그리고 그 피해는 윤석열의 몫이 전혀 아니다. 국민이 떠안는다.

요컨대, 2022년 1월 말까지 윤석열이 발표한 공약만 실천하려 해도 국가 예산은 1/4 이상 급팽창해야 한다. 국가 예산은 대통령 일개인이 맘대로 할 수 있는 쌈짓돈이 아니다. 국민의 혈세다. 문재인정부가 2020~2021년간에 코로나와의 전쟁을 치루느라 늘린 국채만도 154조 원이다. 이 국채의 실질적 만기는 2050~2051년이다. 빚잔치 후 설거지는 현재의 2030이 고스란히 떠맡는다. 그것이 현실이다. 그래서도 윤석열의 진실을 제대로 알아야 했다. 그걸 알고도 그냥 마구 선뜻 표를 준 젊은이들이 있다면 그거야 뭐... 그런 걸 옛날 어른들은 '섶(잎나무/풋나무/물거리 따위의 땔나무)을 지고 불구덩이로 들어간다'라고 했다.

윤석열의 공약들을 실천하려면 문재인정부 규모보다도 훨씬 더 큰 규모의 추가 국채 발행이 불가피하다. 실제로도 그 뒤 벌어진 일들이 그랬다. 한마디로 윤석열의 나라 살림 솜씨는 처참할 지경이다. 공공자금관리기금을 이용한 돌려막기 식으로 땜질하기에 바쁘고, 그도 모자라 한국은행의 마이너스 통장으로 연명 중이다. 국채 이자 13조7천억 원 중에 5억9천만 원만 갚고 나머지는 빚으로 남겨 두고 있어서 3.792%의 가산 이자가 붙고 있는 중이다. 즉 3천억 원의 추가 이자 부담을 자초하고 있다.

더욱 한심한 것은 지자체와 전국 교육청에 지급해야 할 지방교부세와 지방교육재정교부금 18조 6천억조차 지급하지 못해서 강제 불용(不用) 처리를 하는 비겁한 꼼수를 썼다. 즉 그 돈을 안 줬다(실은 줄 돈이 없어서였지만). 기재부는 윤 정부가 5년간 기록할 국채를 363조 원으로 예상하고 있다.

이러한 적자 국채 발행의 결과는 뻔하다. 윤 정부가 발행한 국채의 만기는 30년 후에 도래한다. 현재의 2030들은 허리가 휠 정도가 아니라 허리뼈가 부러지고도 남는다. 그 무렵쯤이면 현재 추세대로라면 생산 연령층, 곧 세금 부담자들이 현재의 2/3 수준으로 줄어들기에 더욱 그렇다. 윤석열이 그토록 목이 매는 2030들이 이걸 알았다면 표를 주었을까.

하기야 후보 시절 2030의 표가 당장 간절해지자 윤석열은 타깃 세대를 위한 맞춤복형 공약, 즉 주로 '2대남'(20대 남성)을 받들어 모시기 위한 정책들을 그때그때의 땜질용으로 마구 뿌려 댔는데 그 결과는 4050세대의 포위와 '2대녀'(20대 여성)의 반감을 자초하는 일로도 이어졌다. 게다가 막상 뚜껑을 열고 보니 이 '이대남'들의 투표 결과는 기대치를 한참 밑돌았다. 사필귀정이랄까. 윤석열이 위기를 모면할 때마다 애용하던 그 말이 부메랑이 되어 주인을 찾아갔다.

5

윤석열의 언어는 구조적으로도 정신적으로도 결함투성이

윤석열에게서는 하도 그런 문제적 발언들이 많다 보니 그것들에 공통적이면서 근본적인 문제거리인 것들은 도리어 묻히고 만다. 그가 구사하는 조어법과 언어 수준에서 드러나는 근본적인 문제점들이 간과되곤 했다.

대표적인 문제점으로는 '대독(代讀) 후보'라거나 'A4 후보'라고 불릴 정도로 그에게는 그만의 언어가 없다. 심지어 기본적인 언어 구사조차도 제대로 해내지 못한다. 윤석열은 2021.11.22일 TV조선 주최 '글로벌 리더스 포럼 2021'에서 프롬프터가 작동되지 않자 무대에서 2분간이나 두리번거리며 침묵하는 바람에 그날 '남자 박근혜'라는 별명이 추가되었다. 방송에서의 2분간 공백은 대형 방송 사고에 속한다. 그리고 프롬프터가 작동되어 떠오른 것이랐자 그저 그렇고 그런 인사말 정도인지라 즉석에서 그냥 때워도 되는 것이었음에도...

방송 카메라가 돌아가고 있는 데도 프롬프터가 작동하지 않자 2분간 어색하게 침묵하고 있는 윤석열. ⓒAIFIC

이런 현상에 대해 맛칼럼니스트 황교익은 "(그처럼) 말을 못하는 이유는 머리에 든 정보가 거의 없고, 그 보잘것 없는 정보조차 맥락에 따라 엮어낼 수 있는 능력이 없기 때문"이라고 정확하게 요약했다. 그처럼 정치계 바깥 세상에 머무는 사람에게조차도 윤석열의 문제점은 훤히 읽힌다. 그날 함께 출연한 이재명은 즉석에서 메모지 한 장 없이 10분간 연설했다.

윤석열에게는 지식층에게서 기대되는 정상적인 언어 표현이 거의 없다. 술자리 좌담에나 어울리는 막말이라면 잘하지만. 그래서 '쌩얼' 발언을 하면 문제의 연속이 된다. 대선 당시 윤석열의 쌩얼 발언들은 국힘의 지뢰밭이었다.

그 뿌리들을 살펴보면 앞서 살펴본 검사 문화 행태에서 지적했던 '결핍된 언어 능력'의 문제와 한 뿌리다. 법률 문서만 대하고 살아오는 동안 일반 교양 독서를 게을리해 온 업보(業報)다. 크게 보면 자신의 철학과 사상을 진중하게 가다듬지 않은 채 대충 살아온 인생의 궤적과도 한 뿌리이자 그 연장선이다. 노무현이 압축한 '철학을 담은 언어'는 정치가의 기본 장비인데, 그런 필수품들조차 제대로 챙기지 않은 채 성급하게 정치판에 뛰어든 인과응보다.

더구나 그동안 내내 윤석열은 언어에서든 행동 선택에서든 대단히 '검사스러운' 사람이었고 지금도 여전히 '검사스러운' 사람이다. 알다시피 '검사스럽다'는 2003년 평검사들이 노무현 대통령과의 대화에서 하도 무례하게 잘난 척을 해대서 그해 국립국어원의 신어에서 '행동이나 성격이 바람직하지 못하거나 논리 없이 자기 주장만 되풀이하는 데가 있다.'로 풀이된 말이다. 26년간 그가 들이마신 검찰 내의 '썩은 공기'는 그의 세포 내 원형질까지도 검사스러운 것으로 바꿔 놓았다. 그의 전반적인 언어 수준이 검사스러울 것은 당연한 얘기다.

2022.9.21. 바이든 대통령과의 48초간 악수 인사 뒤에 무심코 뱉은 말 '국회에서 이 ××들이 승인 안 해주면 ○○○○ 쪽팔려서 어떡하나'라고 말하는 모습이 취재진 카메라에 포착되는 바람에 한동안 말도 안 되는 해명들이 만들어지고 그걸 고스란히 보도한 MBC는 미운털이 박이는 사건이 있었다. 그때의 사실상 주인공은 윤의 입에서 부지불식간에 튀어나온 상말인 xx이었다. 이를 두고 그 실체를 시원하게 까발린 것은 검사 출신인 조응천(18기)이다. 그는 라디오 인터뷰에서 "검사 생활을 한 10년 하면 xx가 입에 붙는다. (그렇다는 사정을 솔직히 밝히지 못하는) 윤 대통

령 조금 억울할 것이다.'라고 말했다. 조응천은 윤석열의 서울법대 2년 후배지만 기수로는 5년 선배인데 박근혜정부의 공직기강비서관 시절 이른바 '문고리 3인방'의 국정농단을 견제하다가 해임당하고 문재인에게 영입되어 주목을 받은 인물이다.

그런 검찰 내의 '썩은 공기와 폐수'만 마시고 자라난 윤석열의 언어들은 그 조어 방식과 구조 자체도 과락 수준일 수밖에 없다. 실제로도 그 잘나신 검사들의 우리말 실력은 사실 '형편 무인지경'이다.

2000년 554회 한글날에 과천 청사에서 검사 40명을 포함하여 법무부 직원 400여 명이 우리말 시험을 치렀다. 당시의 김정길 장관(49대. 그 뒤 53대 장관으로 재발탁)의 혜안과 용단 덕분이었는데, 검사들은 이구동성으로 사시보다도 더 어렵다고 고개를 절레절레 저었다. 그때 준법운동추진기획단 소속 검사였던 안태근은 기자 앞에서 '주말에 시험 준비를 좀 했는데도 사법시험보다 더 어려웠다'면서 '자신 있게 푼 문제는 50문항 중 5개 정도'라며 멋쩍은 표정으로 이실직고했다.

그게 고위직 검사들의 우리말 실력의 현주소이기도 하다. 그러다 보니 이재명의 신선한 조어법에 비하여, 윤석열의 그것은 동네 편의점에서도 쉽게 구할 수 있는 인스턴트 식품들처럼 흔한 낱말들의 단순 나열인지라 윤기도 없고 물기도 없다. 신선 식품이 없다. 이 지점이 이재명과 극명하게 대비되는 지점 중의 하나이기도 하다.

이재명은 단순히 언변이 좋다는 수준을 뛰어넘는다. 그 자신이 싱크

탱크다. 짧게 표현하면서도 그 안에 그만의 철학을 잘 녹여담는 요약/압축형 단문의 대가라는 점에서 언어의 연금술사이기도 하다. 이 장(章)을 열면서 언급한 정치 언어 생산에서의 1~3단계를 자유롭게 오가면서도 자연스럽다. 그 때문에 더욱 각인 효과가 높아진다. 노무현의 '특권과 반칙이 없는 사회'처럼, 훗날 명언 반열에 오를 수 있는 싹수들도 적잖게 보인다: (예) "우리가 치열하게 지켜야 할 것은 오늘을 살아가는 우리의 삶이지 제도나 관습 그 자체는 아닐 것입니다"; "여러분의 삶을 위해 정치를 선택해야지 정치인을 위해 정치를 선택하지 마십시오."; "국민은 일억 개의 눈과 귀, 오천만 개의 입을 가진 집단지성입니다. 가짜 뉴스와 거짓 선동에 속아 넘어갈 만큼 어리석지 않습니다"

게다가 검사들의 기본 체액이기도 한 오만이 몸에 밴 윤석열은 제대로 챙기려는 사소한 정성 따위는 그냥 생략하는 게 버릇인지라 되는 대로 대충 뱉는다. 마치 물건 포장을 할 때 주변에 있는 아무 걸로나(신문지든 휴지든), 되는 대로 집어들고 대충 싸서 손님에게 내미는 무성의한 점포주와 똑같다. 전혀 손질되지 않은 그의 언어들은 동네 사랑방이나 술자리에서 좌장 노릇을 하는 사람의 입에서 그냥 나오는 것들과 동격이다. 윤석열의 발언 중 "청년들은 똑똑한데 기성세대는 머리도 별로 좋지 않다"가 좋은 예다. 듣는 청년들조차도 칭찬으로 여기기 어렵고 기성세대는 그동안 가만있던 사람들조차도 걷어붙이고 공격에 나서게 만든다.

뱉는 이는 편할지 몰라도 다듬지 않아 거친 언어는 이처럼 듣기 거북할 때도 있다. 저급한 낱말들의 애용은 대통령감을 꿈꾸는 사람의 기본 자질을 의심케도 한다. 돌아서서 생각해 보면 단정적으로 단죄하는 듯한 언어의 남발은 새삼스레 무례하게 다가오기도 하다. 대표적으로 "가난하고 못 배운 사람은 자유가 뭔지 몰라"가 있다. 그걸 들은 이들에게서 따라나오는 구시렁거림이나 씩씩거림은 자연발생적인 후렴구다: '지가 뭔데, 그런 소릴 함부로 해? 우리가 못 배운 것도 한인데...' '거기서 벗어나도록 지가 뭐라도 해준 거나 있어?'

그런 상황에서 말을 가리지 않은 채 함부로 내뱉은 말, **'이재명은 같잖다'**와 같은 말을 연거푸 대하면 이런 소리가 덤 화살이 되어 날아가기도 한다: '그럼 당신은? 보자 보자 하니 꼴같잖은 소리만 하고 있네. 대통령 후보쯤 되면 할 말 안 할 말을 가려서 해야지...'

게다가 전남/광주 선대위 출범식에서 **'호남은 민주당의 나와바리'**라고 하면서, 대한민국의 대통령을 꿈꾼다는 사람이 '나와바리'란 일본어를 예사로 그냥 뱉는 걸 보면서 이 나라 국민들은 어리둥절해했다. 일본어 '나와바리(なわばり[縄張り])'를 우리말의 고유어쯤으로 여기는 깡통 한글학자이거나, '나와바리'쯤은 자신도 알고 있다는 걸 과시하려는 건 아니길 빌었다. 그날은 한글날 이틀 뒤이기도 했다. 그러자 조국은 일본말을 써서 죄송스럽다면서 '오야붕답다'고 비꼬았고, 민주당의 강 모 최고위원은 천공스님이 우리말은 안 가르쳐주더냐고 꼬집었다.

6

황당한 발언들의 씨앗은 윤석열 그 자신이고, 사과 하나도 제대로 못 해낸다

"일주일에 120시간이라도 바짝 일하고 이후 마음껏 쉴 수 있어야 한다"; "일본에서도 후쿠시마 원전이 폭발한 것은 아니다. 방사능 유출은 기본적으로 안 됐다"; "손발 노동으로 되는 게 하나도 없다. 그건 이제 인도도 안 하고 아프리카나 하는 것"; "임금 차이가 없으면 정규직·비정규직(구분)이 큰 의미가 없다"; "집이 없어서 주택청약통장을 만들어보지 못했다"

윤석열이 후보 시절에 쏟아낸 이러한 발언들은 듣는 이를 아연실색케 한다. 단순한 예로 주 120시간 노동은 120시간 ÷ 5일 = 24시간이다. 주중 닷새 동안을 잠 한숨도 자지 말고 내리 일만 하라는 얘기가 된다. 그 정도는 기본 산수만 해 봐도 누구나 알 수 있다. 서민들의 현실에 대한 무지의 정점은 앞서도 언급한 주택청약통장에 관한 발언이었다.

"임금 차이가 없으면 정규직·비정규직(구분)이 큰 의미가 없다"는 발언 앞에서도 듣는 이들의 벌어진 입이 닫히지 않았다. 취업 현장에서 몇 달만 일해 봐도 비정규직의 처우는 정규직에 비하여 눈물 나게 서럽기 짝이 없다는 걸 절감+체감하는 게 현실이다. 손쉬운 예로 전국의 수많은 학교 급식.조리실 종사자들이 아이들에게 미안해하면서도 피켓을 들고 거리로 나가고 있는 절박한 현실의 반 페이지라도 들춰봤는지 의구심이 든다. 말로는 같은 '교직원'으로 불리지만, 교사와 행정실 직원들은 차려주는 밥을 느긋하게 먹고, 급식실 종사자들은 대충 엉덩이만 걸친 채 급히 먹을 때가 태반이다. 인간의 값어치와 인격적인 대우는 간단히 돈 몇 푼으로 환가될 수 있는 사안 자체가 아니다. 물론 급여 차이도 상상 이상으로 크다. 교육공무직이라는 용어로 바뀌긴 했지만, 조리사.영양사들의 급여는 초임은 정규직의 70% 정도로 시작하지만 갈수록 차이가 벌어져서 거의 절반 수준으로 떨어지는 게 현실이다.

아래의 발언들 역시 수많은 후폭풍을 자초한 것들이어서, 그의 발언 뒤 참모들이 장문의 해설판을 준비하느라 매번 바빠야 했다.

> "페미니즘이 건전한 남녀교제까지 막는다"; "먹으면 병 걸리고 죽는 것이라면 몰라도, 부정식품이라고 하면, 없는 사람은 그 아래도 선택할 수 있게, 더 싸게 먹을 수 있게 해줘야 된다. 먹는다고 당장 어떻게 되는 것도 아니고"; "(코로나19) 초기 확산이 대구 아닌 다른 지역이었으면 민란부터 일어났을 것"; "앞으로 정치공작을 하려면 인터넷 매체나 재소자, 의원 면책 특권 뒤에 숨지 말고 국민이 다 아는 메이저 언론을 통해 문제 제기했으면 좋겠다"; "청약통장은 모를 수가 없다. 모르면 거의 치매 환자"; "여러분들 들으셨지 않나. 위장 당원들이 엄청 가입했다는 것을"

이러한 문제적 발언들의 연속은 그가 '반 문재인정부'라는 모호하고도 광범위한 캐치프레이즈에서 얻는 반사이익에만 그냥 매몰돼서다. 그걸 덥석 주워들고는 마냥 즐겼다. 그러면서 윤석열의 '자체 발광력'을 의심하는 이들에게 스스로 그 답을 제공하는 자충수를 연발했다. 그리하여, 점점 더 콘텐츠의 저품질과 내용 빈약 쪽으로 나아갔다.

확고한 신념이라고는 반문재인주의와 부정식품 활성화뿐인 듯하다는 자조가 한때 아군 사이에서도 공연했다. 위장 당원 발언 후 같은 경선 후보였던 원희룡은 이렇게 직격했다: "윤 후보도 최근에 입당하지 않았나. 그렇다면 윤 후보는 위장 후보인가".

이와 관련하여 정작 문제는 이 언어 문제의 심각성을 당사자는 제대로 인식하지 못하고 있거나, 변명용으로 던지는 썰렁 개그가 도리어 더 궁색한 모습의 부메랑이 되고 있음을 모르고 있는 듯하다는 사실이었다. 그는 '치매 발언'으로 도마에 오른 뒤 "가십거리를 제공하는 것도 정치인의 서비스 정신 아니겠나. 그거 보고 재미있어 하는 사람들이 있지 않겠나"라고 했다. 그것도 반말투로. 하지만 결과는 치매 환자를 부모로 둔 이들을 한 번 더 격앙시키는 일로 이어졌다.

즉응적으로 간투사처럼 뒷말을 덧붙여서 황당함의 끝판왕으로 등극한 말 중에는 김건희와 관련하여 대국민 사과라는 걸 한답시고 연 기자회견(2024.11.7.)에서 내뱉은 말 **'국어사전을 바꿔야 한다'**가 있다. 김건희가 내조의 차원에서 베푸는 서비스를 국정농단이라고 한다면 사전을 바꿔야 한다면서. 세상에나… 그 말 한마디에 윤석열의 생각 없음과 경거망동, 오만, 무지, 지도자로서의 무철학… 등이 전부 담겨 있었다.

그러자 그다음날로 우리말의 준거 사전을 공식적으로 관장하는 국립국어원에 윤석열의 발언에 대한 공식 입장을 묻는 질의가 올려졌다. 질문자는 '농단(壟斷)[59]'의 의미를 정확히 알고 있을 정도로 우리말 실력을 제대로 갖춘 이였는데, 질의 역시 무척 논리적이었다. 돌아온 국립국어원의 답은 현문현답이었다. 국립국어원은 개인의 어떤 특정 행위가 질문자가 언급한 표현들에 해당하는지에 대해서는 답변하기 어려우니 널리 이해해 달라고 답했다. 그 우회적인 답 속에 숨겨진 의미는 온 국민이 다 안다.

질질 끌어온 김건희에 관한 그런 웃기는 사과는 차라리 안 하느니만 못했다. 그럼에도 즉시 정직하게 실수를 인정하고 화끈하고 화통하게 사과하는 모습을 윤석열은 후보 시절부터 아직까지 한 번도 보여준 적이 없다. 미적거리다가 등 떠밀려서 마지못해 하고, 그 표현들에는 진심이 담겨 있지 않은 것들이 대부분이었다. 그렇다는 것쯤은 우리 국민들이 당연히 먼저 알아채고 있었다. 한 번도 자신이 피의자가 돼 보지 못한 터라 국민들 앞에 피의자로 나서는 일에 익숙지 않다는 변명이라도 했더라면 박수를 받았을지도 모를 텐데, 그럴 때마다 윤석열은 서로 귀가 맞지도 않는 변명 조가리들을 꿰어들고 어쭙잖게 서성거리다가 더 큰 감점을 자초하곤 했다.

후보 시절 노무현이 장인 권오석의 사상 문제로(6.25때 부역자로 수감 후

59 '농단(壟斷/隴斷)'은 어떤 사람이 시장에서 높은 곳에 올라가 사방을 둘러보고 물건을 사 모아 비싸게 팔아 상업상의 이익을 독점하였다는 데서 유래하는 말로, 이익이나 권리를 독차지함을 이른다. 하지만, 흔히 말하는 '국정 농단'에서의 '농단'은 이러한 의미와는 좀 다르다. 임의로 주물럭거리면서 좌지우지한다는 뜻에 가까워서 한자로 적자면 '籠斷' 쪽이다.

사망) 공격 받자, 그는 그 자리에서 그 사실을 시인하고는 이렇게 말했다: '그렇다고 제가 아내를 버려야 합니까?' 도리어 그러한 진실되고 당당한 인간적인 태도가 그를 싫어하던 이들까지도 끌어들이는 흡인제가 되어, 경선 초기에는 아무도 예상하지 못했던 뜻밖의 결과로 이어져 대선 후보가 되었다.

그처럼 사과 하나도 시원하게 제대로 해대지 못하고 미적거리는 윤석열 후보에게 국민이 선사한 별명 중의 하나가 '쪼다미'다. '쪼다같이 미적지근한 사람'의 준말이란다. 그리고 그런 별명은 불행히도 대통령직 수행 내내 윤석열에게서 제거되지 못했다. 도리어 대통령의 사과나 기자회견 때마다 그 말이 되살아나 껌딱지처럼 더 찰싹 달라붙곤 했다.

후보 시절에도 여전했던 '쪼다미'의 손쉬운 예들을 조금 더 살펴보자. 정치는 몰라도 경제 하나는 제대로 잘했다는 식의 전두환 비호 발언 탓에 심지어 전두환 고향인 합천주민들까지 들고 일어나자, 사과를 하긴 했다. 앞뒤를 자른 악의적 편집 탓이라고 핑계를 대는 걸 잊지 않으면서. 그런 뒤 돌아서서는 이내 '어떤 것도 저들의 공격 거리가 될 수 있다'면서, 사과에 꼬리표를 달았다. 자신이 무슨 말을 해도 무턱대고 공격 대상이 돼서 일어나는 일일 뿐이라고 사과의 진정성을 부정했다. 그것이 재차 화약고가 되었다. 실은 그 꼬리표가 윤석열의 진심 쪽에 가까웠고, 그랬으면 차라리 사과를 하지 말았어야 했다.

그런 어줍잖은 사과 태도는 개사과 관련 사건에서도 여전했다. 김건희의 그런 경거망동을 엄하게 질책하고 반성하는 대신에 윤석열은 '대통령 선거도 패밀리 비즈니스'라는 망발 땜질로 넘어가려 했다. 그러자 그런 일련의 행태를 지켜보고 있던 언론 일각에서는 저열한 변명과 변명 속에서의 사실 왜곡, 그리고 망발 수준의 사과 태도가 되풀이되는 것에 심각한 우려를 표하게 된다는 사설이 실리기도 했다. 보수 언론들조차도 윤석열의 그런 사과 태도나 내용에 대해서는 이구동성으로 과락 점수를 줬다. 망설임 없이.

노무현 대통령 시절 연설문 담당 비서관을 거쳐 대변인이 된 윤태영은 노 대통령이 곤란한 처지였을 때 대통령의 짐(?)을 덜어주기 위해, 기자들 앞에 나가서 고상한 언어로 꽤 근사하게 상황을 설명하고 이해를 구했다. 그러자 노 대통령은 '니가 대통령이냐? 늬가 대통령 해라'라며 꾸짖고는 자신이 기자들 앞에 직접 나서서 '미안합니다'라는 말부터 했다.

사과는 그것이 무엇이든 진심을 담아서 즉시 진솔하게 해야 한다. 사과에서는 언변 따위도 필요없다. 말하는 이의 진심이 담기면 된다. 진정성과 정직함이 배어 있지 않으면, 그것은 분식/치장 언어가 된다. 그것이 가식과 결합하면 나쁜 성형 언어가 된다. 겉으로만 번지르르한 태생적 공약(空約)들도 그렇게 해서 태어난다.

대통령이 무조건 똘똘해 보이고, 똑 부러지게 잘난 사람일 필요는 없다. 미련할 정도로 성실하고, 우직하게 정직하고, 그저 진심이면 된다. 겉보기에 얼마든지 바보스러워도 된다. 노무현 대통령은 퇴임사에서 이렇게 말했다: "별명 중에서 (바보가) 제일 마음에 들었습니다. 정치하는 사람들이 바보 정신으로 정치를 하면 나라가 잘 될 거라고 생각합니다."

노무현에 훨씬 앞서는 '王바보/大바보'도 있다. 스스로를 기꺼이 바보라 부르고 사후에도 각막을 기증하는 등 생의 마지막까지 모든 것을 내어준 김수환 추기경이 그분이다. '사람이 사람답게 사는 세상'을 꿈꾸었던 김 추기경은 선종 이듬해에 그의 바보 정신을 이어받으려는 이들이 설립한 재단법인 '바보의나눔'으로 되살아나고 있다. 법인 명칭에도 '바보'를 빼놓지 않음으로써 '王바보/大바보'는 여전히 살아서 자발적 바보들을 북돋고 있다.

7

윤석열의 무지가 문제적이고 그 수준이 진짜로 문제다

대선 후보 당시 윤석열의 언어 중 가장 우려되고, 실제로 국민들에게 위험스러운 해악으로 돌아올 수도 있는 부분은 수시로 삐져나오는 무지와 관련되는 대목이었다.

후보 경선 시절 경쟁자들로부터 '작계 5015'[60], '남북전력지수(南北戰力指數)', 광주공항 문제 등에서 질문을 받자 "예예. 말씀 좀 해주시죠."라 하면서 그 내용 자체를 전혀 모르고 있음을 드러냈다. 매스컴에서는 거기에 '예예 화법'이란 이름표를 붙여 유통시키기도 했다.

윤석열은 2022.2.3. 열린 첫 법정(法定) 대선 토론회에서 이재명이 RE100에 대해서 묻자 처음 듣는지 '그게 뭐죠?'라고 물으면서 완전 무

---

60 홍준표가 질문한 것으로, 미국의 아시아.태평양 지역 방어 작전 계획[작계]을 말한다. 5000대로 시작하는데 홍준표가 꺼내든 5015은 북한으로 넘어간 군사비밀이라고 한때 떠들썩했다. 하지만 그건 우리나라용이 아니라, 일본의 호카이도 방어 계획이다. 우리나라에 해당하는 것은 작계5027이다. 북측의 도발 시 한미연합군은 '작전계획5027'에 의하여 행동화되고 이행된다. 이에 따르면 한반도에서 전면전이 발발할 경우 현재 주둔하고 있는 주한 미군 외에 미 본토에서 항공기 2000여 대와 160척의 함정으로 구성된 5개 항모전단, 69만여 명의 병력이 한반도에 증원토록 되어 있다.

지를 드러냈다.[61] 탈원전 정책을 폐기하고 현재의 화력발전을 반으로 줄이고 미세먼지를 30%[62] 감축하겠다는 공약을 되는 대로 남발한 사람이 RE100조차 전혀 모르고 있었다.

매우 전문적인 용어인 RE100의 세부적인 내용에 대해서는 대선 후보가 모를 수도 있다. 하지만 대통령이 될 사람은 세세한 것까지는 모르더라도 그것이 무엇과 관련되는지 정도는 알고 있어야 한다. 그래야만, 그것들을 달성하는 데에 필요한 구체적/전문적 지식은 전문가들에게서 빌리더라도 전문가들의 이야기를 이해할 수 있게 된다. 일반 국민들과 같아서는 미래를 이끌 지도자 자격에서 감점 사항이다. 몰라도 되는 일반 국민의 자리에 머물려면 후보로 나서지 말았어야 한다.

윤석열은 유세 중에 "정부가 성인지감수성 예산이란 걸 30조 썼는데, 그중 일부만 떼어내도 북한 핵위협을 막아낼 수 있다"고 했다. 너무 어이가 없어 벌어진 입이 쉬 닫히지 않는 발언이다. 즉, 윤석열은 '성인지감수성 예산'이란 항목이 구체적으로 존재하는 것으로 알고 있었는데, 이야말로 무지의 최상급이었다. 2010년 도입된 성인지예산은 액수로 존재하는 실질 예산이 아니라, 예산이나 국가 기금이 집행될 때 남성·여성에게 미치는 영향[성인지감수성]을 분석해서 다음해에 보정하기 위한

61 윤석열에게는 'EU 택소노미'도 '듣보잡'이었다. 이것은 어떤 에너지원이 친환경·녹색 사업인지 아닌지를 알려주는 기준으로 유럽연합(EU)의 `녹색분류체계'라고 한다. 택소노미(taxonomy)는 분류체계만을 뜻한다. 따라서 EU taxonomy는 불완전한 표현으로 EU Green Taxonomy라 해야 올바른데 너무 길어서 EU taxonomy로도 표기한다. 이에 따라 우리나라에도 K taxonomy가 있다.

62 우리나라의 미세먼지를 장기간 전문적으로 검증한 결과, 짐작과는 달리 우리나라 자체에서 발생시키는 양만도 절반을 넘었다. 그런 자체 생산분을 30% 감축하려면 화력발전 폐쇄는 기본이고, 굴뚝형 공장의 1/3을 닫고 디젤차량 역시 1/3 이상 감축해야 한다. 대충 따져도 그쯤은 되어야 하는 어마어마한 수치다.

예산 목적 성격의 분류 용어일 뿐인데 윤석열은 그런 기본적 사실조차 모르고 있었다. 마치 안보예산이라고 할 때는 그런 항목이 따로 있는 게 아니라 국방부, 국정원, 통일부... 등에 안보 목적으로 편성된 예산을 이르는 것과 마찬가지의 용어일 뿐이다.

여성가족부의 전체 예산이랐자 대략 1.5조 원으로 국가 예산의 0.24% 정도다. 그중 성평등과 직접 관련된 예산은 1000억을 조금 넘긴다. 그런 실상에 완전 까막눈인 채로 유세용 치장품으로, 국민 갈라치기와 선동용으로 성인지감수성 예산 30조 원이라는 무책임한 얘기를 해대는 대선 후보를 우리는 어떻게 봐야 했을까. 국가 예산의 기본 얼개조차도 모르는 사람에게 나라 살림을 맡겨도 되었었을까.

이러한 '문제적 무지'의 종합세트 노출은 한 나라의 지도자 그릇으로서의 기본 자질에 심각한 우려를 자아내지만, 스스로 신뢰도를 깎아내리는 일이기도 하다. 그뿐만 아니라, 그 해독이 국민들에게 돌아간다는 게 문제다. 무책임한 지도자를 무책임하게 뽑은 사람들뿐만 아니라 애꿎은 다른 사람들에게 더 큰 해악과 직접접인 피해를 안긴다. 거부하려 해도 그땐 이미 늦어 있다.

유세 때 청년들과의 대화에 참석해서는 자신에게 질문이 날아오자 옆에 앉은 이준석에게 마이크를 건네며 대신 답변으로 때웠다. 그것도 한 번이 아니라 세 번씩이나. 그건 명백한 대리시험이었다. 국민 앞에서 공개적으로, 대리시험은 이렇게 보는 거라는 걸 시범했다. 하기야 당시 윤석열은 청년들의 질문 자체를 제대로 이해하지 못하고 있었다. 첫 질문 내용을 질문자에게 여러 번 되물었다.

대통령은 전지전능자도 만물박사도 아니다. 잘 모르고 있는 분야도 있을 수 있다. 모를 때는 그저 겸손하면 된다. 전문가에게서 도움을 받을 수 있다. 그러나 그와 반대로 무지가 경솔과 손쉽게 결합하면 그때는 위험하다. 그리고 그런 위험의 피해는 고스란히 국민 몫이 된다. 특히 국방이나 외교 분야와 관련해서는.

윤석열의 무지가 걱정되고 우려되는 대목도 바로 그 지점과 관련된다. 북한의 극초음속미사일 시험 발사가 이뤄지고 있을 때 그가 성급히 꺼내든 '킬체인' 발언이 대표적이다. 그걸 두고 일부에서는 '전쟁광'이라며 그의 개인적 성정 수준에서 공격하기도 했지만, 그 발언의 진짜 무서운 문제점은 그가 국군통수권자로서는 전혀 기본도 안 갖춰진 빵점짜리라는 사실이었다.

윤석열은 '킬체인'이 어떻게 작동되는지 그 기본 개념조차도 모르면서 그냥 써 준 것을 읽어대고 있었다. 대통령직은 이 나라의 직업 중 유일하게 인턴이나 OJT(on-the-job training. 현업 종사를 통한 직무 교육. 인턴 방식에 비해서는 훨씬 단기간이거나 1회적이다) 과정이 전혀 없이 곧장 실무에 투입되는 직종이다. 모르면 속성 과외를 받아서라도 기본 개념 정도는 바르게 알고 있어야 한다. 대통령 당선인에게 취임 전까지 주어지는 시간들은 대통령직 수행을 위한 준비 시간이기도 한데, 윤석열은 취임 전날에도 명태균과 의원 공천 건 하나 따위의 전화질로 시간을 쓰고 있었다. 그리고 '킬체인'은 일반인들 중에서도 일간지를 정독하면 알 수 있을 정도의 상식에 속한다. 킬체인 얘기가 나오면 일반 독자들에게 아주 상세히 설명해 주는 기사들을 싣곤 해서다.

킬체인의 핵심은 선제 타격이다. 위험한 대응 방식 중에서도 최상급이어서 국지전이 아니라 전면전으로 확대될 가능성이 100%다. 즉 킬체인은 북한이 미사일 등을 발사하기 전에 우리 군이 이를 먼저 탐지해서 선제 타격한다는 개념인데, ①탐지 ②확인 ③추적 ④조준 ⑤교전 ⑥평가 및 수정 등의 6단계로 이뤄진다. 그리고 이 6단계 과정이 최대한 신속하게 이뤄져야 한다. 시험 평가에서 평균 40분대에 이르렀던 미군은 현재 그걸 10분으로 줄이는 것을 목표 삼고 있고, 우리 군은 30분이 목표다. 1분 내에 위협 탐지, 1분 내에 식별, 3분 내에 타격 명령, 25분 내에 목표물 타격 완료가 그 구체적 내역이다. 하지만, 우리는 목표만 그럴 듯할 뿐 1단계의 탐지 장비조차도 완비하지 못한 상태다.

대통령은 취임식 당일 새벽 0시부터 대통령직을 수행해야 하는 일종의 '개업의(開業醫)'다. 종합병원 원장 격으로 그 격이 좀 높을 뿐, 24시간 수술복을 입고 지내야 하는 자리다. 실제로 옷도 못 벗고 넥타이도 못 풀고 양말을 신은 채로 소파에서 잠이 든 노무현 대통령의 모습이 훗날 언론에 공개된 적도 있다. 김선일 피랍 사건 때(2004.6.21.) 밤새 보고 받고 숙의하느라 새벽에야 겨우 관저 소파에서 잠든 모습이었는데, 당시 그는 이라크 파병 때문에 발생된 사건이라서 몹시 고민했다.

관저 소파에 잠든 모습(위). 그걸 보고 권양숙 여사가 담요를 꺼내다 덮어주었다. ⓒAIFIC

그처럼 대통령 자리는 몸 바쳐 일해야 하는 고달픈 자리다. 노무현 대통령이 어느 날 귀국 비행기에서 '디스'[63] 담배 반 갑쯤을 연달아 피우고서 뱉은 말, '대통령 자리는 정말 사서 개고생을 하는 자리야'처럼... 그는 해외에 머무는 동안에도 2/3 이상을 국내 정치 현안 문제로 골머리를 앓고서 돌아오던 참이었다.

그 뒤에 나온 말이 '대통령 못 해 먹겠다'다. 검사와의 대화를 가졌던 2003년의 5월에 토로한 말이다. 자신의 정치 실험들이 절대적인 야대(野大) 상황에서 번번이 벽에 부닥치자 그는 '새 시대의 맏형이 되고 싶었는데 구시대의 막내가 될 수밖에 없는 상황'이라고 푸념했다. 나아가 "언

63 국산 담배 중 가장 값싼 담배. 노무현은 대통령이 되고 나서도 계속 그것만 피웠다.

론은 (정부가) 부당하게 짓밟고 항의한다고 더 밟고, '맛볼래' 하면서 조진다"고도 했다.

그 당시 윤석열이 대통령 자리에 오른다고 해도 그는 173명의 의원을 보유한 슈퍼급 야당과 맞서야 했다. 단순한 여소야대 정국이 아니다. 27명 정도만 포섭하면 개헌까지도 밀어붙일 수 있는 항공모함급이었다. 여소야대의 가시밭길을 헤쳐 나가기 위해서 노태우는 아니꼽지만 YS에게 굽히고 들어가 3당 합당을 했고, DJ는 DJP 연합을 결성하여 총리 자리를 자민련에 내주기도 했다. 그런 대결단이 따르지 않고는 한 발도 전진할 수 없는 험로가 여소야대다. 노무현이 '아, 대통령 못 해 먹겠다' 소리까지 뱉으며 신음할 정도로.

윤석열은 대통령 자리에만 오르면 뭐든 다 할 수 있다고 착각했던 듯하다. 시력 개보수 수술을 얼른 받아야 한다. 그가 공약한 것들 중에는 관련 법률 개정이 꼭 필요한 것들이 하나둘이 아니다. 쉬운 예로 공수처를 대개혁해서 이른바 맘에 안 드는 버르장머리를 고쳐 놓겠다고 벼르지만 그 첫걸음도 내딛지 못한다. 청와대에서 제아무리 떠들어봤자 국회에서 요지부동이면 한 발자국도 못 나간다. 그게 여소야대의 냉엄한 현실이고 엄중한 진리이자 정치판의 사전 판결문이다. 내가 윤석열의 정치판 투신 발표일에 가장 먼저 떠오른 생각이 '윤석열 참 안됐다'였고, 이어서 나온 말이 '그래도 덕분에 똥뱃살은 좀 빠지겠네'였다. 정치판 초짜치고도 너무 날라리라서였다. 여소야대 정국하에서는 설혹 윤석열이 대통령이 된다 해도 가시밭길을 걸을 수밖에 없다는 것은 시사평론가들 모두가 동의했던 부분이기도 했다. 딱 한 사람, 당사자만 빼놓고.

8

윤석열은 허방이었다! 문제적 킬체인 발언:
무지와 경솔이 결합하면 국가 안보가 장난감이 될 수도 있다

(1) 윤석열은 일반 국민들의 상식 수준에도 미달하는 한심한 허방이었다

윤석열은 2022년 신년 기자회견에서 한 외신기자로부터 '오늘 아침에도 북한이 미사일을 쐈고 위협이 계속되는데 이를 방지할 계획이 있느냐'는 질문을 받자, "마하 5 이상의 미사일이 발사되면 수도권에 도달해서 대량 살상을 하는데 걸리는 시간은 1분 이내다. 요격이 사실상 불가하다. 그러면 그런 조짐이 보일 때 킬체인(Kill-Chain)이라는 선제 타격밖에 막을 수 있는 방법이 지금 없다"는 취지로 답했다. 어찌 들으면 표준 정답인 듯도 하다.

한편 이런 답변에 대해 안티 윤석열 쪽에서는 '아이 불장난/전쟁놀이/전쟁광/호전적 지도자'와 같은 낱말들을 쏟아부었다. 하지만 이런 발언들도 어찌 보면 엄중한 사실에 대한 감정적 대응에 불과하다. 심하게 말하자면 그런 지적들은 윤석열의 발언이 실제로 지닌 심각하고도 심대한 문제점의 몸통은 건너뛴 채 말꼬리만 잡고 흔들어댄 것일 수도 있어서다.

그 발언의 가장 큰 문제점은 그 안에 담겨 있던 윤석열의 총체적 무지였다. 킬체인이 뭔지, 현재 우리의 준비 상태가 어떤지를 윤석열은 그 실상을 전혀 모르고 있었다. 그런 상태에서 그냥 주워들은 말을 무책임하게 끌어다 댔다. 윤석열 말대로 킬체인에만 의존하다가는 우린 다 죽는다. 더 큰 문제는 그런 발언이 쓸데없이 북한을 자극하는 일도 된다는 사실이다. 그때 북한이 윤석열의 그런 발언을 '같잖다'고 평하면서 저강도로만 비난하고 까뭉개서 그나마 다행이었다.

앞뒤 모르고 꺼내는 그런 '무책임한' 발언에서 파생되는 문제점들은 한두 가지가 아니다(그날은 바로 윤석열이 '책임 있는 변화'를 주제로 삼아 신년 기자회견을 열었던 날이기도 하다). 한 나라의 지도자로서는 '고딩' 수준도 안 된다. 사실 같은 주제 앞에서 A학점짜리 답안을 써내는 놀랍게 똘똘한 고딩들도 있다.

그 발언에 담긴 심각한 문제점들은 한두 가지가 아니었다. 대충만 정리해도 아래의 세 가지쯤 된다.

1) 우선 극초음속미사일에 대해 윤석열은 거의 까막눈이었다. 어처구니없을 정도로 기본 개념조차 정립하지 못하고 있었다. 초음속이란 마하1 이상을 이른다. 미사일은 물론이고 로켓포에 속하는 북한의 다연장포(장사정포)도 마하 5 정도는 예사다. 우리의 현무도 마하 5 이상이다. 장거리미사일, 즉 대륙간탄도탄(ICBM) 같은 경우는 마하 20에도 이른다. 따라서 극초음속이란 말 자체를 좋아하지 않는 이들도 있다. 그 구분이 불명확해서다. 대체로 마하 10 이상을 극초음속으로 보기도 하고

마하 15 이상일 때를 극초음속으로 분류하는 등 그 기준이 임의적이다.

극초음속미사일을 남한을 향해 쏠 때를 가정하고 미리 벌벌 떠는 이들도 있다. 극초음속이란 수식어 탓이 크다. 북한이 남한을 향해 그동안 개발해 온 미사일들을 쏜다? 그런 결정을 할 북한군 인사는 단 한 사람도 없다. 아 손쉽고 더 파괴력이 확실한 것들이 즐비한데 굳이 그 비싸고 발사에 시간이 걸리는 미사일까지 쏜다?

북한이 2022년 초 시험 발사한 극초음속미사일의 목표 거리 700km만 보고서 완성품일 때 1기당 1000억 원이 넘는 그 비싼 걸 남한에도 쏠 수 있다고 생각하는 이가 군사 전문가 중에 있다면 그는 좀 모자라는 사람이다. 그 당시 이미 한 번에 12발~22발을 연속해서 쏴댈 수 있는 북한의 장사정포(다연장포[64])는 마하 5의 속도로 날아와 대전 이북의 남한 땅을 순식간에 초토화시킬 수 있었다. 게다가 당시 남한에는 그걸 막을(요격할) 방법이 전혀 없었다. 그런 장사정포가 북한에는 300여 문이 있고, 이미 실전 배치돼 있었다. 우리가 허겁지겁 '21~'25년 중장기 국방계획에 그걸 막을 한국형 아이언 돔 개발 계획을 삽입했던 이유다.

이런 것들은 일반 신문들을 조금 주의 깊게 읽어본 이들이라면 다 안다. 그만큼 일반 상식 수준이다. 정치판 뉴스만 대충 읽고 후딱 지나는

---

64 북한의 방사포. 정확히는 다연장(多聯裝) 로켓포라 해야 한다. 다수의 로켓 발사관을 상자 모양인 발사기에 나란히 수납한 형태의 화포다. 고성능 사격 통제 장치와 이동식 발사대를 하나의 시스템으로 통합한 포병 무기다. 북한의 과시용 무기 행진에서는 12연장과 22연장 등이 주로 소개되고 있는데, 이밖에 4연장, 8연장 등 다양한 종류가 있다. 소형일수록 신속 이동 배치와 관리에 장점이 크다.

사람들만 아니라면.

대통령은 군 통수권자다. 일반 국민들이야 모른다 쳐도 통수권자는 기본적인 무기 체계에 대해서는 알고 있어야 한다. 모르면 초단기 속성 과외를 받아서라도 기본 개념은 알고 있어야 한다. 극초음속미사일은 최소한 현재 기당 가격이 1억 불(1300억 원)[65] 이상이다. 그 비싼 걸 남한에 대고 쏴댈 필요도 없는 이유는 이미 위에다 적었다. 로켓포여서 포탄 가격은 미사일과는 비교가 안 되게 싸다. 현재 북한이 보유하고 있는 스커드-C 미사일과 노동미사일의 기당 가격은 각각 400만 달러(43억 원), 1천만 달러(130억 원. 사드미사일 기당 가격과 동일)로 평가된다.

그 정도쯤은 대통령을 꿈꾸는 사람이라면 알고 있어야 엉터리 발언으로 국민들을 불안하게 하는 일이 없다. 이런 각종 미사일 가격 등은 일반 신문에도 다 나온다.

더구나 윤석열은 2022년 1월 들어 사드 추가 배치까지도 언급했다. 국가 안보를 들먹이면서 수도권 추가 배치를 꺼내들었다. 기가 막혀서 말이 안 나온다. 무책임과 무지의 극치다. 정말 나라 말아 먹을 사람이다. 중국이 제대로만 반응한다면... 사드가 뭔지 정도는 기본적으로 공부하고 난 뒤에, 그리고 그 비용까지도 챙겨보고, 그것이 왜 그토록 예전에도 중국의 심기를 건드렸는지 알고 나서 입을 열어야 한다. 배우고 나면 그 입을 열 수 없겠지만.

---

65 이것은 연구개발비 포함 추정 가격이다. AP통신과 우리 국방부가 그쯤 추정하고 있는데, 본격 생산이 된다면 그 절반 가격 정도로 내려갈 수도 있다. 각종 미사일 가격 등도 일반 신문에 다 나온다.

한마디로 사드는 대북용(對北用)으로는 거의 무용지물이다. 기본적으로 중.장거리미사일 요격용이라서다. 모든 중.장거리미사일은 높이 발사된 뒤에 변곡점에 이르면 목표 지점을 향해 일정 거리를 가속도 중력 낙하로 비행한다. 즉 떨어질 때는 자체 추력이 없다. 그래서 장거리미사일일수록 고공 발사를 한다. 그것들이 떨어져 고도 1000km쯤에 이르면 그때 사드의 레이더가 감지를 시작하고 600km쯤 내려왔을 때 사드 미사일이 그걸 요격한다.

사드는 그처럼 높은 고도에서나 쓰이는 요격 체제다. 그래서 사드의 첫 세 글자 THA는 Terminal High Altitude(종말 고고도)를 뜻한다. 저고도나 비행 거리가 짧은 것들에는 무용지물이다. 극초음속미사일은 목표 고도 1400km 정도로 발사하는 ICBM등과 달리 고도 100km 정도의 저고도 비행체다. 그래서 ICBM 등은 발사 후 목표 고도 도달 전이나 낙하 시에 레이더에 잡히지만 극초음미사일은 목표물에 임박해서야 겨우 레이더에 잡힌다. 또 사정거리 기준으로는 남북한은 끽해야 1000km다. 휴전선 쪽으로 한 발 다가오면(북한에는 이동발사대가 200여 개 이상이나 된다), 100~500km 사거리로 좁혀진다. 그런 형편에 그 비싼 중.장거리미사일을 동원하여 고각 발사를 해댈 천하의 바보는 없다! 마치 엽총으로 쏴도 잡을 수 있는 사냥감에 대공포를 들이대는 바보짓이나 똑같다. 아래 그림이 대륙간탄도탄(ICBM)과 극초음미사일의 발사 및 비행 고도 등을 잘 요약하고 있다.

탄도미사일과
극초음속 활공체(HGV)의 비행 궤적

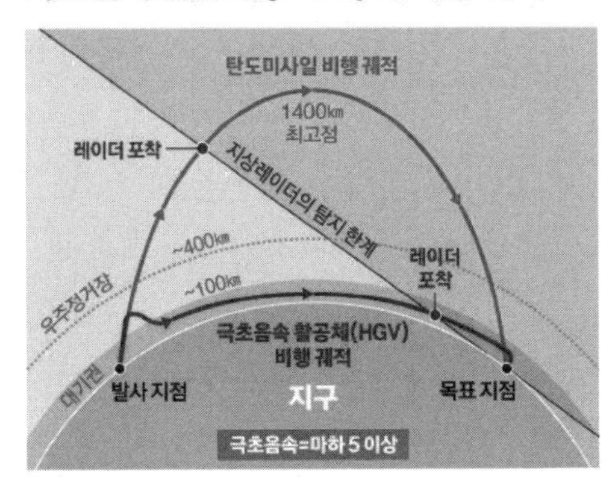

탄도미사일과 극초음속 활공체

그래서 북한이 남한 공격을 시도한다고 할 때 북한이 중.장거리미사일을 쏴대는 그런 미련한 짓을 할 리가 없다는 말을 위에서도 했다. 겨우 수백 km밖에 안 되는 남한 공격을 위해 그런 미사일을 쏘는 건 낭비이고 천하의 바보짓이니까. 그냥 간단히 저고도비행이 가능한 순항미사일을 쏘거나, 잠수함발사미사일(SLBM)을 쏘면 된다. 3면이 바다인 터라 SLBM은 단거리미사일로도 족하다. 북한은 이미 이것들을 전력화하고 있다.

그래서 만에 하나라도 북한이 미사일 공격을 한다면 그건 99% 저고도 미사일이다. 그걸 대응하는 데 효과적인 것은 패트리엇이지 결코 사드가 아니다. 그럼에도 패트리엇(PAC-3)은 사드와 똑같이 날아오는 미사일에 직접 충돌하여 1대1로 격파시키는 Hit-to-kill 방식이어서 한꺼번에 수없이 날아오면 정신이 없어지고, 요격 효율도 급전직하한다. 막아낼 수가 없다.

그래서 남한 측이 걷어붙이고 국방연구소를 주축으로 개발에 매달린 게 한국형 아이언돔(C-RAM, Counter Rocket, Artillery and Mortor) 방식이다. 방호망을 미리 돔처럼 구성.운용하는 게 핵심이다. 이 아이언돔의 선구자가 이스라엘인데, 얼마 전 이란에서 쏴 댄 미사일들을 막아내는데 일등공신 노릇을 했다. 다만 이란이 그 미사일들을 일시에 발사하지 않은 행운 덕을 크게 크게 봤고, 인근에 배치되어 있던 미군 측의 패트리엇 조력 덕도 봤다. 아이언돔도 수백 발의 미사일이 동시에 날아들면 그때는 힘을 쓸 수가 없다.

그런데도 어째서 미군이 사드를 밀고 들어왔느냐. 그건 그들이 내건 듯이 한미방위조약을 준수하기 위해서가 아니다. 한마디로 중국 감시용이다. 사드에서 가장 요긴한 게 감지용 레이더다. 현재의 레이더 시스템 중에서는 가장 정밀하고 쓸모 있는 작품이면서 커버 반경이 1000km나 된다. 아래 그림에서 보듯 한국에 설치하면 북경까지도 훑을 수 있다.

그래서 그 레이더 감시용 목적이 최우선인지라 현재 일본의 두 군데에 설치된 미군 사드 포대 중 한 곳에는 레이더만 있고 요격미사일 발사용 포대 시설은 아예 없다. 하지만 그 레이더로는 북경 지역까지 훑을 수 없어서 한 발 더 가까이 설치하게 된 게 한국의 사드다.

한국에 사드가 설치되자 중국이 그처럼 우리나라에 핍박을 가해댄 것은 바로 그 때문이다. 자신들의 코앞에 미군의 감시용 레이더가 설치

사드 시스템 요도. ©AIFIC

돼서이고, 그 용도로 한국이 앞마당을 내준 게 한없이 미워서다. 그래서 중국도 레이더 감시 기능을 무력화시키기 위해서 초대형 군용 전자파 방해 장비(RF 재머)[66] 개발을 서둘렀고, 완성했다. 그리고 그것이 요동성에 설치된 지도 6년이 넘었는데, 그 반경이 2000km를 넘긴다.

66 한국이 미국 전투기를 사주면서 내건 조건 중에 국산전투기(KF-X) 제작용 기술 이전이 있었는데 미국이 당초 계약과 달리 온갖 핑계를 대며 기술 이전을 거부한 네 가지 중의 하나이기도 하다.

게다가 이 사드 녀석은 돈 잡아먹는 하마다. 1개 포대에 발사대가 6개 있는데, 발사대당 포탄(요격미사일)이 8발씩이고 1기당 가격이 천만 불(130억 원)이다. 미사일 값만도 5000억 원을 넘긴다. 최신 최고급을 자랑하는 레이더도 몸값이 장난이 아니어서 3~4억 달러를 호가한다. 그래서 사드 포대 하나를 설치하려면 물경 1조 원 정도가 든다. 그토록 비싼 몸값을 자랑한다. 말 한마디로 간단히 사드가 설치되지 않는다.

미국은 한국이 사드 포대 설치를 반대하고 머뭇거리자 당초 그 비용을 자신들이 전담한다고 했다. 하지만 설치 후에는 슬슬 태도를 달리하기 시작했다. 트럼프 시절에 국방비 분담 협상에서 갑자기 500%나 늘리는 그런 깜짝 놀랄 증액(요구액은 5조 원대)으로 우리를 괴롭힌 것도 바로 그 사드 비용이 주범 중의 하나였다. 그 비싼 걸 한국에 설치해 주고 운영까지 서비스하고 있으니 그 값을 내놓으라는 압박이었다. 지들이 아쉬워서 설치한 비용을 우리에게 덤터기 씌우고 그걸 힘으로 눌러댔다.

사정이 이러한 데도 사드와 관련된 간단한 전후 맥락 공부도 건너뛴 채 윤석열은 사드의 추가 배치[67]를 경솔하게 꺼내들었다. 앞서 무책임과 무지의 극치라서, 기가 막혀 말이 안 나온다고 적은 이유다.

혹자는 윤석열 주변에 군사 전문가인 전직 장군들도 있고 그들의 조

---

67 이 사드 추가 배치는 미국과의 합의와도 배치된다. "사드 추가 배치에 대해서는 이미 한미 간에 합의된 내용이 있다. 사드 추가 배치는 고려하고 있지 않다. 이 입장은 지금도 변함이 없다"가 2017년 10월 강경화 외교부 장관이 공식적으로 국회에서 확인해 준 내용이다. 외무장관의 공식적인 발언은 관련 서류들도 존재함을 뜻한다. 빈센트 브룩스 전 주한 미군 사령관도 이 사실을 인정했다. 친미 편중파인 듯한 윤석열이 미국과의 사전 합의 없이 독단적으로 일을 저지른 듯하다. 명백한 외교적 결례다. 이 또한 대실수로, 사서 미운털이 박이는 언동이다.

언도 있었을 텐데, 어찌 그런 말을 했을까 의아해할지도 모르겠다. 답부터 말하자면 장군들은 전쟁이 있어야 몸값이 오르고 먹고 산다. 안보가 불안해지거나 안보 문제가 자꾸 이슈로 떠올라야 그들은 신난다. 노무현 시절 전작권(전시작전권) 환수를 추진하자 가장 먼저 반대한 게 고급 장성들이었다. 그들에게는 군사 주권 격인 전작권 회수 따위에는 관심이 없고 줄어들 장군 보직 숫자에만 매달리며 온갖 구실을 대며 반대했다. 그때 나간 노무현의 호통이 그 유명한 '부끄러운 줄들 좀 아세요'다.

2) 윤석열이 킬체인을 언급하려면 현재의 우리 준비 상태(운용 가능 실태)에 대해서도 초보적인 지식 정도는 갖고 있어야 했다. 압축하자면, 우리의 킬체인은 불완전하고 미비된 상태다. 킬체인의 작동에서는 0.1%의 오류가 발생해도 실패율 100%가 된다. 그만큼 시스템 전체가 정밀하게 작동돼야 하는데 우리는 그렇지 못하다.

우리의 킬체인은 북한이 핵, 미사일 등을 발사하기 전에 우리 군이 이를 먼저 탐지해 선제 타격한다는 개념인데, ①탐지 ②확인 ③추적 ④조준 ⑤교전 ⑥평가 및 수정 등의 6단계로 이뤄진다. 즉, 적의 미사일을 실시간으로 탐지하여 무기의 종류와 위치를 식별한 뒤 공격 수단 선정, 타격 여부 결정, 공격 실시 및 그 공격의 실효성 평가 등으로 이어지는 일련의 공격형 방위 시스템이다(아이고 복잡하다). 탐지에는 감시 정찰 위성과 통신위성·정보위성·정찰기 등 각종 고성능 정보 전력이, 공격에는 미사일과 전투기 등이 각각 동원된다.

이 시스템의 핵심은 고정 표적이 아닌 중요 이동 표적들을 최대한 재빨리 타격하는 것인데, 그러려면 위에 설명한 6단계에 소요되는 전체 시간들을 최소한으로 줄여야 한다. 무수한 시행착오와 연습 끝에 그 총시간이 평균 40분대에 이르렀던 미군은 현재 그걸 10분으로 줄이는 것을 목표 삼고 있고, 우리 군은 30분이 목표다. 1분 내에 위협 탐지, 1분 내에 식별, 3분 내에 타격 명령, 25분 내에 목표물 타격 완료가 그 구체적 내역이다.

그런데... 목표 달성은 현실 결손분이 완전히 충족될 때에야 가능하다. 우리는 탐지 자산 확보와 운용에서부터 현재 불완전 상태다. 1대가 들어와 있는 글로벌호크기 4대 도입이 전부 완료돼야 탐지 분야에서라도 한숨을 돌리게 된다.

목표물 타격에 동원될 전투기만 해도 현재의 주력기인 KF-16(F-35A는 도입 진행 중)은 단순 항속거리로는 4천 km를 넘기지만 분초를 다투는 킬체인 발진 시에는 최대 속도인 마하 2 이상으로 내달려야 해서 실제 운항 거리는 1000km 안팎이다. KF-16의 제원(諸元) 표기에서 전투 행동반경이 550km로 나오는 이유다.

그 때문에 킬체인 발동 시 남한의 중남부 지역 이하의 전투비행단에 배치된 전투기들은 공격 후 연료 부족으로 무사 귀환이 어려울지도 모른다. 실제로 대구비행장을 이륙한 F-16이 간단한 공중 전투 훈련을 몇 분 한 뒤 순항 비행으로 독도를 거쳐 귀환하는데 연료 부족으로 대구로는 못 오고 간신히 청주 공항에 착륙하는 게 현실이다. 이러한 상황은 스텔스기인 F-35A도 마찬가지다. 그래서 공군에서는 오랫동안 공중급

유기를 노래해 왔고 겨우 한 대가 들어왔다. (그래도 킬체인 사태에서는 소용이 없다. 언제 북한 땅으로 들어간 전투기를 쫓아가 공중 급유를 하고 있을 것인가.)

이런 것들이 모두 해결된다 해도 킬체인의 완벽성과 관련된 문제는 또 있다. 얼마 전 북한은 전 세계에서 최초로 열차 지붕을 열고 미사일을 쐈다. 그야말로 기상천외한 깜짝 쇼였다. 그리고 북한은 이동 발사대를 200기 정도 보유한 것으로 추정되는데, 어떤 것들은 동굴 근처에서 포착되는 것도 있다. 즉 평소에는 동굴 안에 은신하고 있다는 얘기다. 그처럼 사전 탐지가 전혀 불가능한 것들도 있고, 탐지했을 때는 이미 발사되어 킬체인은 닭 쫓던 개가 될 수도 있다.

이와 같은 이유들로 현재 우리의 킬체인 시스템은 실용 전투에서 그 성능(?)을 100% 신뢰할 수 있는 상태가 결코 아니다. 전작권 환수를 위해 우리 군이 실제로 그 작전 운영 능력이 있는지를 미군한테 시험을 치르고 있는데, 아직 합격점을 받지 못하고 있는 것 중에는 여러 가지가 있지만 이 킬체인도 포함돼 있다.

그런 킬체인 현실을 알지도 못한 채 성급하게 꺼내든 윤석열. 그건 북한을 불필요하게 자극하는 악수이고, 6.25때 국민들을 속였던 이승만의 비밀 한강 폭파 작전이나 다를 바 없다. 이승만의 말을 믿고 한강으로 갔던 이들이 망연자실했던.

이러한 엄중한 사실들을 전혀 알려고도 하지 않은 채, 윤석열은 단순히 귀동냥만으로, 그리고 그에 관련된 여러 가지에 대한 깊은 점검을 건너뛴 채 성급한 말잔치를 벌였다. 자신도 그 정도쯤은 안다는 것을 과시하려는 얕은 생각 하나만으로가 아니었을까.

이 킬체인에 관한 자료 소개도 일반 신문들이 때마다 상세히 다뤘다. 여기서 소개하는 것도 몇 가지만 빼고는 바로 그런 일반 매스컴 자료에 의한 것들 수준이다. 신문만 제대로 훑었어도 이런 심대한 말실수는 하지 않는다. 그동안 윤석열은 뭘 어찌 하고 살아온 건지.

3) 윤석열은 핵무기를 포함한 신형 무기 개발의 '기본 목적'이 전쟁 억지력(抑止力. 한쪽이 공격하려고 하여도 상대편의 반격이 두려워서 공격하지 못하도록 하는 힘)이라는 초보적 사실 자체를 전혀 모르고 있는 듯했다.

국지전이 아닌 전면전이 터지면 이제는 '너 죽고 나 살자'가 아니라 '너 죽고 나도 죽는다'가 된다는 것을 양측이 뻔히 알고 있기 때문에, '내겐 이런 무서운 무기도 있으니까 도발할 생각을 하지 마'가 신형 무기 개발의 주 목적이다. 그렇다는 건 고딩만 돼도 아는 것이, 교과서에도 그렇게 나와 있고 수능시험에서 논리 문제로 출제된 적도 있다.

따라서 이러한 총체적인 자질 부족 문제를 가리기 위해서, 윤석열이 '나 무식한 사람 아니오'를 포장하려고 성급하게 뱉은 '킬체인' 발언은(그것도 외신기자 앞에서) 한 나라의 지도자로서는 빵점에 가까운 발언이다. 더구나 '선제 타격'이라니... 사실 킬체인 자체가 '전략 표적 선제 타격' 시스템이긴 하다. 하지만 국방장관은 그런 말을 할 수 있어도, 외교 수장격인 대통령은 입 안에만 담아두어야 하는 말이다.

참아 두었다가 최후의 순간에만, 그 지시를 실제로 내릴 때만 사용해야 한다. 그걸 가볍게 꺼내들면 '전쟁광, 호전적 지도자, 전쟁놀이' 등의 손가락질과 업신여김을 받아도 할 말이 없어진다. 노무현 대통령이 '대통령 못 해 먹겠다' 소리를 공개적으로 내뱉은 순간, 야당 쪽의 비아냥은 말할 것도 없고 여당 쪽조차도 당이 두 쪽으로 쪼개졌고, 국민들조차도 할 말 안 할 말 가려서 진중하게 했으면 좋겠다는 여론 조사 결과가 우세했다. 대통령의 말 한마디가 국격을 좌우한다는 건 어제오늘의 일이 아니다.

귀동냥에만 의존하여 윤석열이 생각 없이 내뱉은 킬체인 발언의 진짜 문제점은 위의 1)~3)을 잘 모르는 일반 국민들에게 주는 불안감이다. 순진한 일반 국민들은 '대통령이 되려는 사람도 북한과의 전쟁밖에 없다고 하는 걸 보니, 북한의 미사일 발사가 계속되면 진짜로 전쟁이 일어나게 되는가 보다'라고 여기게 된다. 국가 안보와 무기 체계 등과 관련한 윤석열의 총체적 무지가 불러온 섣부른 말 한마디가 온 국민을 불안에 떨게 한다. 그것이 핵심이다. 선제 타격이란 말을 섣불리 뱉은 외교 수장으로서의 결격 사유는 빼고서라도.

대통령의 직무 수행에서 처음과 마지막 모두 그 화두는 국민이다. 모든 걸 국민을 염두에 두고 국민을 위해서 해야 한다. 사욕을 위해 국민을 이용하거나 불안에 떨게 해서도 안 된다. 순자(荀子)는 말했다. 〈군자주야 서인자수야 수즉재주 수즉복주(君者舟也 庶人者水也 水則載舟 水則覆舟)〉. 즉 '임금은 배요 백성은 물이다. 그 물은 배를 띄우기도 하지만 배를 뒤집을 수도 있다'라고. 날개 목소리들의 주인인 국민의 힘을 항상 바로 알고 제대로 읽는 일, 그게 지도자가 잊지 말고 떠올려야 할 일상 중의 하나다.

이 말은 바다를 건너가 오바마가 자주 인용하기도 했다. 진리와 순리(順理)는 여권 없이도 시대와 국경을 자유 왕래한다.《손자병법》(The Art of War)은 미국 경영학계의 스테디셀러인지 오래고 정치학계에서는 마키아벨리의《군주론》과 짝을 이뤄 권장되는 책이다. 당 태종의《정관정요(貞觀政要)》는 하버드 옌징연구소 사람이 아닌데도 번역서를 접한 이들이 많고, 동양학 연구자들 사이에서는 원문으로 독파해낸 이들도 적지 않다.

9

'한국 청년은 중국을 싫어한다':
윤석열은 외교 분야 과외 공부가 시급하고 절실했다

내 보기에 외교는 99%의 관례와 1%의 진심으로 이뤄지는 듯하다. 관례라는 것도 99%는 능구렁이 언어에 1%의 신뢰가 첨가될 때 제 기능을 발휘하는 듯하고. 그처럼 모든 외교와 관련된 발언의 기본 중 기본은 그 속내를 죄 까발리지 않는다는 점이다. 그런 점에서는 '정치적 발언'이라고 표현하는 것들과도 일맥상통한다. 그게 불문율이다.

예를 들면 한미정상 회담이나 한미방위조약 관련 회의 후에 항상 빠지지 않는 '한반도 평화'라는 말은 '한반도에서는 어떤 경우든 전쟁은 하지 말고'를 우회적으로 뜻하는 말이다. 즉 '우리가 하는 모든 논의는 전쟁 억지를 위한 노력의 일환이다'를 뜻한다. 그럼에도 뒷전에서는 열심히들 무기를 팔고 사는데 그 또한 전쟁 억지력 확보 노력이라고 우겨댄다. 그리고 그건 말이 되는 소리다. 더 센 무기를 가지고 있어야 평화가 유지되니까.

평화주의라면 빠지지 않는 우리나라도 실은 무기 수출입에서 늘 전 세계 6~7위를 차지하고 있다. 2022년 이집트와의 2조 원대 수출 계약이

성사된 K-9 자주포도 호주를 포함하여 약 1000대 이상 나가 있고, 터키 생산 공장에서 만드는 것들은 라이센스료를 챙기고 있다. K-9 자주포 한 대는 약 40억 원쯤 한다. 실 거래 때는 계약 성사를 위해 좀 깎아주기도 하고 포탄도 끼워주고 서비스를 많이 많이 한다. 10년 걸려 성사된 이집트에는 약 500대쯤 판다는 얘기가 된다. 우크라이나 전쟁 이후 우리로부터 대량의 무기를 구입한 폴란드 역시 우리의 무기 수출액수를 껑충 올려주었다.

윤석열은 2021.12.28. 주한미상공회의소(AMCHAM) 간담회에서 뜬금없이 문재인 정부를 비판하면서 그동안 펼쳐 온 문 정부의 중국 편향 정책에도 불구하고 "한국 국민, 특히 청년 대부분은 중국을 싫어한다"는 경천동지할 망언을 쏟아냈다. 그는 자신의 친미 성향을 기반으로, 문재인정부의 미·중 간 중간자 역할을 폄하하고 공격하기 위해서 한 말인지 모르지만, 외교의 '외' 자만 알고 있는 이라 하더라도 그것이 얼마나 큰 실수인지 깜짝 놀랄 정도의 망발이었다. 윤석열이 당선되면 대한민국의 주중대사는 윤이 철부지라서 모르고 한 말이니 제발 용서해 달라는 소리를 그의 재임 기간 내내 달고 살아야 할 정도의 망언이었다.

외교 분야는 위에서 짧게 언급한 대로 언어 영역에서는 매우 특별한 구역이다. 말 한마디가 결과를 좌우한다. 나아가 (그 때문에도) 외교의 장(場)에서 사용되는 언어는 일상적인 의미와는 그 실제 의미가 매우 다르다. 즉 겉말과 속뜻이 엄청 다르다. 외교 만화의 대부분은 앞뒤 모습이 다른 두 사람이 나온다. 오른손으로는 악수하는데, 뒤로 와 있는 왼손에는 권총을 쥐고 있다.

일례로 흔히 나오는 회담 성과 표현 중에 '매우 진지하게 의견을 교환했다'가 있다. 그 말의 진짜 의미는 '양측이 장시간 동안 입씨름을 했음에도 합의를 이룬 건 하나도 없었다.'이다. 가장 흔히 나오는 '평가한다(appreciate)'의 진짜 의미는 '이야기를 나눈 것 자체가 의미가 있었을 뿐, 동의를 할 만한 건 없었다. 실제의 회담 성과는 빈손이다. 하지만 앞으로 회담은 계속한다'를 뜻한다.

이것이 국제 문제를 다룰 때, 회담 후 양측 실무자들끼리 다시 모여서 표현 하나하나를 가다듬는 이유다. 가장 좋은 예가 다음과 같은 중국의 외교적 표현들이다.

겉말	속뜻

- 친밀하게 우호적 회담을 가졌다(親切友好交談): 최상급의 긍정적 표현
- 솔직하게 이야기를 나눴다(坦率交談): 의견 차이가 커서 제대로 소통조차 할 수 없었다
- 의견을 교환했다(交換了意見): 각자의 입장 표명뿐, 합의된 건 없었다
- 상대의 의견을 존중한다(尊重): 동의할 만한 건 하나도 없었다
- 높이 평가한다(贊賞): 완전히 동의한 건 아니다. 그저 참고하겠다.
- 엄중하게 관심하고 있다(嚴重關切): 깊이 우려하며, 시정되지 않으면 끼어들겠다.
- 눈을 비비며 간절히 기대한다(拭目以待): 최후로 보내는 경고다
- 낭떠러지에서 말고삐를 멈춘다(懸崖勒馬): 무력 사용 직전이다
- 경고하지 않았다고 말하지 말라(勿謂言之不豫): 최후의 경고다. 더

이상 경고 안 한다. 알아서 해라.

이러한 중국식 외교 어법을 실제 사례에 적용해 보면 어떻게 될까. 다음은 극초음속 미사일 발사와 관련하여 중국의 외교부가 2022년 1월 12일에 내놓은 논평이다: "중국의 입장은 일관되고 명확하다. 관련국이 '쌍궤병진(雙軌竝進·비핵화 프로세스와 북미 평화협정 협상의 병행 추진)'과 '동시 행동'의 원칙과 단계에 따라 한반도 문제에 대한 정치적인 해결에 진전을 이뤄가길 바란다."

이 말의 속내는 이런 뜻이다(필자가 밑줄을 그은 부분들에 주목하시기 바란다): '그동안 중국은 북미 관계 해법에서 일관되게 말해 온 게 쌍궤병진(雙軌竝進)이었다. 즉, 북한이 비핵화 행동을 취하기 시작하면 그와 동시에 미국도 평화협정 협상 테이블로 나오고, 북한이 비핵화 조치를 취하기 시작하면 미국도 그에 상응하여 경제 조치를 풀어야 한다는 것이었다. 그런데 지금까지 미국은 북한이 백기를 들고 완전 투항하는 것을 봐야만 그때 비로소 시혜적으로 평화협정과 경제 제재 완화를 해주겠다는 고약한 태도가 아니었냐. 그러니 이번 극초음속 미사일 발사에 따른 유엔에서의 추가 제제 따위는 꿈도 꾸지 마라. 안보리 회의에서 절대로 동의해주지 않는다. 계속 그런 식이면 앞으로도 똑같다.'

그리고 그러한 심기를 그다음 날 나온 중국의 관영 영자지 글로벌타임스가 더 구체적으로 드러냈다: '미일의 위협은 과장이다. 미일의 이중잣대가 북한의 무기 개발을 초래했다. 북한의 실험보다 더 위험한 건 일본의 군사력 확장이다.' 그리고 실제로 그 뒤 안보리에서의 처리도 중국이 내놓은 논평대로 진행되었다. 중·러의 비토권 행사로 빈손 행사가 되었다.

외교적 어법과 상황이 이러한 판국인데, 윤석열이 '한국 청년은 중국을 싫어한다'고 했다. 그 말은 무식한 탓에 무례 등급을 한참 높인 외교참사(慘事)급에 속한다.[68] 한 나라의 외교를 대표할 최고 수장으로서는 정말 낯 부끄러워해야 할 말이다(훗날에라도).

그럴 때의 외교적 표현은 '지속적으로 중국과의 선린(善隣)관계에 주목해 온 한국 청년' 정도로 다듬어져야 한다. 그래야 실제로는 '중국 혐한파들의 태도와 행동에 꽤 오랫동안 불만이 많았던 한국 청년들'이 한중 외교에서 찍히지 않고 살아남는다. 그리해야 한국 청년들이 중국 유학을 가서도 혐한파 학생들과 마음고생을 덜하고 세계 각국에 나가서도 중국인들과 크게 웃으며 악수를 할 수 있다. 그래야만 수출로 먹고 사는 우리나라가 생존·발전할 수 있다.

유태인은 머리로 세계의 제왕 미국을 움직이지만, 중국인들은 축적된 부로 온 나라에서 은밀히 힘을 쓴다. 손쉬운 예로 동남아 각국의 숨은 거부들은 90% 이상이 중국계다. 한국이 미국과 중국 사이에 끼어 힘들어하면서도 어느 한 편으로 치우치면 그 즉시 우리나라는 어느 한

68 윤석열의 이 경솔한 발언이 중국 측의 심기를 건드리고 심상치 않은 반발이 나오자 뒷전에서는 중국 측에 사과도 한 듯하다. 2017.10~2019.1 주중 한국대사를 지낸 노영민 전 비서실장이 중국 라인을 통해 확인한 내용이라고 한다. 실수의 중대성/심각성을 국힘 측에서도 뻔히 잘 알 수 있는 것은 권영세 선대본부장 또한 박근혜 정부 시절 주중 대사를 지낸 사람이다. 외교가 뭔지도 알고, 중국 내 여론의 움직임 등에도 빠삭한 사람이었다.

쪽의 소리 없는 압제의 희생물이 된다. 반병신 꼴 난다.

미국이 우리 허락도 없이 안방으로 밀고 들어와 설치한 사드 때문에[69], 당시 중국 내 소비/유통 쪽에 진출해 있던 S그룹과 L그룹은 악소리도 못하고 갈비뼈에 금이 갔다. 연관 종사자와 가족까지 치면 3백만 명도 훨씬 넘는 우리나라의 관광/면세업계는 그 뒤 두어 해 넘게 비명을 질러야 했다. 중국에서 요소수 수출이 제한이 걸리자 우리나라의 화물 운송업계는 시한부 생명 환자로 몰렸다. 그게 우리의 엄중하고도 엄연한 생존 현실이다.

주요 자원이 부족하여 수입에 의존하여 필수 원자재를 조달하고, 그에 기반하여 수출로 먹고 사는 우리나라의 제1 교역 상대국은 중국이다. 미국은 2위다. 윤석열이 그토록 망발을 쏟고 있던 2021년 기준 미국과의 교역 상대국 순위에서는 우리가 6위인데 3.5%밖에 안 된다. 미국 쪽에서 볼 때는 멕시코, 캐나다, 중국, 일본, 독일이 5대 교역국이었다.

---

69 미국의 일방적인 사드 설치: 그 직전까지도 당시 국방장관은 사드 설치에 완전 동의한 것은 아니라고 공식 발표했다. 그 발표 직후 미국은 오산 기지로 그냥 밀고 들어왔다. 일방적으로 들여왔다.

10

대통령의 외교 공부는 '대통령학'의 필수 과목이다: 윤석열은 F학점

그런데도 철부지 윤석열은 중국과 척을 지는 발언을 계속했고 그 수위는 위험 단계를 넘나들기도 했다. 우물 안 개구리가 아니라, 안철수가 창안한 '동굴 안 개구리' 수준이다. 우물 안 개구리는 하늘이라도 보지만 동굴 안 개구리는 하늘도 보지 못하는지라, 완전 캄캄이 수준으로 앞뒤를 생각지 못하는 이들에게 안철수가 선물한 말이다.

필자가 1970년대 후반에 유럽에서 겪었던 일이다. 내가 대한민국(Republic of Korea)에서 왔다고 점잖게 말하자 상대방은 대뜸 '오 나 킴일쏭(Kim Il Song) 알아요. 대단히 좋아해요(love)'라고 반색을 했다. 물론 영어로. 하지만, 나는 그에 대해 그는 우리가 적대시하는 최고 우두머리란 말로 찬물을 끼얹을 수 없었다. 혹시 박정희를 아느냐고 물어봤지만, 그는 처음 듣는 이름이라고 했다. 설명을 늘어놓지 않았다. 그는 내가 어떻게든 잘 지내야 할 사람이었고 굳이 한반도의 복잡한 정세를 강의해서 그를 피곤하게 만들 일은 없었다. 그리고 그의 말을 들으며 어쩌면 내가 그동안 우물 안 개구리였을지도 모르겠다는 생각이 얼핏 들었다.

SLOOC(서울올림픽조직위원회)이 서울 올림픽 개최를 앞두고 우리나라의 국가 인지도(認知度) 조사를 할 때다. 미국 사람들 중에서 세계지도나 지구본을 놓고 거기서 대한민국(Republic of Korea)도 아닌 한국(Korea)의 위치를 짚어보라고 했을 때('대한민국'을 짚으라 했으면 그 결과는 훨씬 더 내려갈 수 있어서) 그걸 제대로 할 수 있는 사람들은 절반도 안 됐다. 학생들로 내려가서는 30%도 밑돌았다. 그 결과를 대하고는 우물 안 개구리는 미국인들이 아니라 우리였다는 생각이 확실히 들었다.

여러 해 전의 일이다. 내가 누구인지를 잘 알고 있는 미국인들의 파티에서 필자가 농담 삼아 물었다. 내가 어느 나라에서 온 사람인지, 그 나라 이름을 정확히 대보라고. 정답을 말한 이는 20%도 안 됐다. 대부분이 Korea라고 했다. 그들 모두는 최소한의 학력이 대졸이고, 박사 학위 소지자들도 있었다. Republic of Korea와 DPRK(조선민주주의인민공화국. Democratic People's Republic of Korea)의 정확한 명칭을 아는 이들도 소수였고, 심지어 Republic of Korea를 북한으로 아는 이도 한 사람 있었다. 그들이 일상적인 뉴스에서 빈번하게 듣는 국가들 중의 하나가 Korea인데도.

어쩌면 그런 문제의 근원은 신문/방송들 때문일지도 모른다. 미국의 모든 매스컴에서 대한민국 관련 뉴스는 South Korea로 나오고 북한 관련은 North Korea다. 미국 땅에서 우리나라를 Republic of Korea라고 지칭할 때는 백악관 등의 공식 행사나 국무부 대변인 등의 발언을 빼고는 거의 없다. 그것이 엄중한 현실이다. 그걸 우물 안 개구리 격인 한국인들만 잘 모르거나, 미국 방송에서 South Korea나 North Korea로 나와도 그러려니 하면서 그냥 계속 흘려보내다 보면 그런 허망한 현실에 둔감해진다. 그래서 안에 있는 우물 안 개구리는 밖에 나가서도 여전히 우물 안 개구리일 때가 많다.

노무현은 미국 측에서 볼 때 역대 한국 대통령 중 가장 껄끄러운 대통령이었다. 친미도 친중도 아닌 한민족 자주파였지만, 노무현과 똑같은 노선이면서도 정치 9단급의 노련미를 장착하고 수시로 그걸 실전에 써먹은 DJ와는 달랐다.

하지만, 그런 노무현도 미국을 드나들면서 달라졌다. 미국 방문이 그의 생애 최초 해외여행이었던 노무현은 자신이 그동안 우물 안 개구리로 살아왔다고 고백했다. 그 뒤 태도를 바꿔 사근사근해지기 시작했다. 그 대신 실리를 챙겼다. 전작권 환수 카드를 꺼내들었고, 2003년 한미FTA 팀을 만들어 밀어붙였다. 오랜 밀고 당기기와 사연 많은 내외부 진통 끝에 그 최종 결실을 본 것은 9년 뒤 차차기 대통령 시절이던 2012.3.15.이었다. 이로 인해 그 뒤로 우리가 거둬 온 경제적 실리는 손가락 계산으로도 우리나라의 예산 액수를 넘긴다는 말까지 나왔다.

우리나라의 경제계 사람들은 정치판이나 일부 이념 추종자들의 생각과 시선에 대체로 동의하지 않는다. 사고의 내역과 시선의 너비 면에서 조금이 아니라 많이 다르다. 아무 것도 아닌 걸 갖고 내부에서 툭탁거리면서 정쟁화하거나 국제간에 쟁점화하면 그냥 외면부터 한다. 기본적으로 그들은 세계주의(globalism)와 지역주의(localism)를 이상적으로 결합/실행하려는 실용적 국제주의자, 곧 글로컬리스트(glocalist)[70]들이다. 특히 국지적 이념 따위에 매몰되어 현실과 실용을 외면하는 걸 질색/염오하거나 기피한다. 지겹도록 봐 온 우물 안 개구리들의 꼴이라서다.

그런 이들의 사무실을 보면 90% 이상 대형 세계지도가 어디에고 걸려 있다. 전 세계의 시간을 알려주는 시계들이 크든 작든 걸려 있기도 하다. 저녁에 걸려온 전화를 받으며 첫마디가 '굿모닝'으로 나갈 수 있는 건, 그런 지구촌 시각 개념이 몸에 새져져 있어서다. 지구본을 돌리다 보면 전 세계도 손바닥에 들어오는데, 국내 지도 하나조차에도 관심하지 않은 사람들은 제아무리 크고 멋진 지도와 지구본 따위가 있어도 있는지도 모른 채 그냥 지나간다.

그런 글로컬리스트는 어떤 사안을 대해도 중립자가 된다. 예를 들면 시끄러운 위안부 문제만 해도 우리 측의 사과 강요형이나 일본 측의 사과 기피형 태도 모두를 해답에서 제외한다. 죄다 부질없는 짓이라서다. 저만 옳다고 빡빡 우기는 게 그냥 코미디로 보인다.

유럽을 짓밟은 나폴레옹을 기려서 그 이름들을 붙였거나 유물로 보존한 곳들은 아직도 여러 곳에 있다. 하지만, 유럽 나라들이 그걸 매번 잊지 않고, 해마다 손가락질해대는 나라들은 한 곳도 없다. 프랑스 국

70 글로컬리즘(glocalism): 세계주의(globalism)와 지역주의(localism)가 결합해 탄생한 새로운 개념의 용어로, 2001년부터 등장했다. 글로벌리즘과 로컬리즘 중심의 한계를 극복하고 새로운 세계질서를 세우기 위한 대안인데, 문화·경제 등의 다방면으로 확산되고 있다. 한국의 문화와 전통을 세계화하면서 동시에 한국 문화와 전통으로서의 정체성을 유지하는 것, 즉 세계와 동질화하면서도 한국 고유의 문화로서 이질적인 면을 찾는 것 등은 문화적인 글로컬리즘의 예다. 우리 기업들이 해외의 현지 기업 파트너와 제휴하여 현지인의 상품 기호와 취향에 맞는 상품을 제조·판매하는 것은 경제적인 글로컬리즘에 속한다.

가(國歌) 〈라 마르세예즈〉는 1792년 프랑스가 오스트리아를 침공하던 당시에 공병 대위 클로드 조제프 루제 드 릴이 출정 부대원들을 고무하기 위해서 하룻밤새에 작곡했다. 그러니 우물 안 개구리 식으로만 바라보자면 오스트리아는 프랑스 국가가 연주될 때마다 항의를 해야 마땅하다. 하지만 그런 일은 단 한 번도 없었다.

하나 더 예를 드는 것으로 글로컬리스트들이 내밀 답을 대신한다. 일본에서 두 번째로 유명한 신궁으로 메이지신궁이 있다. 메이지 왕을 신으로 받들고 있는 곳인데, 과거에 지미 카터, 로널드 레이건 미 대통령 등도 이곳을 참배했다. 2002년 2월 일본을 방문한 조지 W 부시 미국 대통령도 참배하는 바람에 논란이 되기도 했다. 그때 부시는 그저 상대국을 존중하는 의미로 했다고 했다. 1975년에는 엘리자베스 영국 여왕이 야스쿠니 신사 참배를 추진했다가 메이지 신궁으로 바꾸어 참배하기도 했다.

11

대통령의 외교는 시중 한담과는 달라야 하고, 일개인의 얄팍한 똥고집 이념에서도 벗어나야 한다

대통령의 외교는 일반인들의 국제관계 인식 태도와는 그 틀과 내용물, 시선의 방향과 깊이가 다르다. 당연히 달라야 한다. 저 위에 간단히 예를 든 노무현의 경우와 비하면, 윤석열의 태도와 인식은 그런 점에서 대단히, 지극히, 엄청 위험하다. 대중(對中) 인식을 보면 시중의 갑남을녀들이 책임과 무관하게 그냥 쉽게 집적거리고 보는, 술자리에서 안줏거리로 쉽게 끌려나오는 수준과 내용이다.

외교 분야에서의 윤석열은 무면허[71] 운전자가 아니라 치매 운전자 수준으로 보인다. 그 정도다(청약통장을 모르면 치매 환자라고 말하는 윤석열에게 그 치매를 되돌려준다). 차멀미를 하는 사람은 자신이 차를 몰면 멀미를 하지 않는다. 문재인 정부가 모는 차를 타니 멀미를 한다고 그 운전대를 빼앗은 사람이 무면허에다 치매 운전자라면 그 차를 탄 승객들은 공포에 떨게 된다.

71 윤석열의 무면허 운전: 앞서도 적었듯이 윤석열은 실제로도 자동차 운전면허가 없다.

역대 대통령의 대미 외교나 주변 외교를 조금 들여다보고 가기로 한다. 윤석열의 현재 위상이 저절로 드러나기도 하지만, 윤석열이 차렷자세로 배웠어야 할 부분들이기도 해서다.

초대 대통령 이승만은 미국으로서는 최대의 골칫거리[72]이면서도 버릴 수 없는 거목이었다. 귀국 후에는 미국을 가르치려 들기도 했지만, 최빈국(最貧國)으로 6.25전쟁까지 치르는 터라 목소리조차 제대로 낼 수 없었던 불쌍한 나라의 힘 없는 국가원수였다.

그는 해방 후 하지 중장이 본격적으로 군정을 펼치기도 전에 국무성을 조르고 또 조른 끝에 1945.10.16. 맥아더의 극동군사령부가 제공한 비행기를 타고 흙밭이던 여의도 비행장에 내려 '뭉치면 살고 헤어지면 죽습네다'를 외쳤다. 당시 여의도에는 전기도 없어서 그 마이크 설비와 군용 배터리를 챙겨 들고 하지 군정 팀이 바삐 뛰어야 했을 정도의 거물이었고, 실질적인 극동 지역의 지배자였던 맥아더 원수로부터 처음 대하는 자리에서 '닥터 리'라는 경칭으로 불리며 거수경례도 받았다. 그런 외교 전문가였다.

이승만은 힘 없는 나라의 외교 중요성을 평생 절감한 사람이었다. 국회의장으로서 최초의 헌법을 제정할 때 그가 제일 신경 쓴 것은 장관의 서열이었다. 그래서 외무부, 내무부, 재무부, 법무부... 장관순으로 정해졌는데, 그것이 제3공화국 헌법 때까지 이어져서 헌법 공부를 하는 사

72 1940년대의 미 국무성 문서에는 한반도 향후 대처와 처리에서 기피인물 1호(No.1 of persona non grata)로 판단된다는 고위급 메모들이 자주 보인다.

람들은 외.내.재.법 하면서 암기했다. 이 순서는 당시는 총리가 없던 때여서 대통령 유고 시 대통령 직무를 대리할 장관의 순서이기도 한데, 그 1순위가 외무부장관이었다. 그만치 외교를 중시했다.

지금은 총리, 부총리 2인이 있는데다 과기부장관이 그다음이어서 장관 중에서는 서열 2위다. 그 당시 서열 2위였던 내무부장관(현재 행안부장관)은 통일부, 법무부, 국방부에 이은 서열 9위로 밀렸다. 그만치 경찰력의 효용이 떨어졌다는 의미도 된다. 즉 검찰과 군 병력의 현재적 가치를 높이 친다는 뜻이기도 하다. 이 장관들의 서열은 정부조직법에서 정하고 있는데, 반통일주의자인 윤석열정부에서의 통일부장관은 있으나 마나였다.

그런 이승만이 동해상에 일방적으로 평화선(peace line)을 그어 영해를 확장한 것은 아무리 강조해도 지나치지 않은 멋진 일이었다. 그 이름까지도 한일간의 어업 분쟁을 평화적으로 해결한다는 멋진 이름, '평화선'[73]이었다. 전쟁이 아직도 진행 중인 1952년 1월 18일 이승만이 한국의 연안 수역 보호를 위해 선언한 해양주권선이 그것이었는데[74] 연안(영토)으로부터 60마일을 기준으로 그은 것이어서 국제법적으로도 일단은(뒷말이야 좀 있긴 했지만) 합당했다.

일본의 반발이야 당연했지만, 사실 해양 주권이야 먼저 실효적으로 쟁

---

73 이름 짓기(naming)의 중요성은 어디서고 받들리지만, 정치(외교)권에서 특히 그 상징성은 실익으로 직결되기도 한다. 부시의 이라크 전쟁은 거대한 소모/희생전이었는데, 전쟁 명분은 '대량학살무기(MDA)를 파괴하여 지구상에서 테러리스트 세력을 뿌리 뽑는다'였다. 후세인 피살 후 아무리 샅샅이 조사해도 대량학살무기는 전혀 발견되지 않았다. 부시는 대통령 선거 때 군수방위업계로부터 역대 최고액의 정치 헌금을 받았다.

74 이승만이 선포한 것이어서 Lee Line으로도 불린다.

취한 쪽이 주인이기 마련이다. 뒤통수를 맞은 일본이야 앙앙불락이었지만, 해양 주권도 영토의 일부. 일본 배들이 들어왔을 때 나포를 해도 어쩔 수 없었다. 1965년의 한일조약으로 초기의 선명한 선 긋기는 흐릿해졌지만, 1998년 배타적 경제수역(exclusive economic zone)과 중간 수역 개념을 뒤섞어 간신히 정리될 때까지 일본은 46년간 속으로 낑낑거려야 했다. 그것이 피지배국의 민간 외교관으로 평생을 보낸 정치가에게서 나올 수 있는 회심의 일격이기도 했다. 이승만은 대학원 석박사 과정을 3년 만에 마친 외교학박사였다. 박사 논문이 스위스 중립국 위치에 관한 것일 정도로.

이승만이 우리나라의 외교사에 또렷하게 새긴 교훈 하나가 있는데, 그 중요성이 지금까지도 제대로 조명되지 않아 아쉬움이 큰 부분이기도 하다. 그것은 외국어(주로 영어) 구사 능력이다.

일제 치하 시절에도 이승만이 국무부를 찾으면 과장대리~과장급이 그를 맞았다. 국가도 없는 무명 인사(실제로는 난민)의 접객으로서는 파격이었는데, 거기엔 이유가 있었다. 문전박대를 받을 때마다 그는 유력지에 투고를 했다. 문전박대를 직접 불평한 글이 아니라 강대국으로 부상한 미국이 취해야 할 태도들을 다뤘다. 그러면서 글 말미에 그런 지도적 강대국이 약소국들을 대하는 바람직한 태도를 언급하면서 살짝 얹었다. 구구절절 옳은 말들이었고, 고정 독자도 적지 않아 강연 요청으로도 이어졌다. 국무부가 그의 따가운 글 공격 대상에서 벗어나려면 그렇게라도 해야 했다.

그만치 그는 논리적이면서도 유려한 문체를 구사하는 영어쟁이였고,

이승만과 대화해 본 중간 간부들은 이승만 옹호파로 바뀌었다. 하지만, 고위직들에게는 여전히 골칫덩이로 기피인물 1호였다. 내치자니 뒤탈이 있을 듯하고 상대하자니 껄끄럽고... 그런 상황을 돌파하는 데의 1등 무기가 그의 영어 언변이었고, 그것을 통해 다져진 게 인간적 교분/친분 관계였다.

역대 대통령 중 객관적인 영어 점수에 관계없이 외교에서 영어를 구사하여 그런 인간적 교분을 쌓을 수 있었던 이는 DJ와 이명박이고, 박근혜는 제대로 써먹지 못한 단순 해득·구사파였다. (DJ와 이명박, 박근혜의 영어 관련 에피소드는 뒤에 좀 더 자세히 다룬다. 궁금들 하시더라도 조금만 기다려 주시길...)

우리가 앞으로 맞을 대통령들이 최소한 기본적인 영어 소통 능력은 갖춰서 각국 정상들과 짧은 영어로도 인간적 교분 관계 유지에 도움받기를 간절히 소망한다. 영어에 능숙하지 못한 아베임에도 그가 미국 방문 때면 그야말로 최상급의 예우를 받아 미국 대통령과 골프를 치러 가기도 하는 것은 짧은 영어로라도 직접 소통을 하려드는 그 정성도 한몫 톡톡이 한다(우리의 대통령들은 지금까지 미국 방문 때 미 대통령과 두 시간 이상을 함께한 적이 단 한 번도 없다. 회담 및 기자회견까지 대부분 한 시간 이내로 일정표가 짜여 왔다. 바이든 시절 캠프 데이비드에서 한미일 3국 정상이 길게 만났을 때도 한미 회담은 한 시간을 넘기지 않았다). 아베가 정상 회담 후 성과 발표장의 연단에 서면 첫 마디를 영어로 시작하기도 했는데, 그런 작은 것 하나가 그 나라에 대한 국민적 호감도에까지 영향을 미친다. 생각해 보자. 외국 정상이 우리나라에 와서 '안녀엉 하십니까'로 시작하면 우리 국민들이 어찌 여길까를...

이승만 뒤를 이은 윤보선/장면(장면은 6.25 전후 주미대사였다) 팀은 각각 영국과 미국파 출신의 환상적인 커플이었지만 힘도 쓰지 못하고 물러났고, 그 뒤를 이은 박정희 또한 미국으로선 꽤나 골칫거리였다.

미국과 전혀 상의도 없이 일을 벌인 혁명 정권을 힘으로 누르려고까지 하던 미국 정부에게 박정희가 그래도 쓸 만한 듯하니 한번 보고 나서 태도를 정하는 게 좋겠다는 주한 미대사의 의견이 먹혀서, 박정희 보고 미국엘 들어오라 했더니만 박정희는 실내임에도 시커먼 레이번을 떡 쓰고 케네디 앞에 나타났다. 그걸 본 케네디는 뭐 이런 무례한 촌놈이 있나 싶어 기분이 상해서 문전박대하다시피 했는데 먼저 박정희가 다시 문을 두드렸다. 못다 한 이야기가 있다면서.

그 두 번째의 만남 이후 월남 파병이 추진되기 시작했고, 한국은 혁명 이후 막혀 있던 미공법 480(PL 480)에 의한 미 잉여농산물 원조가 예전보다도 푸짐하게 쏟아지기 시작했다. 당시만 해도 보릿고개가 극심했고 온 나라에 혼분식 포스터가 휩쓸었던 시절이었다. 매주 수요일을 분식의 날로 정해서 밀가루 음식들을 먹어야 했고, 학생들은 혼식(보리/콩 등의 잡곡 혼입) 확인을 위해 도시락 검사를 받아야 했다.

참, 케네디와의 두 번째 만남 때도 박정희는 여전히 검은 레이번을 쓴 채로 백악관을 빠져 나왔다. 박정희를 수행하던 당시 외무장관 이동원이 그건 벗으시는 게 낫지 않았느냐고 하자 박정희가 한 말, '그럼 내가 속으로 떨고 있는 걸 케네디가 눈치 챌 수도 있잖은가.'

1961년 11월 케네디와의 첫 면담 때 박정희는 실내임에도 선글라스를 쓰고, 케네디 앞에서도 일부러 담배를 피웠다. 당시 두 사람은 동갑(1917년생)이었지만, 박정희는 케네디 앞에서 주눅 들지 않기 위해 속으로 엄청 노력했다. ©AIFIC

그 후 박정희와 미국 정부 사이에서는 '밀당'도 있고 삐지기도 있었지만, 그런 대로 굴러갔다. 박정희가 미국의 실력을 뼈저리게 느끼면서 미운털 박히지 않고 실리 외교 쪽을 살려나가겠다고 생각해서였다. 하지만 박정희의 가슴속에는 그저 오직 미국이든 어디든 간섭 없이 자립하려는 생각이 부글부글했다.

관청 벽마다 '자조 자립' 간판을 달도록 할 정도였는데, 그만 삐끗했던 게 '자주국방'이었다. 미국 앞에서는 절대로 해서는 안 될 소리가 그것이었다. 그 바람에 핵개발 관련 비밀 사찰도 수없이 당했고, 미 정부의 청와대 도청도 수년간 지속되었다. 중앙청 옆의 미 대사관저는 청와대를 향한 안테나 숲지대였다. 국산 무기 개발 사업장에도 수시로(정문 검색 절차도 무시하고) 미군 지프차들이 들락거렸다. 도움이 되었던 건 오래 지속된 베트남전이었다. 1973년에 종전이 되자 한국은 미군이 쓰다 버린 M-16에서부터 M-60등의 하치장도 자청했다. 그럼에도 국내 정치에 대한 미국의 간섭은 여전해서 카터의 미군 대량 감축과 같은 협박까지 받기도 했다. 박정희는 겉으론 종미(從美)였지만, 속으론 항상 자주(自主)였다.

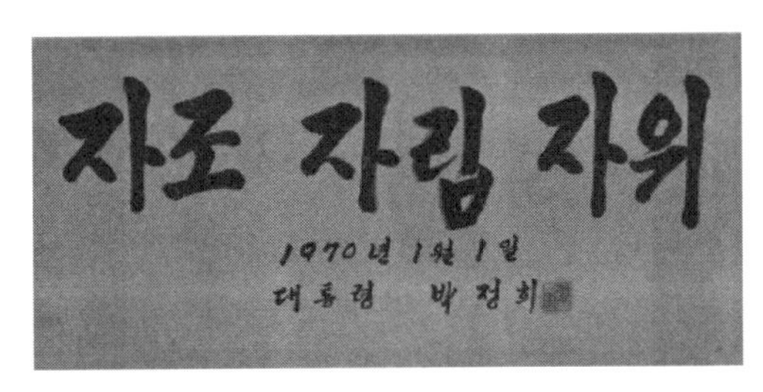

박정희의 1970년 원단 휘호. 자주 국방을 뜻하는 '자위'를 빠뜨리지 않았다. ©AIFIC

전두환은 대위 시절 미 공수단 훈련 파견자 선발에 자원했을 정도로 미국의 힘을 잘 알고 있었다. 그는 내친김에 의무적인 아닌 교관 코스까지 선택해서 우등으로 졸업하고 돌아왔다. 12.12 사태 전 정승화 측의 움직임을 전두환에게 상세하게 알려줘 선제 공격을 할 수 있게 한 것도 당시 CIA 한국지부장 그레그였고, 국방부 벙커로 도망가 숨어 있던 노재현의 행방에 대한 제보자도 그였다. 연대장으로 참전한 월남에서도 전두환 부대가 비교적 안전 지대에서 주로 머물 수 있었던 건 박정희-전두환 간의 밀접한 관계를 전해 들은 관할 지역 미군 지휘관의 배려도 작용해서였다(그래서 전두환의 월남전 근무는 놀고 먹었다는 혹평도 나온다).

전두환의 국내 정치에 대해서 미국이 너무 믿고 맡기는 자세를 취한 탓에 광주 사태를 막지 못했다는 말도 있다. 광주 사태의 희생 확대 애기가 나올 때마다 미국의 책임이 거론되는 것은 당시 한국군의 대대급 규모의 병력 이동까지도 손바닥 들여다보듯이 꿰고 있던 게 미국이었기 때문이다. 한국군은 대대급 이상의 훈련.작전도 미리 한미연합사에 보고해야 한다.

노태우는 미 공수단 파견자 선발에 지원하는 것부터 뭐든 전두환의 뒤를 졸졸 따라다녔다. 눈길에서는 앞선 사람이 디딘 곳만 따라 디디면 발이 눈에 덜 젖는다. 5.16혁명 발발 후 온 나라가 눈치를 보고 있을 때 전두환이 주동하여 육사 생도를 종로통으로 이끌고 나가 혁명 찬성 행진을 하고서 박정희의 근접 참모가 되자, 즉시 그 뒤를 따라 합류했을 정도다. 장도영이 걸림돌이 되자 JP가 마음 약한 박정희에게 사전 보고도 없이 그를 체포하고 재판을 받게 했는데, 그때 장도영을 계호하던 육군 대위가 바로 노태우였다.

장도영의 재판정 입정을 계호 중인 노태우 대위. ©AIFIC

노태우는 눈치 100단이었다. 그보다 1살 연상인 전두환은 그가 어디에 있든 박정희가 한 해에 한 번은 꼭 불러서 보는 존재라는 걸 노태우는 잘 알고 있었다.

전두환은 멀리 볼 줄 아는 매우 영민한 사람이었다. 혁명 정부 초기에 박정희를 근접 수행하는 민정 비서관 시절에 박정희가 정계 진출을 권하자 '각하. 저 같은 놈이라도 군에 머물며 각하를 지켜드려야지요.' 하면서 중앙정보부 인사과장 자리로 갔다. 똑같은 제안을 받은 차지철은 그 자리에서 '예써'로 답하고는 경기 이천에 출마하여 29살에 국회의원 배지를 달았다. 용산고를 나온 차지철은 전두환이 합격하던 해[75]의 육사 시험에 떨어진 뒤 2년 코스의 특별간부후보생 제도가 시행되자 거기에 응시하여 2년 먼저 임관한 처지였지만, 육사에 낙방한 터라 육사 출신들에게는 늘 콤플렉스가 있었다.

그런 전두환이 예뻐서 박정희는 항상 전두환을 챙겼다. 카라스키야를 때려 눕히고 '엄마 나 챔피언 먹었어'를 외쳐서 유명한 홍수환의 권투 경기(1977)를 박정희 곁에 나란히 앉아서 시청하면서 홍수환의 공격 상황을 온몸으로 신나게 재현했다. 차지철은 그런 전두환이 고까웠지만, '각하'가 아끼는 사람이라 눈길을 돌리곤 했다. 전두환이 베트남을 다녀

75 차지철과 전두환: 전두환(1931~2021)은 차지철보다 3살 연상이지만 가정형편상 고교 진학도 어려웠다. 그러던 그에게 고교는 꼭 나와야 한다고 해서 뒤늦게 책을 다시 잡고 1년을 공부해서 들어간 곳이 대구공고였다. 당시 대구공고는 인문계 경북고에 진학할 실력이 있는 학생 중 형편이 어려워 취업 쪽을 선택하는 학생들이 가는 곳이기도 했다. 전두환을 돌대가리로 내리깎기도 하는데, 용산고를 나온 차지철이 떨어진 육사에 합격한 실력파이기도 하다. 전두환의 육사 11기는 최초로 4년제로 개설되어 전쟁이 한창이던 1952년 1월 11기 200명이 경남 진해에서 입학하여 참전하지 않고 55년 소위로 임관했다. 1949년 2년제로 입학한 10기(생도 1기)는 6·25가 터지자마자 전장에 투입됐다. 1950년 생도 2기는 입교 한 달 만에 참전해 동기생의 43%가 전사했다.

와야겠다고 하자 박정희는 연대장 자리는 국내에도 많지 않느냐고 하면서 전쟁터로의 출전을 우회적으로 만류하기도 했다. 사단장으로 나갈 때도 어디로 가고 싶으냐고 박정희가 묻자 최선임 사단은 아무래도 1번, 즉 1사단 아니겠느냐고 답했다. 그러자 박정희는 그 자리에서 육본에 전화를 걸었다고 한다. (복도 많지. 전두환은 사단장 근무를 하면서 그 유명한 땅굴을 두 개씩이나 발견하여 또 한 번 박정희를 기쁘게 했다.)

그러한 전두환의 뒤를 졸졸 잘 따라다닌 덕에 노태우는 대통령 자리에까지도 그대로 따라 올랐다. 하지만 대통령이 돼서는 전두환과 조금 다른 길을 걸었다. 종미(從美)야 기본적으로 했지만, 그는 공고 출신인 전두환과는 달리 인문고인 경북고 출신이었다. 게다가 제갈공명급의 조카사위 박철언의 조언도 수시로 받았다. 미국의 양해하에 북방정책을 추진했고, 역사적인 한중수교(1992.8.24.)도 성사시켰다. 노태우가 항간에선 '물태우' 소리를 듣기도 했지만 외교 분야에서만은 뚝심 있게 추진했다.

한중수교가 손쉽게 이뤄진 건 아니다. 북한의 측면 지원이 절실하여 비밀리에 박철언을 20번 이상 북한 땅을 밟도록 했다. 그 부산물로 먼저 이뤄진 것이 최초의 남북 총리 회담(1990)이었다. 러시아의 도움도 필요하여 차관도 내줬다(러시아가 그걸 갚기 어렵게 되는 바람에 현물로 받게 되어 우리나라에 러시아제 군용 헬기도 들어오는 희한한 일도 벌어졌다.) 사상 최초로 우리나라 상사원들이 모스크바에 주재하는 일도 그 덕분에 생겼다. 그럼에도 중국이 한국에 문을 열어주기까지에는 3년이 걸렸다.

윤석열이 우리나라의 최근세 중국 접근 외교를 생각 없이 그냥 '굴종 외교'라고 표현하는데, 그런 표현이 윤석열에게서 직접 나왔다면 그야말로 최악의 폭탄이고 참모들에게서 나왔다면 그게 바로 우물 안 개구리들의 발상이지만, 그래도 조금은 안도한다. 뒤늦게야 깨달았겠지만 뭣도 모르고 잘못 흔들어대는 언어 수류탄일 뿐이니까. 오발탄이 포탄급이 되지 않았던 게 천운이었다. 아이들이 잡은 수류탄은 조마조마다.

대미 굴종 외교는 우리나라가 해방된 이후로 지금까지 취해 온 외교의 부정할 수 없는, 명백한 실물이다. 낡은 말인 '아더매치'[76]의 완성판이기도 했지만 어쩔 수 없는 일이었다. 생존을 위해서 체면이고 나발이고 챙길 여지가 없었다. 이제야 겨우 간신히 몸체의 절반쯤은 빠져나온, 암흑시대가 부끄러운 사대주의의 실물이 무조건 친미주의였다. 그래야만 생존할 수 있었기 때문이다.

60년대 전국 초등학교 숙직실에서 옥수수가루를 끓여서 그걸 도시락통에 담아서 주면 그걸 안 먹고 집으로 가져가던 아이들이 절반을 넘기던 시절을 겪어보지 않은 사람은 그 절박한 시절, 그 굴종적 대미외교의 현장을 알기 어렵다. 그 당시 그 옥수수 가루를 담은 드럼통 바깥에는 '우정의 선물'이라는 큼지막한 글씨와 함께 악수하는 손 그림들이 빠지지 않고 있었다. 그런 과거를 모르는 이들이 남발하는 굴종 외교는 언어의 장난이다. 아니 진짜로 참담한 굴종 외교가 뭔지 쥐뿔도 모르는 한심한 서생의 언어다. 그런 말을 그냥 뱉는 사람은 외교 전선에 절대

76 '아더매치'는 "아니꼽고 더럽고 매스껍고 치사하다"의 줄임말이다. 이 말뜻을 알면 꼰대다. 70년대에 유행하던 말이라서다. 전도연의 도발적인 섹시미가 돋보였던 영화 《하녀》에서 윤여정은 부자집의 모든 살림을 관장하는 나이든 하녀인데, 새로 들어온 하녀 전도연에게 돌연 '아더매치'라고 말한다. 어리둥절한 전도연이 "아더매치가 뭐예요?"라고 묻자, 위의 뜻이라고 풀어 설명하기도 한다.

좌: '우정의 선물' 표지인 악수하는 그림. 미국에서 보내준 밀을 인천의 대한제분에서 밀가루로 만들어 배급했다. 우: 60년대의 초교 교실에서 도시락에 옥수수죽을 퍼담아주고 있는 교사와 줄서서 차례를 기다리는 학생들. ©AIFIC

로, 무슨 일이 있어도, 결단코 끼어주면 안 된다.

박정희와 전두환, 그리고 노태우에게는 공통점이 하나 있다. 무보직 대장 진급 기록이다. 군인사법 16조 2항에는 '장관급 장교는 정원에 따라 지정된 직위에 따라 보직되어야 한다'는 규정이 있다. 이에 따라 대장 직위인 한미연합사 부사령관이나 각군 참모총장 등의 자리에 앉히기 위해 대장으로 진급시킨다. 따라서 엄밀히 보면 무보직 진급자들인 이들은 모두 군인사법 정신에 위배된다. 하지만 위법이 아니라고 우기는 이유는 법 규정은 진급 후 (정부에 의해) '보직되어야 한다'이지, 보직을 안 주는 데야 갈 도리가 없다고 핑계를 대서다. 그래서 무보직 대장 진급은 위법성 법규의 악용 사례라 할 수 있다. 한마디로 힘 있는 자들이 애용한 편법이다.

알다시피 이 3사람은 대장 진급 후 군 관련 직위를 일절 맡지 않았다. 전두환은 1980년 3월 1일 중장 진급 후 중앙정보부장 서리를 맡았다. 5개월 뒤 초특급으로 대장으로 진급했는데, 당시는 그해 5월에 출범한 국보위의 상임위원장이었다. 진급 이유는 국보위 위원들 중에는 자신보다도 상급자도 있었기 때문에 내부 통솔을 위한 목적이 컸다. 아울러 군인이라면 최정상인 대장에 오르는 것이 평생소원이기 마련이고... 노태우는 전두환의 배려로 전두환보다 1년 뒤 대장에 진급 후 곧바로 예편됐다. 즉 예편을 위한 치레용 대장 달아주기였다. 알다시피 박정희도 대장 시절, 군 보직을 맡은 건 없다. 즉 무보직 대장이었다.

중장 이상의 진급에서는 진급에 필요한 최저 연수 규정이 적용되지 않는다. 그래서 초특급 진급도 위법은 아니다. 광주 사태 당시 특전사 사령관이어서 서울–광주를 자주 오간 정호용이 유혈 사태 진압의 실무 지휘자 혐의를 받기도 했는데, 그는 사령관 재직 중(80년 6월) 중장으로 진급했고 1.5년 뒤인 81년 12월에 대장으로 진급 후 제3야전군사령관으로 나갔다. 이런 정호용의 대장 진급은 군인사법에 합당하다. 보직을 위해 대장 진급을 시켰으므로.

장군 진급은 예전엔 소위 임관 후 26년 정도면 첫 진급자가 나오곤 했는데 요즘은 훨씬 더 걸린다. 준장 진급을 '별 따기'라고도 하는데, 그만치 어렵다. 2500여 명의 대령 중 80여 명 정도만 진급한다(진급자 수는 해마다 다르다. 수요[자리]에 따라 선정되기 때문이다). 대장은 계급 정년[77]이 없다. 더 올라갈 자리가 없어서다. 다만 연령 정년은 있다. 63세까지만 머물 수 있다.

---

77 계급 정년: 일정한 연한 내에 차상위 계급으로 진급하지 못하면 예편되는 걸 뜻한다. 소령부터 적용되는데, 장성급은 각각 중장: 4년, 소장: 6년, 준장: 6년이다. 예를 들면 소장에서 6년이 지나도록 중장이 되지 못하면 예편된다. 하지만 그 정년 이전에 훨씬 먼저 자신의 운명을 알게 된다. 1~2차 진급 시기에 누락되면 옷 벗을 준비들을 한다.

노태우 이후의 YS 이야기로 돌아가자.

YS는 외교 쪽에서는 비교적 꽃길을 걸었다. 노태우가 깔아준 비단길 덕분이다. 경제 쪽에서 새기 시작한 물구멍을 보지 못하는 바람에 둑이 터져 IMF 사태를 맞기 전까지는 국제화까지 힘차게 외칠 정도로.

DJ는 대통령에 오르기 전에 이미 일본과 미국의 도움으로 목숨을 부지할 정도로 다른 나라의 도움을 절감한 터였다. 한미, 한중, 한일 관계의 조율에도 정치 9단 실력을 발휘한 덕택에, 김정일과의 포옹에도 이의 없는 박수를 받았다. 외교의 생명인 균형을 잘 아는 가장 성공적인 외교가이기도 했다.

발음이야 좀 구식이었지만 교도소의 독방에서 독학으로 공부한 자신의 영어로 정상들과의 의사소통도 가능했고, 일본과의 비공개 석상에서는 날렵한 일어로 밀접 소통을 했다. DJ의 일본어 사용을 면전에서 직접 경험한 일인 관료들은 하나같이 탄복했다. 자신들보다도 더 훌륭한 비유법들을 자유자재로, 그것도 조곤조곤 구사하는 바람에 설복되지 않을 도리가 없었다고 한다. DJ는 정계 진출의 발판으로 목포신문 운영도 했고, 그 사설들을 직접 썼던 사람이다.

이명박과 박근혜는 DJ에 이어 영어로 외국 정상들과 소통이 가능했다. 이명박의 영어야 단문 중심의 현장용 영어였지만, 개의치 않고 쏟아냈다. 그 덕분에 그는 외국 정상들과 개인적인 친분을 아주 돈독하게 쌓을 수 있었다. 부시는 퇴임 후 개인 자격으로 한국을 찾아 이명박과 골프를 즐겼다. 2024년 5월 한국을 찾은 UAE의 모하메드 대통령은 이명박의 사저를 직접 방문하여 '형님, 반갑습니다' 소리를 뜨거운 포옹으로 대신했다. 그때 한 말이 "한국과 UAE는 형제 관계"라는 말이었다. 통역을 거치지 않고 직접 소통하는 지도자들끼리의 개인적인 상호간 호응력은 상상 이상이다.

이명박은 대미관계에서 사업가적 기질을 발휘했다. 3단계에 걸쳐 주한 미군을 2만 5000명으로 감축하기로 합의된 것을 2만 8500명 수준을 유지하는 것으로 조정하는 대신에 전작권 반환 요청을 유예하는 것과 맞교환했다(기간이 한정되지 않는 유예란 하지 않는다는 걸 의미하는 외교적 수사다. 그 이후 미군 병력은 아직까지도 여전히 그 수준을 유지 중이다). 방미 때 면담 후 부시의 어깨를 툭툭 치기도 했는데 그런 식으로 개인적 교감을 나눴는지 부시 퇴임 후 그의 한국 방문 때 골프장으로 뛰어나가 허그(hug) 식의 포옹도 했다.

박근혜는 언어에서만큼은 소질이 있었다. 카터와 부친과의 만남을 가족적으로 통역했고, 칭화대 연설에서는 중국어 원고를 읽었다. 부친의 서거로 급거 귀국할 당시에는 프랑스 유학생이었다. 하지만 대통령 시절에는 아래에 자세히 언급하겠지만, 문제투성이만 연출했다. 가까이서 지켜보는 어른 남자들이 없어서였는지...

박근혜의 정상 외교 성과는 꼴찌 중 꼴찌다. 그녀의 외국어 능력은 빼어났지만, 활용에서 지극히 문제적이었다. 특히 무대 위에 오르면 정신줄을 놓곤 했다. 사실 박근혜는 무대공포증이 있어서 써 준 거나 읽었지, 자신만의 언어 구사에서는 혼미해지곤 했다. 그것도 아주 자주.

심지어 한국말에서도 헤맸다. 박근혜용 언어 번역기가 필요하다는 말이 그래서도 나왔다. 박근혜가 역대 대통령 중 기자회견 횟수에서 최저를 기록한 것도 그 때문이고(어렵게 열린 기자회견에서도 박근혜는 동문서답을 자주 했다), 오바마와의 합석 기자 회견에서 '불쌍한 우리 박 대통령(Poor president Mrs. Park)' 소리로 엄호를 받은 것도 그래서였다.

그때 정신이 혼미해진 박근혜는 기자가 같은 질문을 되풀이해도 알아듣지 못해 헤매거나, 통역이 직전에 해준 말을 기억하지도 못하고 동문서답을 하곤 했다. 오바마가 거든다면서 해준 말 '불쌍한 박 대통령이 질문을 잊어버리셨네요 하하하.'에서 드러난 실상이 그것이었다. 심지어 모스크바 회담 때는 사전에 질문 내용들을 대충 정리한 꿰어맞추기 회담이었는데도, 6번 질문에 5번 답을 되풀이하기도 해서 러시아 측 참석자들이 표정 관리를 해야만 했다.

북한 핵 관련 질문을 받고 질문 내용조차 기억하지 못한 채 박근혜가 '아, 저, 그...' 등으로 헤매자, 오바마가 지원 사격을 하고 있다. ©AIFIC

박근혜는 전형적인 화성 남자, 금성 여자에 해당되는 타입이었다. 정치와 같은 거친 영역에서도 심정적/감정적/정서적 판단이 늘 선행했다. 그것이 최우선이었다. 유럽 방문 때 그녀가 방문국의 숙소에 설치된 침대를 거부하고 사전에 자신의 침대를 공수까지 해서 잠자리를 챙겼던 것은 유명하다. 외교 이전에 그녀의 침대 문제가 최우선이었다. 청와대 입성 전 침대부터 바꿔서 공주 침대 이야기가 번지기도 했다.

그런 형국이어서 '총성 없는 전쟁'으로도 불리는 외교 분야에서 박근혜가 거둔 것은 외형적 그림뿐이었지 실속이 없었다. 일국의 국가원수가 언어 문제로까지 타국에서 망신을 당하면 그 외교 성과는 우선 감점 대상이다. 이미 국격에 실금(스크래치)이 난 다음이니까.

12

윤석열, 외교에서는 후보 시절에도 차렷자세를 제대로 해야 했다

윤석열의 외교 관련 발언에서 이처럼 장황하게 적은 것도 그 때문이다. '총성 없는 전쟁'인 외교에서 주 무기는 두 가지다. 물밑 접촉과 사전 실무 협상이 성패를 가르지만 마지막 마무리는 정상 간에 이뤄진다. 요리 후 접시에 담기(플레이팅)를 어떻게 하느냐에 따라 A~B급 요리가 A 플러스가 되기도 하듯, 정상 간의 외교가 바로 그 마지막 등급 결정을 좌우한다. 치레용 협정문 서명으로 끝날지, 실효적(實效的) 출발점이 될지를 결정하기도 해서다. 정상간의 성명서가 빈손으로 돌아가지 않도록 하게 해달라는 상대국 요청에 따라 작성되기도 한다는 건 공공연한 비밀이다. 그 정상 간의 외교 성과를 좌우하는 것이 평소의 언행이다. 만남 이전에 미리 이뤄지는 상대국 정상의 성향 분석에 쓰이는 메인 메뉴가 바로 그것이기 때문이다.

그래서도 더욱 모든 이가 처음에는 초보 운전이기 마련인 대통령 직수행에서 처음부터 가장 조심해야 할 부분이 외교 부분의 주행이다. 자칫하면 대형 사고로도 이어진다. 외상(外傷)을 입으면 까발려지기도 하지만 외교 사고는 대부분 국민들에게는 보이지 않고 국가가 입는 내상(內

傷)이다.

1979년 YS/DJ의 가택 연금 등으로 카터에게 밉보인 박정희에게 카터가 조용히 들이민 카드는 당시로서는 청천벽력 같은 주한 미군 대폭 감축이었고, 카터는 박정희가 준비한 영빈관 대신 오산 군 기지에서 머물 정도였다. 그런 카터와 박정희 사이에 들어 그걸 풀어낸 이가 바로 김장환 목사(극동방송 이사장. 전 세계침례교 회장)다.

1973년 단군 이래 최대의 인파가 몰렸다던 빌리 그레함 목사의 여의도 집회 때 그래함 목사와 신들린 듯이 한 몸으로 통역을 해내기도 했던 김 목사가 카터를 찾아가 박정희의 인간성에 대해 장시간 설명했다. 그 뒤 카터는 청와대를 찾아 박근혜의 통역으로 박정희를 만났다. 그 만남 후 미소를 되찾은 카터는 박근혜를 초청하기도 했지만, 부친의 서거로 방미하지 못했다.

국가 대 국가의 외교도 그렇지만 정상끼리의 외교에서 그 성패를 가름하는 것 역시 진정성이다. 우물 안 개구리의 호기 부리기는 한 방에 갈 수도 있다. 그래서 대통령은 모든 외교적 선택 앞에서 신중하고 진중해야 한다. 개인적 호불호를 잊고 국가와 국민들부터 떠올려야 한다. 미국과 중국 사이에 끼어서 고생해야 하는 우리로서는 어느 한쪽도 내놓고 멀리해서는 생존 자체가 불가능하다. 그런 대한민국의 처지에서 무엇이 최선책인가를 고민해야 한다. 윤석열이 외교 분야의 특별 과외 교육을 시급히 받아야 할 필요가 그래서 있었다. 그런 가정교사 일대일 교육은 외교 외에도 경제, 과학, 군사, IT와 AI 등에도 꼭 필요하지만... 덜렁

덜렁 깡패 걸음걸이로 국내용 보여주기 식 사진 찍기 외교만 해댄 윤썩열은 역대 대통령 중 외교 분야에서는 D학점이다. F학점이 아닌 것은 그래도 죽어라 시간 할애를 해서 얼굴 사진은 찍어대서다. F학점은 출석 미달자 학점이다.

어떠한 교육들이 왜 필요한지를 경제 분야의 손쉬운 예를 몇 가지만 들어보기로 한다. 여러 해 전 삼성이 휴대폰 장사를 아주 잘할 때 일본의 배터리 회사는 속으로 박수를 치며 응원했다. '그래 잘해라 잘해. 그래야 우린 배터리 장사로 돈을 버니까' 하면서(당시는 우리가 배터리를 만들지 못해 일제를 썼다. 그 뒤로 삼성이 중국에 배터리 공장을 세우는 바람에 머쓱해졌다).

삼성의 휴대폰 호황에 흐뭇해하는 곳은 또 있다. 처음부터 지금까지 퀄컴은 칩 장사로 재미를 봤고, 그건 앞으로도 계속된다. 로얄티와 관련된 일방적인 요구들을 바꿔보려고 애플과 더불어 삼성 등이 소송까지 걸어봤지만, 졌다. 그래서 찍소리 못하고 퀄컴의 요구를 계속 들어줘야 한다. 삼성이 휴대폰을 많이 팔면 팔수록 퀄컴은 흐뭇해진다. 안드로이드 체제를 공급해서 수조 원대의 로얄티를 계속 챙겨가고 있는 MS도 마찬가지다. 그 로얄티에 때린 원천징수(국내 납부용 세금) 6000억 원대에 대해서도 소송을 걸어서 1~2심에서는 MS가 승소까지 했다.

그런 것들을 꼭 짚어서 가르쳐 줄 특별 과외 교사가 필요하다. 원론이나 개론 따위가 아니라, 그런 것들이 경제 정책의 우선순위와 중요 순위 선정에서 실질적으로 매력적인 잣대가 된다. 왜냐. 대한민국의 국익과 직결되기 때문이다. 그 국익은 국민에게로 돌아온다.

그런 멋진 과외 교사의 사례 하나를 들자면 김재익[78]이 있다. 정치는 잘했다고 윤석열이 떠받든 전두환에게는 경제 과외교사 김재익(집권 후 경제수석으로 임용)이 있었다. 국보위 상임위원장 시절 '내가 다른 건 좀 자신이 있는데, 경제는 영... 내 그대를 진짜 선생님으로 받들리다'로 시작된 그와의 인연은 나중에 아웅산 사건으로 김 수석이 고인이 되었을 때, 전두환이 그를 가장 안타까워했고 나중에도 유족들을 특별히 챙겼다. 사실 전두환의 챙김은 사형 선고 후 3일 만에 이승을 떠난 김재규를 떠올리며, 그 모친을 찾아가 보라고 훗날 비서관에게 지시를 했을 정도이긴 하지만.

투신 분야가 바뀌면 그 사람은 어디서고 초짜다. 초짜는 겸손하게, 그리고 성심으로 배워야 하고, 그런 자세를 반드시 갖춰야 한다. 전두환이 김재익에게 그랬듯이. 전두환은 그 바쁜 일정에도 불구하고 김재익과의 그 특별 과외 시간을 지켰다. 지키려고 애를 썼다. 그 시간 동안은 외부 행사나 면담을 최대한 자제했다.

참, 그처럼 귀를 활짝 열어둔 덕분에 이루게 된 전두환의 특별 업적(?)임에도, 후세에서 그다지 주목받지 못하는 것들이 꽤 된다. 과외 금지, 교복/두발 자유화, 야간 통금(줄여서 '야통'이라 했다) 해제, 칼라 티브이

---

78 김재익과 전두환의 다음 대화는 유명한 일화다. (김) "각하. 제 조언대로 정책을 추진하시려면 엄청난 저항에 부딪칠 텐데 그래도 끝까지 제 말을 들어주시겠습니까?" (전) "여러 말 할 것 없어. 경제는 자네가 대통령이야". 김 수석은 당시 정권에 도움이 전혀 안 되는 정책들을 과감히 추진했는데, 예를 들면 예산과 추곡 수매가 동결, 통화 긴축, 수입 자유화 등이다. 그 덕택에 해마다 두 자릿수였던 물가 상승이 81년 21%, 82년 7%, 83년 3.5%가 되고 경제성장률은 80년 -1.7%, 82년 7.2%가 되면서 그 후 10%대의 고도 성장을 하게 된다. 전두환 시절 경제는 제대로 잘 돌아갔다는 말이 나오게 된 배경이다. 김재익에 관해 잘 요약된 자료는 이곳 참조: https://blog.naver.com/ending72/222547021741

김재익과 전두환. ©AIFIC

방영, 프로 야구 출범… 등등이 그것이다. 37년간[79]이나 시행된 통금의 해제는 야만적 후진국과 중진국을 구분하는 으뜸 표지판이었다. 70년대에 한국을 방문하는 외국인들이 깜짝 놀란 부분이 우리나라에서는 여전한 그 후진적인 야통 제도였다. 그런 자유화 조치들의 필요성을 조용히 일깨워준 게 미 유학파 출신인 김재익이었다.

대통령직은 누가 하든 초짜다. 그러니 더더욱 대통령 직무 수행에 필요한 과목들을 열심히 열심히 공부해야 한다. 국방, 외교, 경제의 세 가

79 야간통행금지(약칭 야통)는 1945년 미군정이 실시되면서 치안 질서 유지를 위한 목적으로 하지 장군이 내린 포고령 1호에 의해 실시되었는데, 그것이 6.25를 치르면서 그냥 관례적으로 시행돼 왔다. 전두환 시절인 1982년 1월에 해제될 때까지 약 37년간 지속되었다. 1년 중 야통이 해제되는 유일한 날이 크리스마스여서 그날은 할 일 없는 젊은이들조차도 밖에서 머물렀고, '크리스마스 베이비'라는 말도 나왔다.

지 분야만큼은 필수 과목이다. 외교 분야 실무(이면) 공부부터 먼저 할 필요가 있다. 그래야 말 조심을 하게 된다. 외교 화법 공부는 그다음이다. 굳이 화법 공부를 안 해도 외교의 무서움+중요성을 알게 되면 저절로 익히게 된다. 여의도 정치 문법 공부는 합본 부록이다. 외교 화법이 몸에 배면 저절로 이뤄진다.

군대도 안 갔다 온 바람에 기본적인 제식훈련조차 받지 못해서 어디 서고 차려자세의 기본인 두 발 붙여서기조차 제대로 하지 못하고, 걸을 때도 골목대장처럼 두 팔을 덜렁거리며 걷는 윤석열은 훈련병 심정으로 이런 과외 공부들을 해내야 했다. 공부를 마치고 나면 자신이 얼마나 무지몽매한 채 국가 지도자의 꿈을 꿨는지를 절감하게 되니까. 그런 건 반드시 자신이 깨달아야만 한다. 몸수고를 거쳐서.

군 미필자인 윤석열은 차려자세를 잘 못 한다. 어떻게 해도 두 발이 딱 붙지를 않는다. 2022.1.6. 이준석이 내건 조건 중의 하나가 전철역 인사하기였다. 여의도역에서 최초로 하고 있는데 두 발은 강폭만큼이나 벌어져 있다. ©AIFIC

그런 군 미필자용 보충 훈련에서 '국기에 대한 경례'도 포함시켜야 한다. 윤석열을 보면 가슴에 얹은 손의 엄지와 검지가 한강의 양쪽 둑처럼 멀찍이 떨어져 있다. 손가락 다섯 개를 한데 모아야 하므로 엄지도 검지에 붙여야 한다. 쫓아낸 자식마냥 엄지를 멀찍이 떨어뜨려서는 안 된다. 그 정도는 누구나 다 아는 기본이다. 검사 나리들이라 해서 거기서 예외는 아니다. 의식만 하면 즉시 교정된다. 군대에서 거수경례를 할 때도 엄지와 검지가 벌어져 있을 때가 있는데 금방 바로잡힌다. 손가락에 회초리질 단 한 번으로.

국기에 대한 경례는 유치원생들이 모범생이다. 한 번 가르쳐주면 고대로 한다. 초중고를 거쳐 대학에 가면 바르게 하는 녀석들이 줄어든다. 어른들이라는 사람들의 90%쯤은 엉터리다. 초록불을 꼬박 기다렸다가 가는 아이들도 유치원생들이다. 기본 도덕, 공중도덕을 무시하는 어른들이 보고 배워야 할 진짜 스승은 그런 유치원생들의 모습이다.

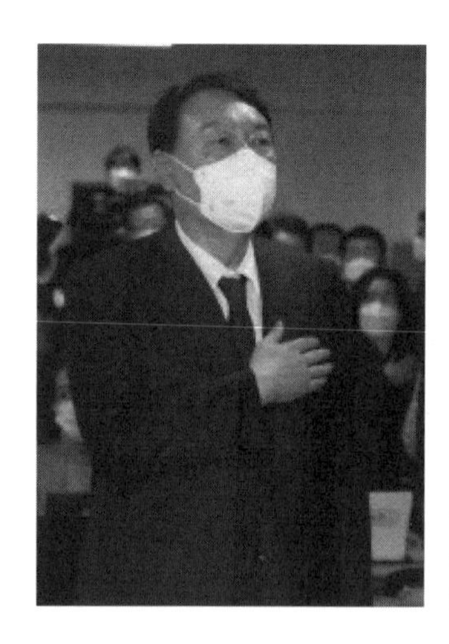

국기에 대한 경례에서 윤석열은 항상 엄지와 검지가 넓게 벌어지고, 심지어 나머지 손가락들도 모아져 있지 않을 때가 대부분이다. ⓒAIFIC

유치원생만도 못한 윤석열의 공중도덕에 대한 평소의 기본 태도를 보여주는 좋은 실례는 구둣발을 기차 좌석에 올려놓았던 아래 사진이다. 아이들도 그리해서는 안 된다는 걸 안다.

기차로 이동 중 구두를 신은 채로 앞좌석에 발을 올려놓고 있다. 혼자서만. 거들먹거려 온 '검사스러움'의 잔재이기도 한데, 검찰 간부 출신들이 아주 잘하는 것 중 하나가 탁자나 소파에 발을 올려놓는 버릇이다. ©AIFIC

13

윤석열의 대북 외교는 탄핵감이 되고도 남는다

윤석열은 그동안 꾸준히 이어져 온 역대 정부의 통일 노력과 온 국민의 기본적인 통일 열망을 짓밟았다. 어렵게 가다듬아 지켜 온 통일 원칙까지도 일거에 휴지통으로 집어넣는 포악한 독재를 행하는 바람에 통일부는 윤석열정부에서 10달째 장관조차 공석인 여성가족부와 더불어 가장 무력해서 하릴없는 부서로 밀렸다.

윤석열은 사법시험 준비를 하면서 가장 자신 있었던 과목으로 헌법을 꼽았다. 그가 술자리마다에서 장광설로 쏟아냈던 헌법학 일타강사의 면모는 그 자리를 뜨면서 남기는 귓속말 '저런 사람이 왜 여태 고시생으로 남아 있는감?'으로 압축될 정도였다.

그 헌법 전문에 이런 구절이 있다: "조국의 민주개혁과 평화적 통일의 사명에 입각하여 정의·인도와 동포애로써 민족의 단결을 공고히 하고…" (밑줄은 필자. 이하 동일) 이처럼 '평화적 통일'은 헌법적 사명이다. 그리고 헌법 전문도 헌법의 일부를 이룬다는 데에는 헌법학자들의 99.9%가 동의한다. 사시에서 이 전문의 일부 내용들이 문제로 출제된 적도 여러 번 있다.

대통령은 알다시피 헌법 69조의 규정에 따라 취임 시 다음과 같은 선서를 한다: "나는 헌법을 준수하고 국가를 보위하며 조국의 평화적 통일과 국민의 자유와 복리의 증진 및 민족문화의 창달에 노력하여 대통령으로서의 직책을 성실히 수행할 것을 국민 앞에 엄숙히 선서합니다."

이 취임 선서는 대국민 서약이다. 그리고 그 서약을 반드시 지켜낼 헌법적 의무가 있다. 윤석열이 입에 달고 살았던 '헌법적 가치'에서 빠지지 않는다. 그 안에 평화적 통일이 명시돼 있다. 일개인의 이념적 호불호에 따라 제멋대로(시건방지게 지가 뭐라고) 평화적 통일 노력을 쓰레기통에 던져 넣을 수는 없다.

윤석열은 한미동맹 강화 운운하면서 평화적 통일과는 완전히 역행하는 길로만 갔다. 윤석열처럼 한미동맹 소리를 입에 달고 산 대한민국 대통령은 없었다. 시혜자로서의 미국이 시종일관 '견고한(solid)/철통같은(iron-clad)' 동맹이라고 할 때 윤석열은 한 단계 업그레이드시킨다면서 '혈맹 동맹(blood allies)'이어야 한다면서 북한 측을 자극하여 한층 더 적대감을 불러일으켰다(윤석열의 탄핵 가결 후 한 총리가 바이든에게 상황 보고를 하자 그때 바이든이 한 말도 'iron-clad'였다). 북한이 가장 질색하는 한미연합 훈련을 걸핏하면 끌어들여 가장 많이 한반도를 전쟁 연습장 삼은 것도 윤석열이다. 북한은 이제껏 중국이든 러시아든 외세와의 대규모 군사 합동 작전 연습을 단 한 번도 하지 않았다. 국경 인근에서의 외국군 작전에 소규모로 협조한 적은 있어도, 외세가 아무리 제안해도 응하지 않았다. 그것이 헌법보다 우위인 김일성 교시의 일부이기도 했다.

군대 근처에도 못 가 봤을 뿐만 아니라 군사 분야 지식에서는 일반인들의 상식 수준에도 못 미치는 윤석열은 수많은 전투기를 발진시켜 폼을 잡으며 겁주는 맛만 알았지, 전투기 한 대를 발진시키는 데에 들어가는 비용 따위에는 아예 깡통이었다. 전투기가 무장 상태로 한 번 떠올라 한반도를 종횡단하거나 일정 작전 시간 공중에 머물려면 최소한 천만 원 이상이 날아간다. 연료, 사전 정비비, 인건비만 해도 그렇다. 거기에 장비와 탄약, 공중 급유까지 보태지면 그 비용은 1.5배 이상 늘어난다. 쉬운 예로 B1 폭격기가 한반도로 출격하려면 최소 비용이 60억 원이다. 때로는 70~80억 원으로도 늘어난다. 그래서 트럼프가 그 비용의 일부라도 포함시켜야 한다고 고집해 왔다. 그걸 반박도 못 하는 데에는 이유가 있다. B1 출격은 지금까지 한국 측의 과시용 요청에 의해서 이뤄진 게 8할 이상이었다. 윤석열정부는 북한 겁주기용 B1 출격을 가장 많이 애걸해 온 정부다.

그런 깡통 대통령이니 다른 건 말할 필요도 없다. 심지어 그는 계엄령 반란을 꾀하면서 그 반란을 확실하게 성공시키기 위해(계엄령 발령 요건인 '전시.사변' 상태를 충족시키기 위해) 오물풍선 원점 타격이라는 핑계로 국지전까지 도발하려 했다는 게 드러나고 있다. 자신의 더러운 사욕을 채우기 위해서는 전쟁도 불사하겠다는 참으로 끔찍한 발상을 하고 있었다. '정치인들을 싹 다 잡아들이라'는 윤석열의 육성 전화 지시를 받고서 그걸 거부하는 바람에 해직된 전 국정원 차장 홍장원은 "예전에 북한의 위협과 관련한 보고를 하러 (대통령실에) 들어갔을 때 윤 대통령이 '다 때려죽여, 핵폭탄을 쏘거나 말거나 (해서라도)' 등의 말을 해서 많이 놀랐다"고 밝힌 바 있다. 그런 윤석열에게 미친 사람 대신에 미친 x이라 하는 건 욕도 아니다. 지극히 객관적인 평가다.

14

윤석열은 못 믿을 땜쟁이

윤석열에게는 수많은 별명과 별호가 있다. 후보 신고식 때에 선보인 '쩍벌남/윤쩍벌, 도리도리/윤도리/59분, 골목깡패(걸음걸이에서 유래), 똥배장군'에서부터, '1일 1실언/망언 제조기/연쇄망언범', '대독(代讀) 후보/A4후보/남자 최순실', 윤도리코/공약복사기/카피닌자, '무속열' "마이크 배달꾼'(어려운 질문이 나오면 마이크를 옆에 있는 이준석에게 넘기곤 해서), '하극상 민주주의 신봉자'등은 그 일부다.

그중 '398'이란 별명은 윤석열에게 지워지지 않는 악몽이기도 하다. 21년 10월 국힘 대선 후보 지지율 조사에서 10-20, 30대, 40대에서 나온 윤석열 지지율이 각각 3%/9%/8%였다. 타 후보들(홍준표, 유승민 등)은 모두 두 자릿수였다. 이 때문에 나중에 윤석열은 이준석이 시키는 대로(죽어도 하기 싫었던) 윤산타 노릇까지 해야 했다.

무속인 관련 건들이 터져 나오면서는 그 해설판이 보태졌다. '제2부속실 폐지 후 제2무속실(巫俗室)을 만들 사람', '최우선으로 친기업/친국민 대신 친무속인 정책을 펼 사람' 등은 그 일부다.

김건희가 별호 창설에 지대한 공을 세운 것도 있다. '힘도 못 쓰는 똥배에 먹보, 코골이에 방구쟁이'[80]가 그것이다. 또 '혼자 청기(靑旗) 쪽에 설 사람'도 있다. 예전에 어느 사또가 청기 백기를 꽂아놓고 아전들에게 유죄 무죄를 묻자 딱 한 사람만 청기 쪽으로 갔는데, 사또가 그 이유를 묻자 '마누라가 어디서고 사람들이 많이 가는 곳으로는 무조건 가지 말라고 해서...'라고 답했다고 하여 지금까지 전해지는 말이다. 김건희는 예의 그 녹취록에서 '(윤석열이) **내 말이라도 잘 들으니 데리고 살지**'라고 말하는 내용이 두어 번 나온다. 하기야 윤석열은 취임식 날 열린 만찬장에서 술잔을 들고 그립던 술을 홀짝 마시자 그 옆에서 김건희가 눈총을 쏜다. 그러자 황급히 술잔을 내려놓는 모습이 카메라에 잡히는 바람에 마누라에 쥐어잡혀 사는 모습의 진실 '짤'로 한동안 유통되기도 했다.

대통령 취임 후엔 국민들로부터 한 보따리 넘게 별명 선물을 받았다. '윤로남불/내수남공(내가 하면 수사, 남이 하면 공작) 윤무식, 윤재앙, 윤석열차, 불통열차, 입틀러/윤틀러(불통/독재 이미지), 윤두환/윤두광/윤땅크, K-트럼프, 또석열/또윤석열/간석열(간보기만 하다가 망한 간철수에서 유래)...' 등등인데, 늘 그 대미를 장식한 건 '술통령/술탱이'였다. 명태균 사태 이후로 선물받은 별명은 '폰석열'이다. 부부 모두 전화기를 손에서 놓지 않고 살아간다는 점에서 참 어울리는 궁합이다.

'오무라 윤/조선총독/계묘오적/명예일본인/일본 1호 영업사원' 등은 저자세 친일 외교 행각을 되풀이해 온 윤석열에게 국민들이 못질한 별

80 김건희가 이명수 기자에게 한 말이다. 2022년 1월 23일 《서울의소리》에서 공개되었다.

호들이다.

이런 수많은 별명과 별호에 보태질 게 하나 더 있다. '못 믿을 땜쟁이'다. 곤란할 때면 수시로 임시방편용 땜질을 해대는데 나중에 알고 보면 거짓말이다. 그런 땜질에서 물이 줄줄 샌다. 그래서 엉터리 땜질꾼이자, 못 믿을 땜쟁이다. 엉터리 땜질을 해대지나 않으면 그런 소리는 안 들을 텐데...

본래 땜질(금이 가거나 뚫어진 데를 때우는 일. 잘못된 일을 그때그때 필요에 따라 임시변통으로 고치는 일)을 직업적으로 해서 먹고사는 어엿한 기술자는 '땜장이'로 받든다. 우리말 표기에서 기술자들은 '-장(匠)이'로 적는다. 장인(匠人)으로 인정해서다. 하지만 단순 버릇 수준일 때는 '-쟁이'로 낮춘다. 심술을 잘 부리는 사람을 '심술장이'가 아니라 '심술쟁이'로 적는 건 심술 부리기는 버릇일 뿐 기술은 아니라서다. 윤석열은 그저 임시변통의 거짓말 땜질만 잘할 뿐, 진짜 땜질은 엉터리다. 그래서 '못 믿을 땜쟁이'일 뿐이다.

이런저런 문제들이 터져 나올 때마다 윤석열이 땜질용으로 해댄 엉터리 해명이나 거짓말은 한두 가지가 아니다. 심지어 금세 들통이 날 것이 뻔한 것이나 거짓말을 할 필요조차 없는 것들에서도 허위 사실을 버젓이 그냥 언급한다. 그 버릇은 후보 시절이나 대통령 취임 후나 여전했다.

손쉬운 예로 AI 윤석열에서 2대남들을 향한 구애용 메시지에서조차도 그랬다. AI 윤석열은 "오십하나에 결혼했는데 비결은 딱 하나 '진심'입니다"라고 말한다. 하지만 실제로는 만 52살 때(우리의 세는나이로는 53살)인 2012년 3월에 김건희와 결혼했다. 윤석열은 김건희와 띠동갑으로 1960년생이다. 자신의 결혼 나이를 밝힐 때, 특히 늦장가를 들었을 때는 오십하나와 오십셋은 하늘과 땅 차이이다.

또 윤석열은 김건희가 어디 가서 남편이 검사라는 말도 잘 안 하는 사람이라고 했다. 하지만 김건희는 자신의 과시용 가방끈용으로 진학하여 허위 기재(경영학과 석사)로 말썽도 난 서울대 경영전문대학원(EMBA. 2년제. 주말 출석. 무논문 석사 학위 수여)의 동기생 모임에 윤석열을 데리고 나와 중수부 과장이라고 자랑스럽게 소개하기도 했다는, 동기생의 회고 기록도 있다.

대통령감의 근본적인 자질 문제로도 확산된 '왕(王)' 자 사건에서도 윤석열의 언어는 완전히 D학점 수준이었다. 2차~5차 TV토론 내내 손바닥에 그걸 쓴 채로 출연하고서도, 씻지 않아서 또는 손가락만 주로 씻어서라든가 하는 해명은 최저급의 유치한 코미디였다. 자세히 보면 글씨 모양과 크기가 매번 조금씩 다르고, 유성펜이라도 손세정제로 씻으면 두세 번 만에 깨끗이 닦인다는 걸, 시청자들이 밝혀냈다. 우리나라의 인터넷 추적 능력은 세계 최고급이라는 미국의 국가정보국(ODNI)도 혀를 내두를 정도다. ODNI는 공표된 정보는 100% 취합하지만 우리나라의 개인 정보 추적은 인맥에 의존하기 때문이다(ODNI는 최강을 자랑하면서 하와이 심해 기지에서 활동하던 NSA(국가안전보장국)의 정보가 스노든에 의해 뚫리고 2001년 9/11 사태를 막지 못한 책임이 거론되면서, CIA(중앙정보국), FBI(연방수사국), DEA(마약단속국) 등 16개 정보기관들이 정보를 공유하

도록 하면서 2005년에 창설된 기관이다)

그처럼 금세 들통날 거짓말을 할 필요가 전혀 없는 그런 데서조차 윤썩열은 거짓을 동원한다. 그리해 대는 게 도무지 이해가 안 간다. 그때그때 생각나는 대로 그냥 땜질용으로 뱉는 게 버릇이어서가 아닐까. 그런 예단이 틀리지 않는 건 그런 행태가 그 뒤로도 수없이 되풀이되고 있어서다.

지도자의 으뜸 덕목은 정직이다. 앞서도 언급한 링컨의 말 "일부 국민들을 오랜 세월 속이는 것도 가능하며 전 국민을 잠시 속일 수도 있지만, 전 국민을 영원히 속일 수는 없다."는 동서고금의 진리다. 유권자들의 집단지성의 힘은 매섭고 무섭다. 집채만 한 파도도 된다. 일개 후보의 얄팍하고도 불안정한 지성과는 비교할 수 없다.

윤석열의 그런 엉터리 거짓 해명의 사례 하나로 도이치모터스 주가조작 사건도 빠지지 않는다. 김건희가 전주(錢主)로 연루된 혐의가 있는 이 사건은 빙산의 일각인데, 그 빙산의 이름은 '윤석열표 엉터리 거짓 해명 시리즈 1'이다. 시리즈 2는 윤석열의 몰락 이후에 더 많이 펼쳐질 내용으로 채워질 것이다.

주가 조작은 증권법에서 시세 조종이라 하는데, 이는 1997.1.13. 증권거래법 188조 1~6조에 상세히 신설하여 규정할 정도로 엄중한 '불공정거래행위 금지'의 위반이다. 그래서 그 처벌도 증권거래 범죄 중에서는 가장 엄중하다. 10년 이하의 징역 또는 2천만 원 이하의 벌금(이익 또는 회피한 손실액의 금액이 666만 원을 초과하는 때에는 그 이익 또는 회피손실액의 3배에 상당하는 금액 이하)형에 처한다. 다른 증권 범죄들은 대개 징역형도 5년 이하다.

이 사건과 관련된 거짓 땜질의 핵심은 다음과 같다.

윤(2021.10.): '펀드매니저 말을 듣고 투자했다가 도리어 손해만(4천만 원) 봤다. 거래 내역도 공개하겠다.'

이 해명 자체가 지극히 문제적이다. 윤석열은 특수 수사통이고 경제 범죄 역시 특수 수사의 영역이다. 그런 그가 아무리 면피(免避)가 급했다고 해도 이런 말을 손쉽게 뱉는 게 도무지 이해가 안 간다. 왜냐하면 시세 조종(주가 조작) 범죄는 성패를 불문한다. 성패를 떠나서 시도 행위 자체에 대해 처벌하는 범죄이기 때문이다.

윤석열의 해명은 어찌 보면 주가 조작을 시도하긴 했는데 손해를 봤으니, 그건 죄가 아니다로도 들린다. 이것은 그가 표방하는 '정의와 공정'에 정면으로 위배된다. 법규는 '정의'를 지키자고 있는 것인데 특수 수사통인 그가 법규 해석조차 제대로 하지 않는 것은 공정과 정면으로 배치되고 정의 수호에도 어긋난다. 그래서도 윤석열의 '정의와 공정'은 자신의 사리사욕용으로 떠든 것일 뿐이라는 걸 대통령 취임 후에도 증명했다. 나아가 그 법규의 해석과 적용에서 자신의 아내에 대해서만은 임의로 변개하여 예외적인 특혜를 주려했다는 점에서(그의 해석대로 이뤄진다면) '공정'을 완벽하게 훼손했다. 윤석열이 자주 꺼내드는 '내로남불'은 이

때 낯이 빨갛게 물들어야 한다.

더구나 윤석열의 해명은 그 자체가 구멍투성이였고, 거짓이었다. 그 이유를 살펴보자.

1) 해명 이후 공개하겠다고 약속한 후 까보인 거래 내역은 2010년 1월부터 5월까지뿐이었다. 이 시기는 주가 조작과 무관할 때다. 수사 기록에 의하면 주가 조작의 시도가 개시된 것은 2009년 11월이다. 주가가 떨어지자 상장사 측에서는 주식시장에서 이른바 '선수'로 활동하던 이 모씨에게 인위적으로 주가를 부양할 것을 요청했다고 돼 있다. 그리고 주가는 2009년 12월을 저점으로 상승세로 전환했다. 2010년 9월부터 급등세로 전환해 6개월 만에 네 배 가까이 올랐다. 당시 고점은 2011년 3월 31일 7940원이다. 보유 주식을 2011년 고점에 팔았다면 매수가 대비 150%의 수익을 올렸을 것으로 추정된다.

다시 말해서, 윤석열이 공개한 거래 시기는 급등세로 전환한 2010년 9월보다 훨씬 전인 때였다. 그러니 손해를 봤다고 주장하기 위한, 땜질용 거래 내역 공개로 볼 수밖에 없다. 우리 국민의 집단지성은, 특히 매스컴 추적팀들은, 그런 것에 넘어갈 정도로 어리석지 않다.

2) 손해만 봤다고 했지만 수익도 발생했다. JTBC의 추적 보도에 의하면 2012년 11월– 2013년 7월 사이에 7천만 원의 수익이 발생했고, 관련 세금 납부는 3년 뒤에야 이뤄져 지연 납세에 따른 가산세까지 물었다. 2017년에도 거래를 계속하여 1천만 원의 수익이 발생했다고 보도하고

있다. 수익 발생과 관련해서도 그 뒤에 윤석열의 말과는 다른 여러 보도들이 잇따르기도 했다.

그중에서도 가장 중범죄라 할 수 있는 주가 조작 혐의와 관련된 보도 중에는 "(윤 후보의 장모인) 최 씨가 지인과의 통화에서 '도이치모터스는 내가 했다'며 스스로 인정했다"는 대목도 있다. 도이치모터스 임원 A 씨와 최 씨가 2010년 11월 주식 9만 주를 팔자마자 32초 만에 김건희 씨가 약 3억원 어치를 모두 사들였다는 주장인데, 그 밖에도 A 씨와 최 씨의 증권계좌가 '동일 IP 접속' 사실이 있는 것으로 보아 주가조작을 의심케 한다는 내용이 보도되기도 했다.

3) 윤석열은 이 사건이 경찰에서는 내사 단계에서 종결됐고 검찰 수사에서도 무혐의 판정을 받았다면서 일종의 괴롭힘으로 호소했다. 하지만, 그 무혐의의 주된 근거는 무죄여서가 아니라 금감원의 자료 협조 부족과 제보자의 태도 변화 때문이었다. 즉 증거 부족 때문이었다. 하지만 재수사에 착수한 검찰은 증거가 보완되자 2021.11.16일 주가 조작 '선수'였던 이 모 씨와 권오수(64) 도이치모터스 회장을 시세조종 혐의로 구속했다.

주가 조작을 하려면 다음의 3대 축은 필수 요건이라는 건 증권시장의 기본 상식이다. 즉, 전주(錢主)와 '선수'(실전 투자 집행자), 그리고 내부 정보자가 그들이다. 그중 '선수'와 내부 정보자인 도이치모터스 회장은 이미 구속됐다. 그렇다면 주가 조작이 확실하다. 그런데도, 전주로 참여한 것으로 보이는 김건희는 검찰 소환을 대선 뒤로 미루고 버티기를 해

왔고, 그 작전에서 성공했다. 주가 조작과 같은 범죄 연루자 하나의 기소/불기소를 판단하는 데에 자그마치 4년이 넘는 시간을 썼다. 조국과 조국 가족 죽이기에는 1달도 안 걸린 포뮬러급(F1. 대체로 시속 300km 이상) 속도를 보인 검찰이 김건희 수사에서는 소를 타고 피리 불며 가는 목동이 되었다. 암튼 이 사건의 전모는 김건희 특검법에서 밝혀진다. 다만 뭐든 아는 척을 해대는 얼치기 검사가 아니라 주식 거래 실물과 현장에 빠삭한 검사가 지휘해야만 한다. 그 최고봉이었던 이복현이 협조해 줄려나...

후보 시절 윤석열이 해댄, 가족과 관련되는 '윤로남불'형 면피용 땜질 발언은 또 있다. 앞서 예로 들었던 "장모가 10원 한 장 피해 준 적 없다"던 의료보험공단 횡령 사건에서 장모가 3년형을 받았다. 그리고 장모가 또 다른 죄로 1년형을 받게 되자, 다시 말을 바꾼 것 또한 거짓말 버릇이 저절로 튀어나온 것일 뿐이었다. 응급 사항을 땜질로 벗어나려고 하다 보면 느는 건 거짓말이고, 그런 땜질에서는 금세 물이 새기 마련이다.

15

막말과 반말, 그리고 쩍벌남과 도리도리질

후보 시절에 선을 보인 윤석열의 어법 중에는 종결어미가 반말 투로 끝나는 경우가 잦다. 예를 들면 이런 식이다: '~단 말이야. ~데 말이야. ~건 인거고 ~건 ~이지. ~ㄴ(가) 아닌가. ~이고... (내참) ~아서.'

그런 반말 투가 걸러지지 않은 채 자주 섞인다. '부정식품이란 건 말이야.'라든가 '그런 건 흔히 있는 일 아닌가?', '그건 그 사람 말인 거고.' 식이다. 국민적 논란이 된 '왕(王)' 자 사건 이후 그는 기자들에게 이렇게 말했다:

> "지지자의 그런 응원도 좋지만 들어갈 때는 신경을 써서 지우고 가는 게 맞지 않았나(라고 생각하고 있습니다). 어떤 분은 속옷까지 말이야 빨간색으로 입고 다닌다고 소문도 다 난 분들도 있는데 (말입니다)". 괄호 안의 표기들은 윤썩열이 습관적으로 빼먹는 말들이다.

기자들이 녹음기를 들고 따라다니는데도 그리한다. 그래서 그의 말버릇이 고스란히 전파를 탄다. 위의 발언에서는 괄호 안의 부분들이 생략되는 바람에 반말 투가 되었다. 찾아서 붙인 '속옷까지 말이야'에서는 도리어 반말 버릇을 더 부각시켰다. 이런 무의식적인 반말 투는 상대를 아래로 바라보기만 해 온 검사 문화의 숨겨지지 않은 잔재이기도 하다. 피부처럼 몸에 들러붙어 떨어지지 않는 권위주의의 껌딱지다.

물론 적절한 구어체와 예사말의 혼용은 친밀도 증대와 동일체 강조, 그리고 친서민 이미지를 높인다. 예를 들면 이재명은 '~해야[여야] 합니다'라고도 하지만, '해야[여야] 하죠[하는 거죠]' 등을 혼용하여 친근한 이미지를 형성하고 격차가 없는 이웃집 사람 정도로 보이려 한다.

하지만 반말 투와 평어체는 분명히 다르다. 사전에서는 '반(半)말'을 높임말도 낮춤말도 아닌 중간형으로 규정하고 있지만, 실제의 언어생활에서는 '~ 했니?'와 '~했어요?', '~하셨습니까?'는 엄연히 다르다. '~ 했니/했어?'는 반말 투이고 '~했어요?'는 평어(중립어. 기본 경어체. '합니다체') 수준이다. '~하셨습니까?'가 돼야 공대어/존대어가 된다[81].

언론계를 비롯하여 공식적인 자리에서는, 구어에서도 최소한 평어체(기본 경어체. '합니다체')가 기본이다. 요즘은 교사들조차도 아이들 앞에서 함부로 말을 놓지 못한다. '점심들 먹었니?'라고도 할 수 있지만 표준 규범은 '점심들 먹었어요?'다. 그래서 '그건 말이야' 대신에 '그건 말입니다; 그건 말이죠' 등을 써야 한다. 그것이 기본적인 언어 예절이다.

81 우리말에서는 경어체라 하여 상대 높임법을 까다롭게 규정하고 있다. 해라체[해체.下體. →'해(라)/먹어(라)'], 하게체[等稱. →'해보게'], 하오체[中稱. →'얼른 나오시오'], 해요체[中上稱. →'안녕히 계세요'], 합쇼체[上稱. →'안녕히 계십시오'] 등인데, 실제 생활에서는 듣는 이를 기준으로 하대어, 평어(중간형), 그리고 공대어 정도로 구분하여 쓴다. 현재 우리말에는 평어(체)(평어체)에 대한 규정은 없다. 본문에서 사용한 '평어체'와 '합니다체'는 이해의 편의상 필자가 작명한 창작품이다.

따라서 아무 데서나 반말 투를 남용하거나 그 반말이 막말(나오는 대로 함부로 하거나 속되게 하는 말) 수준일 때는 그 사람의 인품, 곧 품격과도 직결되고 숨겨진 인성을 드러내는 일로 이어진다. 특히 그가 정치인이고 그런 막말이 잦은 때는 '막말꾼'으로 몰리면서 고정 할인 상품이 된다. 웃돈을 받아도 모자랄 판에… 한때 아래와 같은 막말들을 정력적으로 생산하는 바람에 호된 수업료를 내야 했던 홍준표가 대표적이다.

> "(김진태 의원에 대해) 상대할 가치가 없는 어린애"; "(단식하는 도의원에 대해) 쓰레기가 단식한다고 해서… 개가 짖어도 기차는 갑니다"; "(방송국 경비원이 신분증 요구하자) 니들 면상 보러 온 게 아냐. 네까짓 게"; "이대 계집애들 싫어한다. 꼴같잖은 게. 대들어 패버리고 싶다"; "(기자에게) 그런 걸 왜 물어. 너 진짜 맞는 수가 있다"; "저놈은 그때 우리당 쪼개고 나가서 우리당 해체하라고 지X하던 놈. 토론회가 기분이 좋아야 하는데 어처구니없는 짓을 당하니 머릿속이 꽉 막힌다. 진짜 쥐어패 버릴 수도 없고"

그러던 홍준표도 비싼 대가를 치른 뒤에는 꽤 많이 변했다. 막말 생산 공장 가동률이 현저하게 떨어졌다. 그래도 직격탄을 쏴대야 직성이 풀릴 때는 잠깐씩 가동을 하긴 한다. 지난 대선 후보 경선 때 지지율이 출렁거릴 때마다 그런 모습이 몇 번 보였다. 그러다가 시대의 저격수 진중권에게 한 방을 맞았다. '술 먹고 행인에게 시비 거는 할아버지 같다'고.

이러한 심리적 공격형들이 애용하는 전투 용어에 가까운 막말과 달리, 편의적으로 권위주의에 슬쩍 무임승차하는 이들은 의외로 반말 투에 자주 의존한다. 이 반말 투가 가장 많이 통용되는 곳은 수다판인데, 사내들의 술자리에서도 빈번하다. 윤석열에게서 부지불식간에 수시로 삐져 나오는 반말 투는 윤석열 개인사와 밀접하게 연결돼 있다. 바로 술자리다. 그리고 그것은 윤석열의 초기 브랜드이기도 했던 쩍벌남과 도리도리로도 연결된다.

윤석열의 주량이 공식 기록 폭탄주 70잔이다. 대학생 시절부터 술꾼이어서 아버지한테 매를 맞기도 하고, 사시 2차 시험장에서는 술 생각이 나서 10분 먼저 자리를 뜨는 바람에 낙방도 했다. 늦깎이 나이배기 신임 검사 시절부터 그는 주변인들에게 술로 인사하는 것으로 거리감을 없앴다.

그 뒤로도 그는 검찰 내에서 술값 인심이 가장 푸짐했던 사나이로 평이 나 있다. 심지어는 검찰청 방호원(청원경찰)들에게 그의 결혼식 날 술값 200만 원을 쾌척한 유일한 사람이다. 윤석열은 중수부 과장 시절 대검찰청에서 결혼식을 올렸는데, 당시에도 그는 '검찰총장'이었다. 즉 '검찰 내 총각 대장'. 그 바람에 하객들이 몰려서 비번이던 방호원들까지 총출동해서 교통 정리와 차량 출입 관리를 하느라 고생들을 좀 했는데 그들에게 감사 표시로 그런 거금을 주었고, 그 액수는 방호원들이 결혼 행사 도우미 수고조로 받은 것으로는 지금까지도 최고액 기록을 유지하고 있다고 한다.

그런 윤석열의 거의 모든 사교(社交) 행사는 술자리에서 이뤄졌다. 후배/친구/동창/동료는 물론이고 선배들과도. 그런 술자리에서 그는 항상 중앙에 앉거나, 중심 인물이 되었다. 축구의 센터포워드이자 야구의 포수 겸 투수[82]였고, 미식축구의 쿼터백, 농구의 포인트가드, 배구의 세터 겸 리베로였다. 화제 배급과 화제를 선도하면서, 술자리를 주름잡는 이른바 왕(王) 스피커였다. 그런 그가 술 한잔하지 않는 한동훈을 껴안았던 일은 불가사의다. 한동훈으로서야 한때의 업무적 형님일 뿐인 윤석열과의 만남은 '그누무 술' 때문에라도 지겨웠겠지만.

술자리에서 윤석열에게 한 번 마이크가 넘어가면 한 시간을 넘기는 건 보통이었다. 별의별 것들을 제재로 삼아 시간 무시, 시선 무시, 다만 술잔 주목 상태로 이야기보따리를 풀곤 했다. 그럼에도 미운털이 박이지 않은 것은 이야기도 재미있지만 계산대 앞에서 뒤로 빼는 일이 없어서였다. 고시생 시절에도 그는 술자리 강사였다. 기출문제, 예상 문제 등을 가리지 않고 해설을 했는데, 함께한 후배들은 끼니 때를 놓치기 일쑤였다.

그런 술자리는 대체로 통술집이기 마련이었다. 드럼통을 2/3쯤에서 잘라 통 안에는 연탄을 넣어 피우고, 그 상단에는 스테인리스 철판을 둥글게 용접하여 그 위에 술이나 반찬 등을 놓을 수 있는 상(床)도 겸하게 한 것들이 가게 안에 여러 개 놓여져 있는 술집 말이다.

국어사전을 보면 통술집은 통술(1.통에다 넣어 빚은 술. 2.한 통 되는 술)을 파는 집으로 나오는데 그건 '통술+집'이고, 흔히 말하는 통술집은 '(드럼)통+술집'의 준말 격이다. 희한하게도 이 통+술집은 국립국어원이 편찬

---

82 윤석열은 야구 명문인 충암중고 출신이어서 야구를 좋아한다. 동네 야구 때의 포지션은 투수였다. 얼마 전 시구에도 참여했지만, 충분히(?) 녹이 슬어 있었다.

한 사전엔 나오지 않는다. 국립국어원 근무자들도 수월찮게 이 통+술집을 자주 이용해 온 것을 내가 아주 잘 아는데. 하하하.

이 통술집에서의 기본 자세가 '쩍벌남'이다. 특히 좌장 격으로 말을 많이 하거나, 덩치가 좀 있는 사람들은 다리를 벌려 드럼통을 다리 사이에 끼다시피 하고서 상판을 두 팔로 짚고 좌중을 휘어잡는 자세들을 취한다.

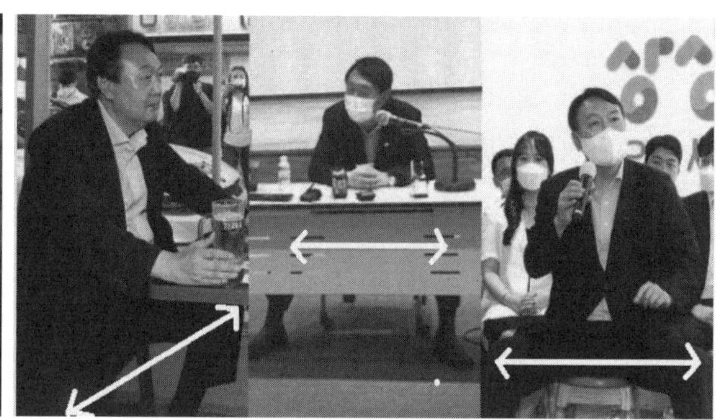

통술집 풍경(좌), 윤석열의 '쩍벌남' 자세들(우). ©AIFIC

특히 동의를 구하거나 의견을 물을 때면 윤썩열은 고개를 좌우로 돌리며 시선으로 은근히 호응을 강요한다. 때로는 상대가 그를 빤히 쳐다보는 게 부담스럽다 싶을 때도 그걸 써먹는다. 시선을 두루 공평하게 던진다는 포즈로 그 눈길을 피한다. 그런 좌우 고개 돌리기가 쌓이고 버릇으로 굳어지면 도리도리질이 된다. 2021년 윤석열의 정치 참여 선언일에 그가 탁자를 두 팔로 짚고서 도리도리질을 하던 모습에서 즉시 어떤 통술집 술꾼이 떠올랐던 것도 그 때문이었다. 내 친구 중 키가 너무 커서[83] 군대에 가지 못한 법대생, 윤석열의 선배 하나가 딱 그 짝이었다.

내 친구도 술자리에서 주로 좌장 노릇을 했다. 그도 도리도리질이 버릇이지만 윤석열에 비해서는 빠르기에서 차이가 좀 난다. 좌우로 끄덕거리는 메트로놈에 빗대자면, 윤석열은 보는 이를 정신 없게 하는 알레그레토와 비바체 수준이지만 내 친구는 안단테급이었다.

심리학적으로 도리도리질은 두 가지 의미가 있다. 일반적으로는 상대방 또는 세상에 대한 부정 의식의 잠재적인 표출일 때가 흔하다. 또 다른 경우는 자신감 부족일 때, 또는 앞서 언급한 '적절한 좌절'을 '견딜 수 있는 실망'으로 소화시킨 사람들이 자신의 결기를 다지기 위해, 자신의 의지를 강화시키기 위한, 자신에 대한 채찍질 용도로도 도리도리질을 애용하기도 한다. 즉, 무의식 속 수면 하에서는 내성적인 사람들이 수면으로 떠오르면 도리도리질로 좌중을 위압하려고도 한다.

내 친구도 알고 보면 그런 쪽이다. 키우고 있는 고양이 두 마리 때문에 이틀 이상 밖에 머무는 여행에 나서지 못한다. 윤석열에게는 5마리의 개와 2~3마리의 고양이가 있다. 윤석열이 젊은 시절부터 의존하고 김건희와의 결혼까지 권했던 무속인 (심)무정은 김건희에게 윤석열이 여자고, 김건희가 남자이니 윤석열을 잘 챙기라고 했다고 김건희 본인이 기자와의 통화에서 털어놓기도 했다. 목소리만 들으면 그럴 만도 하다. 김건희의

83 병역 면제와 키: 예전에는 키가 작아도 군대를 못 갔지만 186cm 이상인가도 못 갔다. 몸에 맞는 군복과 군화가 나오지 않아서였다. 청년들의 신체 발달에 따라 요즘에는 신장, 체중 제한 규정이 대폭 상향 조정되었다. 키 140cm 이하는 무조건 면제지만, 204cm를 넘기는 경우에도 BMI를 따져 판정한다.

평소 목소리는 외모와 달리 의외로 허스키하고 걸걸하다. 반면 윤석열의 목소리는 덩치에 비해 아주 얇다. 재산도 남녀가 바뀌었다. 윤석열 신고 재산(양평 땅, 서초동 집, 예금)의 95% 가까이가 여자인 김건희의 소유다.

윤석열의 쩍벌남과 도리도리질. 그것은 자신의 자신감을 다지기 위한 술자리가 배태한 신체적 버릇이랄 수도 있다. 반말 투 역시 그 술자리를 휘젓고 다니던 언어의 버릇이 굳어진 것이고.

초짜 정치꾼으로 변신한 윤석열에게서 후보 시절에도 이따금씩 보였던 반말 투. 그것은 어쩌면 국민들 앞에서도 술자리 좌장으로 남고 싶어서가 아닐까... 그러려면 그 술값 책임도 함께 져야 할 텐데. 알아서 단단히 챙겨 갖고 나왔길.

16

위험스러운 것에는 윤석열의 막말 상말도 빠지지 않는다

윤석열의 언어 중 가장 위험스러운 것은 막말 부분이다. 대선 후보가 되면서 전부가 중계되지 않아서 그렇지 실제로 그의 평소 언행은 막말 애용에 가까웠다. 일례로 2020년 10월의 국정감사장의 답변에서 드러난 '패 죽인다'는 발언이 있다. 홍준표가 이대생들에게 했던 '패버리고 싶다'보다 열 걸음은 더 나간 막말이었다.

당시 검찰총장이던 윤석열은 라임·옵티머스 사건 검사 비위 의혹에 관한 국민의힘 장제원 의원의 질문에 "(수사) 결과가 나오면 사과해야 하지만, 검찰이 수사하다가 사람을 패 죽인 것과는 경우가 좀 다르지 않나 싶다"고 했다. 앞서 더불어민주당 소병철 의원이 박순철 서울남부지검장의 사임을 거론하면서 2002년 발생한 검찰의 피의자 고문치사 사건 때 검찰총장이 사임했던 사실을 상기시키자 반박하면서 사용한 말이다.

그러자 당시 박범계 의원은 "패 죽이는 게 뭐냐. 아무리 윤석열이 거침없는 발언의 대가라도 할 이야기와 안 할 이야기가 있다. 일국의 검찰총장으로서 패 죽인다는 표현이 전국에 생중계되는 국감장에서 적절하냐. 철회하라"고 호통을 치며 항의했다. 이에 윤석열은 "의원님이 지적하면 제가 그것은 받아들이겠다"고 했다. 당시에도 그것이 중대 실언이라는 사실은 전혀 인식하지 못하고 있던 윤석열은 그러한 지적에도 불구하고 얼굴을 붉히며 당황해하거나 사과를 하거나 하는 일은 전혀 없었다. 평소 언행[思考]의 연장선이었을 뿐이기 때문이다. 전국에 생중계되고 있던 현장이었음에도 그런 게 전혀 안중에도 없었던 것도 그로서는 너무나 자연스러운 일상이어서였다.

대통령직에 오르고서도 그처럼 정제되지 않은 저질 막말 애용 버릇은 비공식적인 자리에서는 그냥 일상이었다. '그냥 쓸어버려, 싹 다 잡아들여, 다 때려죽여, 조져서라도, 날려버려...' 따위는 일대일 대화에서 기본 반찬 격인 일상 어투였다. 대북 관련 보고를 듣고서 쏟아낸 막말 '다 때려죽여, 핵폭탄을 쏘거나 말거나 (해서라도)'는 그 결정판이라 할 수 있다.

'패 죽인다'와 같은 무시무시한 언어의 일상화. 그것은 왜곡된 심리와 억압된 분노가 거친 공격성과 동거할 때 발생한다. 《이재명의 스피치》에서 부록으로 '윤석열의 말과 심리'를 편제한 심리학자 김태형은 이 '패 죽인다'의 함의를 '분노와 거친 공격성'으로 풀이했다. 그처럼 윤석열의 안에 내재된 왜곡된 심리와 억압된 분노는 비정상적으로 굴절된 채 걸러지지 않은 언어로 방출된다. 파괴를 목표로 하는 공격적 언어로 그냥 발사된다. 윤석열에게는 그게 그냥 자연스러운 일상일 뿐이다.

'청약 통장을 모르면 치매 환자'라는 극단의 치명적/파괴적 발언이 그처럼 자연스럽게 한 치의 머뭇거림도 없이 즉석에서 발사되었던 이유이기도 하다. 윤석열의 파괴적 언어 총에는 안전 자물쇠가 달려있지 않다. 한 줌도 안 되는 권력의 맛에 사로잡혀 살아오는 동안에 권위주의에 중독되어 그걸 설치하려고도 하지 않았던 게 더 문제다. 대부분의 간부 검사 출신들이 그렇듯이.

윤석열은 유세 중에 **'정부를 맡겨준다면 김정은의 버르장머리도 정신이 확 들게 하겠다'**고 했다. 현 정권이 강성노조를 앞세워 갖은 못된 짓을 다 하는데, 그 첨병 중에 첨병이 언론노조라며 **'정치 개혁에 앞서 언론도 뜯어고쳐야 한다'**라고도 했다.

그 표현 의도가 무엇이든 우리들이 정색하고 대해야 할 것은 밑줄 그은 부분들의 언어, 곧 '버르장머리'와 '뜯어고치다'다. YS가 독도를 집적거리는 일본을 향해 뱉었던 '버르장머리' 발언은 외교사에서 특기될 정도로 문제적 발언이었는데, 내부를 겨냥한 사이다 발언이었지만 그 결과는 혹독했다.

IMF 위기를 앞두고 당시 재경부의 엄낙용 차관보가 긴급 자금 지원 요청을 위해 일본으로 급히 날아갔다. 1997년 11월 10일 방일(訪日)해서 미스터 옌(Mr. Yen)으로 널리 알려진 일본 대장성 사카키바라 차관보를 만난 후 11일 귀국했다. 방일(訪日) 성과는 아무 것도 없었다. 이에 대해, 이념이나 언어보다는 평생 경제 현장을 중시해 온 전 경제부총리 강경식은 당시 상황에 대해 이렇게 적고 있다.

한일(韓日)관계가 좋았더라면, 한미(韓美)관계가 원만하였더라면 일본과 미국은 수백 억 달러의 지불 보증으로 한국이 IMF로 가지 않도록 도왔을 것이다. 당시 김영삼 정부는 일본뿐 아니라 미국의 클린턴 행정부와도 사이가 좋지 않았다. 실인심(失人心) 상태였다. 외교의 가장 큰 실수는 고립인데, 김영삼 정부는 동맹국 사이에서 고립되었던 것이다. –강경식 《국가가 해야 할 일, 하지 말아야 할 일》(2010)

2021년의 원고에서 필자는 이렇게 적었다: "장담하건대, 윤석열이 김정은을 향해 발사한 초대형 오발탄 '버르장머리'는 만에 하나 그가 대통령이 된다면 YS 못지않은 혹독한 대가를 치르게 된다. 북한의 실상에 대해 무지한 채로 내뱉은, 특히 북한 내에서 한두 해도 아니고 50년 넘게 다져지는 사이에 북한인들의 원형질 일부를 구성하게 된 '백두 혈통'에 대한 북한인들의 신앙적 숭배 대상에 대한 막말은, 북한에 대한 대형폭탄급 외교 참사다. 북한도 우리와 똑같은 유엔 회원국인 독립 국가라는 사실조차도 윤석열은 알지 못하고 있는 것일까.

윤석열의 언어를 대하다 보면 벌어진 입이 닫히지 않고, 경천동지 수준이라는 말로도 한참 모자라는 언어의 쓰나미 사태와 직면하게 될 때가 한두 번이 아니다. 그런 윤석열이 치를 대가는 누구라도 기본적인 견적이 가능하다. 앞으로 김정은은 윤석열이라면 아예 눈도 안 돌리고 귀도 안 열 것이다. 윤석열에 대한 김정은의 그런 전폭적인 무시가 염려되는 건 아니다. 그가 우두머리로 있는 한은 남한이 통째로 무시 대상에 드는 그게, 그 후유증과 여파가, 엄청 우려될 뿐이다."

남북한 관계는 그 뒤 필자가 예측했던 대로 최악의 사태로 변전되었다. 북한에서 '우리는 하나, 같은 민족, 통일…' 등의 낱말은 금기어가 되었다.

후보 시절 언론노조와 관련하여 윤석열이 동원한 '뜯어고치다'란 말은 전혀 쓸 수 없는 건 아니다. 하지만, 아무 때나, 특히 타인을 향해서 아무렇지도 않게 쓸 수 있는 말은 결단코 아니다. 이 '뜯어고치다'를 한자어로 표기하면 '개조(改造)하다'다. 잘 들여다보면 '造' 자가 있다. 그것은 걷어붙이고 달려들어 직접 해낸다는 뜻이다. 즉 적극적인 수준을 넘어 공격적이다. 그래서 같은 의미로 쓰고자 할 때도 '개조(改造)' 대신에 '개선(改善)'이나 '개혁(改革)', '혁신(革新)' 등의 용어를 사용한다. 이때 쓰인 '가죽 혁(革)'은 통째로 가죽을 벗기거나 갈아대는 것을 의미하기 때문에 변화가 근본적이거나 중(重)하거나 대규모일 때를 뜻한다. 그래서 때로는 이 혁이 '중할 극(革)'으로 읽힐 때도 있다.

그럴 때도 '개조(改造)'라는 구상화적(具象畵的) 언어를 다른 추상적인 언어들로 바꾸어 그 구체성을 약화시키는 대신 추상성을 높여 언어의 연질화를 꾀한다. 그것이 사고의 유연성을 높여서 인성(人性)의 무두질로도 이어지게 하기 때문이다. 되풀이하지만, 언어는 사고의 집이고 언어가 그 사람이다. 언어가 바뀌지 않고는 사람이 바뀌기 어렵다. 윤석열의 거친 공격성이 순치되려면 언어가 바뀌어야 한다. 그래야 파괴와 공격 일변도의 무논리 저가(低價) 공세 태도 등도 정제된다.

손쉬운 예로 그가 후보 시절 그냥 마구 쏟아냈던 저가 공세인 '제2부속실 폐지'나 '청와대 폐지와 대통령 집무실 이전' 등만 해도 그렇다. 시쳇말로 말하자면 미안하지만 '무뇌충(無腦蟲)' 수준에 가까운 발언들이다.

퍼스트레이디는 평범한 일개 주부가 아니다. 대통령과 동반 참석해야 하는 이런저런 수많은 공식 행사가 있다. 임명장 없는 공식 외교관 역할도 자주 해내야 한다. 자신이 만나야 할 상대방에 대한 사전 정보(성장 배경, 이력, 취향과 취미, 아이들 관련... 등등)도 필요하다. 그래야 원만한 대화를 이어갈 수 있다. 별도 방문할 곳들의 정보도 챙겨둬야 한다. 그런 일을 챙겨주는 전문가들(비서들) 없이 그걸 해낸다? 어림도 없다. 일국의 정상 부부 외교는 외교의 등급 중 최고위급의 외교다. 이 나라의 영부인 역시 인턴이나 OJT 없이 곧장 현업에 투입되는 직종 중 하나다.

아래의 글들은 청와대 폐지와 관련한 2021년의 원고 내용이다. 그 당시에는 용산실과 한남동 관저 얘기 자체가 나오지도 않았다.

청와대를 폐지하고 그걸 국민들에게 돌려준다? 아주 멋진 말이지만, 말은 참 하기 쉽다. 그냥 뱉으면 되니까. 하지만, 그것이 대선 후보의 입에서 저가 공세를 위한 저가 상품으로 그냥 쏟아져 나와서는 대단히 문제적이다. 문재인도 정부 종합 청사에서의 집무를 꿈꿨지만 이뤄내지 못했다. 이유로는 지하 벙커 시설[84]과 전파 차단 문제, 그리고 경호상의 번거로움과 그로 인한 시민들의 불편도 보통 문제가 아니어서였다.

---

84 지하 벙커 시설: 본관 지하에는 국방부 벙커보다도 더 크고 시설이 더 많이 배치된 벙커가 있다. 유사 시 전군 지휘도 가능하다. 이 시설 배치 때문에 노태우 대통령 시절 본관 신축 공사가 2년 넘게 걸렸다.

또 청와대를 폐쇄하면 관저는 어찌할 것인가. 새 관저에서 새 청사로 출퇴근하는 대통령 나리를 위해서 경찰들은 매번 '신기조작(信機操作. 교통신호기 조작 통제의 준말)'[85]을 해야 하고 경호팀은 뜀박질 양이 대폭 늘어나야 한다. (이 글을 쓸 때만 해도 윤석열은 '광화문 시대'를 공약한 터라서 문재인처럼 정부종합청사로 가는 안을 상정하고 있었다.)

더구나 대통령 경호는 언제 어디서고 경호실법에 의해서 기본적으로 내곽 경호와 외곽 경호의 이중구조로 이뤄진다. 예컨대 어떤 건물 내에 대통령이 있을 때면 그 건물 내부에 경호원이 배치되고(내곽 경호), 외부에도 배치된다(외곽 경호). 이런 내외곽 이중 경호 원칙은 대통령이 청와대 집무실이나 관저에 머물고 있을 때도 똑같다.

이런 앞뒤 생각도 못한 채 그냥 뱉어내는 임시변통의 공약들은 결국 기존 질서 파괴와 공격만을 위한 무논리 발언이 된다. 그래서 싸구려가 되고, '무뇌충' 발언이라는 비아냥을 받아도 할 말이 없게 된다.

대통령이 되고 나자 윤석열은 단 하루도 청와대에 머물지 않겠다고 생떼를 썼다. 그리고 '광화문 시대' 공약을 언제 했느냐는 식으로 북악산 쪽 방향으로는 눈길도 안 줬다. 그 바람에 졸지에 국방부와 외교 장관은 청사와 공관을 징발당했고, 국민들은 생각지도 않은 추가 혈세 832억 원을 부담해야 했다.

---

85 '신기조작'은 교통신호기 조작 통제를 약칭하는 경찰 용어인데, 대통령의 이동에서는 경호상의 목적에서(이동 시 차량 정차로 인한 저격 기회 제공 금지) 기본적으로 적용된다.

당초 윤석열은 문재인정부를 향해서 대통령실 이전비로 496억 원만 주면 된다고 했지만, 그 뒤 계속 돈이 들어가는 바람에 그 액수는 거의 두 배로 불어났다. 그뿐이 아니다. 청사를 뺏긴 국방부와 합참본부의 이전 신축비는 2418억 원이다. 이걸 모두 합치면 대통령실 이전에 3200여 억 원이 드는 셈이다.

문제는 이 혈세 낭비뿐만이 아니다. 청와대 입주 거부가 '경호고 나발이고 청와대 가면 죽는다'고 내뱉었다는 명태균과, 북악산 아래의 청와대로 들어가면 뒤끝이 불행해진다고 겁박한 짜가 무속인들의 입길에 의한 것이라는 의혹이 짙다. 더구나 관저를 확정하기 전 무속인 하나와 김건희가 국방 장관 공관을 포함하여 두세 군데를 철저히 사전답사까지 하고 그 장면들이 CCTV에도 담겼는데, 국회에서 그 원본 테이프 제출을 요구하자 보존기간 3개월 어쩌고 소리로 어설피 땜질하는 바람에 더욱 확실해진 무속인 관여가 미제(未濟) 의혹으로 굳어졌다.

800억을 훌쩍 넘기는 이 거액의 혈세 낭비에 대해 '832억짜리 복채'라는 비아냥이 나오는 것도 그 때문이다. 단 하루라도 청와대에서 잠을 자지 말라는 무속인의 말을 따라서인지 윤 부부는 관저의 리모델링이 끝날 때까지 아크로비스타에서 잤다. 준비가 될 때까지는 청와대 관저를 사용하는 것이 당연한데도 무속인의 말을 철저히 지킨 셈이다. 명태균의 등장 이후 급부상한 '장님 무사와 앉은뱅이 주술사'라는 윤 부부 묘사 단어는 용산실과 한남동 공관 낙점에도 점지력('무엇이 생기는 것을 미리 지시해 주는 능력'의 비유어)으로 작동한 게 아닌가 싶어지면서, 두 사람의 일상 공기가 된 무속 문화가 문득 두 배로 끔찍해진다.

17

5겹살 똥배 대선 후보 1호 기록에 빛나는 윤석열

우리나라의 장수 직업 중 항상 1~2위 안에 들었던 이들이 정치인이다. 가장 정확한 자료는 48년간의 기록을 추적한 원광대 조사인데 2위를 기록했다. 1위는 종교인으로 평균 80세. 정치인은 75세였다. 10여 년 전의 자료이므로, 요즘 기준으로 하면 생존 연령이 좀 더 상향되었으리라 생각된다. 일본의 기록도 순위는 같다. 평균 생존 연령에서만 조금 차이가 난다.

다른 나라의 기록들에서는 음악인들이 1위를 기록하고 정치인은 대체로 그다음이다. 우리나라는 그와 다른 것이 외국 기준의 음악가들은 대체로 클래식 쪽이고 우리나라는 대중음악가들이 주력 부대라서다. 그래서 우리나라에서는 그 서열이 한참 아래로 밀리고, 평균 수명이 70세에도 이르지 못한다. 우리나라에서는 이른바 연예인이라고 불리는 생활을 하면 삶의 일상 리듬이 불규칙해지는 게 으뜸 사유로 꼽힌다.

서양 음악가들의 장수 요인은 대체로 5가지로 요약된다. 1)몸을 움직인다. 2)청중의 현장 사랑을 받으며 그 자리에서 기쁨을 현물로 느낀다.

3)자신의 실제 음악 활동 중에 최고의 행복감을 느낀다. 4)직업을 취미처럼 즐기고 자부심을 느낀다. 5)일상의 긴장과 이완이 대체로 규칙적이다.가 그 내역이다.

그런데 이 조건들을 정치인에게 적용해 보면 딱 맞아떨어진다. 1)정치인들은 바쁘다. 항상 시간을 쪼개서 움직여야 한다. 가고 싶은 데는 많지 않은데 오라는 데가 많다. 2)그런데 막상 가서 상석에 앉아 박수 등을 받으면 기뻐지면서 피로도 잊는다. 3)그러면서 의원 배지가 주는 행복감을 확인한다. 4)정치가 내 팔자인가 보다 해지면서 괜히 어깨가 뿌듯해 온다. 5)들어오면 피곤하지만 내일 나갈 일 때문에 시계를 들여다보며 잔다. 정치인들에겐 어지간해선 불면의 밤이 없다. 자리에 누으면 즉시 코를 곤다.

그러다 보니, 정치인들에겐 살 찔 틈이 없다. 정확하자면 잘 얻어먹긴 해도 찐 살이 머물 틈이 없다. 긴장과 이완도 거의 규칙적이다. 허리 풀러놓고 술 마시는 일도 매우 드물다. 음주도 근로인 게 정치꾼들의 생활이라서다. 어쩌다 과음을 해야 하는 자리라면 그 또한 해낸다. 그게 며칠이 이어져도 숙명이고 직업이다. 그래서 저절로 애주가의 길로 들어서기도 한다. 술을 못하면 생존 자체가 힘든 곳이 정치판이다. '낮의 정치는 태평로[여의도]에서, 밤의 정치는 술집에서'는 우리나라의 50~60년에 걸치는 정치사에서 변치 않는 항목이다(1975.7.까지는 현 서울시의회 건물이 국회의사당이었다).

필자가 한 다리 걸러서 잘 아는 여성 의원 하나가 있다. 1994년 미국

타임지의 '차세대 세계리더 100인'에도 꼽혔던 유명한 이다. MIT 도시계획 부분의 박사이기도 하고, 현재의 제주도 '올레길[86]'의 작명가로도 알려져 있다. 그녀는 다작의 저술가이기도 한데 의원 생활과 관련한 책자도 출간한 바 있다. 거기에 그녀의 바쁜 일상이 나온다. 그러면서 얹은 말에는 의원 생활 몇십 년 하면 저절로 날씬해질 것 같다는 말도 있다. 정치인들 중에 어째서 똥배 나온 사람들이 없을까에 대한 답이기도 하다. 그만치 바삐 쏘다녀야 해서다.

정치인들도 술살은 찐다. 하지만, 항상 빨빨거리며 쏘다니거나 끌려다녀야 해서 제대로 살이 머물 틈이 없다. 활동량도 많지만 선거 전 1년 전부터는 바짝 긴장한다. 공천 문턱을 넘어야 하고, 무엇보다도 다음 선거에서 이겨야 해서다. 지역구 당선에 문제가 없을 정도의 사람은 당 내에서 무게 잡기를 위해서 목소리 키우기도 해야 하고, 자기 라인의 시도의원 관리에도 신경을 써야 한다.

아래는 2021년의 원고 내용이다. 당시 글속에서 의문시했던 똥배 유지 여부는 여러분들도 그 결과를 안다. '술통령'이라는 별명에 충성을 다한 흔적이랄까.

역대 대선 후보 중 5겹살 똥배로서는 최초라는 기록은 사실 정치판 초짜의 표지판 이상도 이하도 아니다. 프로급 정치꾼 중에는 똥배 나온 사람이 없으니까. 만약 청와대에 들어가서도 그 똥배가 그대로 유지된다

86 표준 표기는 '올렛길'이 맞다. 하지만 관행적으로 굳어진 지 오래됐고 일종의 준고유명사 격이어서 그대로 유통되고 있다. 보통명사 표기로는 '올렛길'이 되어야 한다.

면 그건 150% 직무유기다. 앞서 소파에서 눈을 붙이고 있는 노무현 대통령의 사례를 잠깐 적었지만, 대통령은 출퇴근 규정이 없다. 출근 시각은 사실 맘대로다. 정상적일 때야 8시쯤이지만, 상황에 따라서는 항상 유동적이다. 하지만, 퇴근 시간은 없다. 본관에 있든, 관저에 있든, 보고 라인은 항상 녹색불이고, 전화기는 암 때고 울린다.

문 대통령에게는 허피스(수포진) 증상이 있다. 균이 체내에 잠복해 있다가 피곤한 상태에서 과로하면 입술 근처에 물집이 생긴다. 예전에는 한번 발병하면 며칠은 그 물집을 달고 다녀야 해서 외부 활동을 하는 이들에겐 그처럼 면구스러운 귀찮음도 없었지만, 요즘은 그 바이러스를 잡는 연고가 나와 증세 초기부터 바르면 이내 잡힌다. 작년의 두 해외 순방 때 문 대통령은 엄청 피곤해 보였다. 허피스 증세를 급히 제압한 게 사진에서도 읽혔다. 그럼에도 끝까지 그걸 해냈다. 귀국 비행기 안에서는 아마도 열 시간 넘게 깊은 잠에 빠졌을 듯하다. 그런 해외 순방은 미룰 수가 없다. 여러 나라와의 사전 조율을 통해 조정한 스케줄은 이미 몇 달 전에 확정된 것이므로.

누가 청와대에 들어가게 되더라도 미리 기억해 둘 것 한 가지는 있다. 바로 노무현 대통령이 말한 대로 '대통령 자리는 개고생 자리'란 말이 하나이고, 또 하나는 다음 생에 태어나더라도 절대 택하고 싶지 않은 직업란에 '대통령'이라 적었다는 레이건의 사례다. 레이건 대통령은 얼마 전까지도 민주.공화 양당을 통틀어 정치가와 국민 모두가 최고의 대통령으로 꼽았던 유일한 인물이다.

18

윤석열의 실책 연발:
온통 검사 문화에 둘러싸여 있는 검사스러운 윤석열

선거 운동 과정 내내 윤석열에게서 풍기는 것들은 여전한 검사스러움이었다. 경선 초기에 비해서 겉보기로는 엄청 줄어들긴 했지만 내면은 여전했다. 그의 주변을 둘러싸고 있는 검사 문화의 잔재들은 또렷했다. 그것은 그의 주변에 포진하고 있는 이들의 주력 부대가 검사 출신들이었다는 것과도 무관하지 않다. 윤석열의 주변 인물들은 온통 전직 검사들이었다. 그 반면 이재명의 경우는 전문가 그룹인 법률지원팀의 소수를 빼고는 법조인 자체가 거의 없었다.

그중 몇몇만 뽑아서 무순으로 간단히 살펴보기로 한다.

권영세 선거대책본부장. 그는 윤석열 선대본의 실질적 최고사령관이었다. '문고리 3인방', '파리떼', '하이에나', '윤핵관' 등의 온갖 이름으로 손가락질을 받던 권성동/장제원/ 윤한홍 등이 물러나고 그 빈자리를 채운 이들 중 최고위직이었다.

권영세('59년생)는 서울법대 77학번으로 윤석열의 2년 선배인데 연수원은 15기로 8기 선배다. 10년 봉직 후 부부장검사로 검찰을 떠났다. 검사들이 꼭 오르고 싶어하는 부장검사를 못 해봤다. 박근혜 정부 출발 때, 그의 또렷한 공헌에 비해 의외의 물을 먹었다고 언론에 보도된 게 권영세였다. 한직으로 여겨지는 주중대사로 나가게 되어서였다.

권영세 1인 체재로 개편되면서 떠나게 된 이들 중 권성동은 연수원 17기(서울시장 오세훈과 동기)로 윤석열보다는 6기 선배지만, 나이로는 윤과 동갑이다. 중앙대 법대 80학번으로 이재명의 2년 선배인데 부장검사가 마지막 직위였다.

권성동(당시 국회 법사위원장)이 헌재에 박근혜의 탄핵소추의결서를 제출하고 있다. 헌재의 탄핵심판 심리 내내 소추위원(당연직)으로 활동했다. 그 당시 권성동은 박근혜 수사팀장이던 윤석열과 더불어 박근혜 탄핵의 실질적 방아쇠를 담당한 소총수였다. 하지만 이번 윤석열의 탄핵에서는 거꾸로가 되었다. 정치인의 두 얼굴은 전혀 새삼스러운 일이 아니다. ©AIFIC

장제원('67년생. 중앙대 신방과 졸업)은 비법조인 출신이면서도 이미지로는 가장 '검사스러운' 정치인이다. 20대부터 법사위 터줏대감으로 활약(18.20.21대 의원. 19대 낙선)하면서 최순실 게이트 청문회에서 스타로 떠올랐고, 소리 지르기와 호통 치기로 유명하다. 법사위 회의가 시끄럽고 소란스러울 때는 거의 빠지지 않고 그가 있었다.

그의 부친이 국회부의장 출신인 장성만인데, 그 바람에 일찍부터 정치물을 먹고 컸다. 장제원이 캠프를 쥐고 흔들자 진중권은 이렇게 직격하기도 했다(2021.11월): "차지철 역할을 지금 장제원이 하고 있다. 채용비리 김성태 임명하는 거나, 철 지난 지역주의 충청도 일정 잡는 거나, 웬만한 돌머리 아니고서는 할 수 없는 발상이다"

장제원의 아들이 음주 운전 사고와 측정 거부, 경찰관 폭행 등으로 계속 말썽을 빚은 래퍼 노엘이다. 법정에서 재생된 비디오 속에서 "지우라고 xx새끼야", "x까세요 xx아" 등의 고성 욕설이 등장하여 큰소리 치는 건 부전자전이라는 뒷말도 나왔다.

권영세가 선대본부장으로 오자 자진해서 보따리를 싼 문고리 3인방 중 막내 격인 윤한홍(62년생. 서울대 독문과(81~85). 20~22대 의원)은 19대 홍준표 대선 때 비서실장을 했음에도, 뜻밖에 2021년 8월에 윤 캠프를 선택했다. 그러자 당시 홍준표는 페북에 간단히 한 줄만 적었다: '경남도지사 시절에 같이했던, 철새.'

이처럼 중차대한 대선 시기에 이준석으로 하여금 두 번씩의 '가출' 사건까지 촉발한 윤핵관도 기본적으로는 법조계, 또는 법 쪽과 친한 이들 중심이었다. 그 뒤 윤석열 후보 주변을 둘러싼 주력부대도 검사 비율이 압도적이었다. 그중에서도 핵심 실무 역할을 해내는 이들은 대체로 부장검사에도 오르지 못했고, 검사장급은 셋뿐이었다.

검사장 출신으로는 석동현(서울법대 79학번 동기. 15기. 전 서울동부지검장), 정점식(65년생. 서울법대 84학번. 20기. 전 대검 공안부장. 22대 의원), 유상범(21기. 전 광주고검 차장. 21~22대 의원. 탤런트 유오성의 형)이 그들인데, 이 셋은 각각 특보단장, 법률자문위원장, 법률지원단장을 맡았다. 그중 대학 동창인 석동현이 가장 근접 거리에 드는 편이라고 한다. (윤의 당선 후 크게 쓰일 것이라는 일반적 예상과는 달리 한직인 평통위 사무처장 자리만 주어졌다. 그것도 겨우 2년만. 현재는 기자들 사이에서 '입으로 물개 박수를 쳐댄다'고 묘사되는 충성꾼 태영호가 그 자리에 가 있다)

김건희의 녹취록 방송 금지 가처분 신청에서 이것만은 방송되지 않게 해달라고 해서 스스로 취약점을 까발린 셈이 된 자충수는 법률지원단의 작품이라고 알려져 있다. 그 문제적 부분들은 MBC가 편파 방송이라는 소리를 피하려고 처음부터 알아서 뺀 것들인데[87] 국힘 변호사들이 그걸 구체적으로 적시하는 바람에(그리하여 법원 결정문에 들어가게 되는 바람

---

87 김건희 녹취록 중 미방송분: 법원 결정문에서 MBC 자진 포기로 분류된 다음 내용들이다: ②"일반 국민은 바보다" ⑥"원래 우리는 좌파였다 그런데 조국 때문에 입장을 바꿨다. 대통령이 조국을 싫어했는데, 좌파들이 조국을 억지로 그 자리 앉히는 바람에 우리가 대통령을 보호하기 위해서 일을 벌인 거다" ⑦"한동훈한테 제보 할 거 있으면 나한테 얘기해라, 내가 전달해 주겠다. 내가 한동훈 하고 연락 자주 한다" ⑧"〈열린공감TV〉 〈오마이뉴스〉 〈아주경제〉 장용진 얘네들, 내가 청와대 가면 전부 다 감옥에 처넣어버릴 거다" ⑨"우리 남편은 바보다. 내가 다 챙겨줘야 뭐라도 할 수 있는 사람이지. 저 사람 완전 바보다"

에), 일반인들도 그런 내용들이 있다는 걸 저절로 알게 되었다. 그중 가장 유명한 김건희의 발언이 "〈열린공감TV〉 〈오마이뉴스〉 〈아주경제〉 장용진 애네들, 내가 청와대 가면 전부 다 감옥에 처넣어버릴 거다"인데, '김건희 대통령, 윤석열 영부남'의 현장 증거물 중 하나가 되었다.

차장검사 출신인 이완규(23기)는 변호사인데 2003년 노무현과의 대화에서의 그 유명한 '검새' 논란을 일으킨 주역 10인 중의 하나였다. 윤석열 관련 소송의 법률대리인으로 활약한 공로를 인정받아 윤 당선 후 법제처장에 보임되었다.

박주선('49년생. 16회 사시. 전 중수부 수사기획관. 청와대 법무비서관)은 호남의 아성인 광주의 4선 의원으로 국회 부의장까지 한 사람인데, 희한하게도 윤석열 쪽으로 급선회했다. 윤석열의 낙선은 그의 정치적 사망 선고로 직결될 뻔했는데, 대통령직인수위원회 대통령취임준비위원회 위원장이라는 잡무직 업무를 처리한 후 대한석유협회 회장 자리로 보답받았다.

윤 후보와 연수원 23기 동기이자 동갑인 주광덕 전 의원(2선. 현 남양주시장)도 평검사 출신인데 캠프 태동 초기부터 합류했지만 윤핵관에 막혀서인지 눈에 띄는 활약상은 없었다. '환경부 블랙리스트' 사건을 수사하여 문재인정부 장관 중 최초로 김은정을 실형에 처한 주진우(31기)도 부장검사에서 옷을 벗었다. 윤석열 키드인 주진우는 윤 당선 후 최대의 혜택을 받은 사람 중 하나다. 대통령비서실 법률비서관을 거쳐 국힘의 아성인 부산에서 제22대 의원 배지를 달았다. 선대위 기획실장을 맡았던 박민식('65년생. 서울대 외교학 84학번. 25기. 전 2선 의원)도 평검사 출신이다. 그는 보훈처가 부로 승격된 후 초대 장관에 올라 보은 인사 혜택을 누렸다.

앞서 예결특위 위원장 시절 낮술을 먹고 얼굴이 벌개진 채로 회의를 주재하다가 기자들에게 그 모습이 찍혀 망신을 당했다고 소개한 김재원('64년생. 26기. 윤의 5년 후배. 재수해서 서울법대 진학. 84학번. 3선)도 평검사 출신이다. 7년간 사무관 생활을 하다가 늦깎이 검사가 된 김재원은 자신의 성깔과 맞지 않아 이내 그만뒀다. 당시 옆방의 원희룡이 약쟁이(마약범) 담당이었는데 모질지 못한 탓에 원희룡도 평검사에서 검사직을 접었다.

김재원은 특유의 느릿한 말투로 언어의 새끼 꼬기를 잘한다. 이곳 저곳의 라디오 방송에 출연이 잦다. 문제 목사 전광훈과 같은 고향(경북 의성)이라서 불쑥 오른 광화문 연단에서 대실수도 했고 미국에 갔을 때는 '전광훈 목사가 우파 천하통일을 했다'는 말까지 해서 거푸 설화(舌禍)를 자초하기도 했다.

2022년 그의 아들이 화천대유로부터 50억을 받은 것과 관련하여 곽상도의 사고 지역구가 보궐선거구가 되고 국힘이 면목이 없어 후보 공천을 하지 않겠다고 했을 때, 김재원은 탈당을 해서라도 출마하여 당선 뒤 복당하겠다는 꼼수를 뒀다. 하지만, 사무총장을 겸하는 권영세가 즉각적으로 그런 복당은 없다고 쐐기를 박자 이내 꼬리를 내리고 출마 의지를 접었다. 김종인이 윤 캠프 합류를 망설이고 있을 때 김종인이 좋아하는 포도주 1병을 들고 찾아가 이야기를 나눈 후 합류 의사를 끌어낸 재사꾼이자 모사꾼이다. 그의 정면 얼굴 인상을 보고 모 설치류에 빗대기도 하는데, 진중권이라면 공개도 하겠지만 나로서는 하기가 좀 그렇다.

박근혜 시절 선거전략통으로 꼽히기도 했는데, 원숭이도 나무에서 떨어지듯, 대선 후의 자신의 운명 가늠은 잘 못 한 듯하다. 김재원은 윤 측에서 보면 기본적으로 김종인 계통이고, 이준석 쪽에서 보면 눈엣가시라는 건 일반인들에게도 보이는데, 이곳저곳에 출연하여 열심히 윤석열을 감싸고 온갖 느끼한 비유를 통해 윤석열을 띄우려 애는 썼다. 하지만 선거 후 공과(功過) 평가에서 그런 라디오 출연은 출연료 챙기기 위함도 있고 자기 이름 띄우기용도 겸한 거 아니냐는 평은 얼마든지 나올 수 있었다. 토사구팽(兎死狗烹)의 팽(烹)은 그런 평(評) 하나로 아주 쉽게 펑 하고 터진다. 당시의 내 예상대로 현재 김재원은 무관(無冠)으로서 명색뿐인 당 최고위원이다. 친윤파로 라디오 등에서 입이 아프도록 충성을 했는데 윤의 당선 후 대통령직 인수위의 자문위원이라는 명예직 하나만 받았다.

출신이 평검사인 원희룡도 참 재미있는 인물이다. 이른바 자신들을 스스로 '똥파리' 학번[88]이라 부르는 서울법대 82학번으로 서울시장/당대표 선거에서의 '낙방거녀'인 나경원, 급추락남 조국, 주체사상의 성경격인 《강철서신》의 저자로서 후에 북한 실상을 알게 되자 전향한 김영환 등과 동기다.

---

88 똥파리: 입학 정원이 늘어난 데다 워낙 설치는 이들이 많아서 어디고 끼지 않은 데가 없다는 뜻에서, 자기네들 스스로가 '82' 앞에 '똥'을 덧붙여 지은 이름이다.

원희룡(64년생)은 대학 입학 당시, 수능 전국 수석에 서울대 전체 수석[89]을 했고, 졸업 때도 전체 수석 졸업상을 받았다. 당시 강남 8학군도 아닌 제주 촌놈이 울린 승전고여서 모두 깜짝 놀랐다. 나아가 사시에서도 수석 합격을 했지만, 연수원(24기) 졸업은 일부러 수석을 안 했다. 재미도 없거니와 축구 구경 등과 같이 노는 게 더 재미있어서였다고 전해진다.

이렇게 적으면 원희룡을 공부벌레로만 여길 듯도 하다. 아니다. 대학 졸업에 7년이 걸렸다. 운동권에도 발을 디뎌봤고, 청년시대의 고민을 제대로 하느라 휴학 후 나그넷길에도 들어섰다. 더구나 원희룡의 집 형편은 부잣집과는 거리가 멀었다.

암튼 생각 많은 원희룡은 검사로 임용 후 자신의 성격이 독하지도 못했고 그 검사 세계라는 게 중증 고질병을 앓는 문제적 집단이라는 걸 알게 돼서는 때려치우고 나와서 정계로 들어선다. 2004~2012년간에 17~18대 의원 생활을 했고, 나중에는 고향인 제주도의 지사 출마와 당선으로 이어진다.

원희룡은 의원 시절, 정병국, 남경필, 김용태 등과 더불어 유명한 개혁 보수 4인방으로 활동했다. 정가에서는 '김남정원'이라 부르기도 했는데, 이들은 역설적이게도 DJ와 노무현을 배우기의 모델로 삼았다.

---

89 서울대 전체 수석 졸업: 글자 그대로 전체 학생 중의 수석이 아니라 매해 단과대학별로 차례가 돌아가는데 그해가 마침 법대 차례여서 법대 수석 졸업생인 원희룡이 전체 수석 졸업자가 되었다.

정병국('58년생. 성대 정치학 박사. 16~20대 의원. 3당 합당 시 YS를 따라 여당 쪽으로 감), 남경필('65년생. 연대 및 예일대. 15~19대 5선 의원. 전 경기지사), 김용태('68년생. 서울대 정치학. 전 중앙일보 전략기획실 기획위원, 18~20대 의원. 2017.12 자유한국당 혁신위원장) 등과 함께 원희룡이 자유한국당의 재탄생 설계도를 그릴 때가 그들의 황금기였고, 자한당의 재탄생 기회였다. 그리하여 당시 49살의 김용태가 혁신위원장에 뽑혀 당의 전면적인 혁신을 시도했지만 수구 세력들의 밥그릇 챙기기는 철옹성이었다. 같이 노를 저어도 쉽지 않은 판국에 배까지 흔들어댔다. 몇 달 하지도 못하고 임시 선장 김용태는 배를 버리고 말았다.

현재 정병국과 김용태는 반은둔 상태인데, 김용태는 가끔 한마디씩 하기도 한다. 남경필은 '땀 흘려 일하는 청년 남경필로 다시 돌아가 새롭게 도전한다'며 2019년 정계 은퇴를 선언한 뒤 실제로 헬스케어 기업 '빅케어'를 설립하여 성공적으로 진군하고 있다. 경기지사 선거를 앞두고 그를 재소환하려는 목소리들이 나오고 있었지만, 그는 단호히 사양했다. 지금의 기업가 남경필은 청년이지만, '아사리판' 정치판에 휩쓸리면 노회(老獪)한 중늙은이 노릇을 다시 해야 한다면서.

'김남정원' 중 현재 유일하게 활성 상태인 원희룡은 선대본에서 정책 부분을 총괄했다. 윤석열에게서 쏟아졌던 정책들은 업무 구분상으로는 그의 손을 거쳐 성형·조정·손질된 후에 데뷔식을 치러야 하는데, 상당 부분은 새치기로 급조된 혐의가 짙었다. 위에서 언급한 것처럼 앞뒤 점검이 생략되어 매우 엉성하거나 우선 떠벌이고 보는 것들이 적지 않았다.

2021년의 원고에서 나는 이렇게 적었다: 그래도 그의 애씀은 윤의 당락과 무관하게 국힘에서는, 그리고 제대로 볼 줄 아는 당원들에게서는, 인정될 듯하다. 특히 후보 경선에서 겨뤘던 이들 중 깨끗이 패배를 인정하고 한 집안 사람으로서 대선 승리라는 대의를 위해 선당후사(先黨後私)의 모범을 보이고 있는 건 원희룡이 유일하기 때문이다.

그래서였을까. 원희룡은 국토부장관에 기용되는 은사를 받았다. 그의 업무처리 스타일은 대체로 선명하고 정결한 편이다. 하지만 양평고속도로와 관련된 김건희 문제 처리에서는 겉으로 단호했지만 안으로는 뭔가 냄새를 조금 풍겼다.

한때 '가장 판사스러운 검사'로 꼽혀 왔던 김경진('66년생. 고려대)은 21기로 윤보다 선배 기수인데, 상임공보특보단장으로 대활약했다. 김재원 못지않게 열심히 라디오와 티브이에 출연했다. 그는 광주지검 부장검사를 끝으로 정계에 들어서서 두 번의 낙선 끝에 2016년 1월에 국민의당에 입당하여 20대 의원(2016~2020) 선거에서 광주 전남 지역 최다 득표(70.8%)로 당선했다. 더민주당의 참패 중 가장 치욕적인 완패였다.

김경진이 전국적인 스타로 떠오른 것은 최순실 게이트 청문회에서다. 요리조리 빠져 나가는 김기춘에게 마지막으로 이렇게 질타했다: '제가 웬만해서는 거친 얘기는 안 하는 사람입니다마는 김기춘 증인 당신께서는 죽어서 천당 가기 쉽지 않으실 것 같습니다. 반성 많이 하십시오.' 그 말에 김기춘도 '죄송합니다'로 답했다. 이 말만은 김기춘의 진심이었던 듯하다.

당시 청문회에서 미꾸라지라는 별명까지 얻었던 우병우를 다루면서는 그토록 냉철한 우병우를 웃음거리로 만들며, 국민들의 속을 시원하게 뚫어주는 사이다 역할을 했다.

"응... 응... 그니까, 그러면, 궁금한 게~ 독일에 있는 최순실은 도대체 검찰에서 내일 압수수색 나온다는 것을 으뜨케 아라쓰까?" (방청석 웃음) (모른다는 우병우의 대답에) "대통령이 알려줘쓰까↗? 어떻게 생각하세요? (우병우 : 알지 못합니다.) 알지 못하시죠?"

그다음 발언이 압권이었다. "근데, 어쨌든 이걸 계기로 해서, 국민들께 이 얘기는 드리고 싶습니다. 저도 검사 출신이긴 하지만, 이런 검찰, 이런 썩어빠진 검찰 때문에, 대한민국이 여기까지 와 있는 겁니다. 그 얘기 드리고 싶습니다". 이 말엔 우병우도 고개를 떨궜다.

김경진 전 의원. ©AIFIC

그러던 그였다. 국민의당에서 국힘 쪽으로 합류한 건 그만이 아니라서 그냥 무더기로 감싸안을 수 있는데, 그가 대선 기간 중 윤석열에게 바친 '윤비어천가'는 그동안 그가 쌓아온 이미지와는 딴판이었다. 같은 사람일까 싶을 정도로. 그의 어법대로 묻자면 이렇다: "응... 응... 그니까, 그러면, 궁금한 게~ 으뜨케 사람이 그처럼 기절초풍하게 변할 수도 이쓰까?"

스스로가 거친 말을 하지 않는 사람이라던 그가, 이준석이 2차 가출을 했을 때 라디오 방송에 나와 쏟아낸 다음과 같은 말들을 보면 도무지 같은 사람의 것이라는 생각이 안 든다. 당 대표를 '식물 대표'로 그냥 단정하고, '과대 포장'으로 폄하하는 데에 주저함이 없었다. 판사 출신이 아니라 검사 출신임을 확실히 되새기게 했다. 임시직인 선대본의 직책만 맡고 있는 평당원일 뿐인 그가 까마득한 상급자인 당 대표를 향해, 할 말 못할 말을 그냥 했다. 하극상 문화의 공기를 삼 시 세 때 들이마시고 살아온 검사임이 저절로 검증되었다.

> "윤석열-김종인 결별 원인 제공자는 이준석이다. 최고위원들이 60% 이상 사임을 해버리면 이준석은 사실상 식물 대표가 될 것이다. (김형오 전 국회의장의) '대한민국 정당사에서 가장 기이한 당 대표'라는 발언도 있지 않나. 이준석이 2030을 대표한다고? 그건 과대 포장이다. (이준석은) 사퇴해야 한다. 현재의 윤석열 지지율 하락도 이준석 언동 탓이다"
> – 2022.1.5. MBC라디오 〈김종배의 시선집중〉

윤석열이 토론 형식, 장소, 방송사, 날짜 등의 이런저런 온갖 핑계로 이재명과의 1대1 토론 성사를 실질적으로 방해하고 있을 때도 그는 다음과 같이 엉뚱한 윤비어천가를 썼다. 토론으로 맞장을 뜨려면, 언제 어디서고 뜨겠다고 공언을 했으면, 그까짓 것들이 무슨 문제인가. 하다못해 아무 데서나 자리 잡고서 시작하면 방송 카메라들이 몰려들 텐데...

"윤 후보는 토론(을) 손꼽아 기다리고 있습니다. 토론을 통해서 윤석열의 진가가 빛날 겁니다" -2022.1.7. YTN라디오 〈출발 새아침〉

그런 김경진도 22대 총선에서 지역구(서울 동대문 을) 유권자들의 선택을 받지 못했다. 2023. 10.~12. 두어 달 간의 국힘 혁신위원회 위원 겸 대변인 역이 중앙무대에서의 마지막 활약이었다. 그처럼 묻힌 데는 윤석열정부의 은밀한 바닥 인사 기류이기도 한 호남파 배제가 작용하지 않았는가 싶기도 하지만, 그의 숱한 변신도 평가에 적지 않게 영향을 끼쳤을지도 모를 일이다. 그는 초선 도전 때부터도 국민의당→무소속→민주평화당→무소속으로 연속 변신했다. 하기야 그의 종교도 불교에서 시작하여 개신교를 거쳐 현재는 천주교 신자다.

그럼에도, 김경진의 언어는 아래의 김용남('70년생. 24기. 부장검사 출신. 19대 의원)에 비하면 약과였다. 이걸 보면 검사들의 하극상이 얼마나 쉽게 빼어드는 칼인지 쉽게 알 수 있다.

"이준석은 윤석열에게 계륵이다. 대표 사퇴가 상식에 부합한다." (김종인의 쇄신책에 대해 묻자) "쿠데타 맞다" -2022.1.4. BBS 라디오 〈박경수의 아침저널〉

이 김용남의 '쿠데타' 단정 발언 직후, 김종인은 떠났다. 떠날 때 김종인이 언급한 낱말도 바로 이 '쿠데타'였다. 가장 괘씸하게 여기고 있었음이 확연했다. 검사들은 어디서고 즉석에서 단정하고 단죄하는 것 하나는 참 잘한다. 김용남도 검사 출신이다. 김용남(70년생. 윤의 9년 후배)은 수원지검 부장검사를 끝으로 검사복을 벗고 때마침 실시된 19대 의원 선거에서 요행히 당선되어 국회의원 배지를 한 번 달아본 사람이다.

김용남은 선대위 상임공보특보라는 거창한 타이틀을 달고 있었는데, 나팔수로서의 공보라고는 해도 그토록 날카롭게 칼날만 번뜩이는 언어를 아무렇지도 않게 구사해서는 홍익(弘益) 쪽의 홍보 효과는 반감시킬 수도 있어 보였다. 당 대표를 그토록 비참하게 일거에 단죄하는 걸 보면 역시 칼잡이 검사 출신임에 확실했다. 이연주의 《내가 검찰을 떠난 이유》에 등장하는 부장검사, 즉 휘하 검사들에게 말도 안 되는 '검사 생존법'에 관한 조언(?)을 하고서 정치판에 투신하여 당선된 모 부장검사와 도긴개긴이다. 서슴없는 언어 남용의 측면에서.

그럼에도 김용남의 현주소를 대하면 정말이지 헛웃음이 나온다. 이준석이 대주주인 개혁신당의 정책위의장이다. 통합 창당 시 5~6 계열의 합종연횡으로 급조된 탓이라고는 하지만 자신이 계륵으로까지 묘사한 이준석의 아래에 머문다는 건 도무지 이해가 되지 않는다. 하기야 정치인들에게는 그들만의 진귀한 재주, 곧 '배알 재생'이 있다. 헌 배알을 제 손으로 빼서 던지면 이전과는 전혀 다른 새 배알이 나온다.

이처럼 윤석열 주변에서 겹겹이 둘러싸고 있는 전직 검사 집단들의 언행에서는 공통적인 게 있다. 막무가내, 동문서답 등이 뒤섞이면서, 어딘가, 뭔가가 조금 어색하거나 초점이 잘 안 맞는다. 하나같이 단정적이고 단죄형인 것도 공통이다. 결론 z에 이르려면 그 앞에 a,b,c... 등을 거쳐서 순리의 흐름을 따라야 하는데, 그런 것들이 생략되거나 거꾸로일 때도 드물지 않다. 시쳇말로 '핀트가 안 맞는다'. 수사 조작, 증거 조작, 사건 조작 등을 통해서 앞서 상정한 어떤 결론 쪽으로 꿰어 맞추는 게 일상이었던 검사들의 냄새가 그들의 언어에서도 여전하다.

검찰 내의 유력한 불문율, 즉 "죽이는 수사로 명성을 얻고 덮는 수사로 돈을 얻는다"라는 말에서 풍기는 괴상한 막무가내 식 덮어씌우기 냄새가 여전히 그리고 항상 설핏하다.

19

검사스러움은 검사복을 벗어던질 때 그때 함께 벗어서 분쇄기에 넣어야 한다

2021년의 원고에서 나는 이렇게 적었다: 윤석열 주변의 주력부대인 검사 출신 참모들의 언행은 정치의 기본조차도 모르거나 무시하는 비정치적인 것들 일색이다. 정치의 근본은 서로 다른 생각을 지닌 집단간의 이해 조정이다. 더구나 설령 윤석열이 당선이 된다 해도 거대한 여소야대(與小野大)의 암초를 맞는다. 27명의 의원들만 포섭하면 개헌까지도 밀어붙일 수 있는 항공모함급이다. 그걸 잘 헤쳐 나가지 못하면 식물 대통령이 된다. 손발이 묶인 채로 암 것도 할 수 없다. 자력으로는 한 발도 나아갈 수 없다.

거기서 필수 중 필수가 양보와 후퇴를 통한 조정이다. 나는 옳고 너는 그르다는 식의 단정적 사고는 최대의 적이다. 그런 조정에서 최선책 실행이 어려우면 차선책에라도 합의를 이끌어 내려고 노력해야 한다. 그러려면 유연해야 한다. 그리고 그 지향은 국민들에게 조금이라도 도움이 되고 이익이 되도록 하는 것이어야 한다. 자신들의 입지 강화나 말발 세우기가 정치의 목적이 돼서도, 주된 내용물이 돼서도 안 된다.

어떤 사태의 분석과 대처에서, '썩은 공기와 폐수' 속에서 잘못 길러진 왜곡된 엘리트 의식으로 단순 이분법을 적용하여 단정부터 하고 상대방을 단죄하려는 그 잘난 상층부 의식은 고질병이자 난치병이다. 특히 과거 해부 중심으로 살아온 시각에서는 기본적으로 미래가 닫혀 있다. 미래를 향해 국민에게 봉사해야 하는 게 기본 중의 기본인 정치와는 전혀 맞지 않는, 암세포다. 그렇다는 걸 그 자신들은 아직도 여전히 모른다. 잘난 세월의 연장선에서 국민들을 가르치려고만 든다. 자신들의 사고방식을 따르라고 강요한다. 실물 정치 분야에서는 도리어 그들보다도 한참 위인 국민들을 향해서. 아이고야...

예전의 대선 후보였던 권영길이 '여러분, 요즘 행복하십니까. 살림살이는 좀 나아지셨습니까'라는 말로 국민들의 심금을 직격했던 기억을 그들은 전혀 알지 못한다. 잘나가던 검사 시절이었으므로. 게다가 과거형을 단죄하느라 과거에만 내내 갇혀 지내온 그들에게 미래는 들어설 틈 자체가 없다. 그런 그들로서 정치는 현재를 기반으로 한 미래 공학, 곧 미래 비전의 세계라는 걸 떠올릴 능력 자체가 배양돼 있을 턱이 없다.

특히 공격만을 위한 엉터리 공격은 실망감을 넘어 사실을 잘 아는 국민들을 격분시키기도 한다. 그들이 대안 제시도 없으면서 근거 없는 황당한 이슈로, 지금도 죽을 둥 살 둥 최선을 다하고 있는 국민들의 존재를 무시한 채, 그저 공격을 위한 공격을 즉응적으로 립서비스 삼아 쏟아낼 때다.

예를 들면 그때 윤석열이 불쑥 꺼내든 '비과학적인 K-방역'도 그중 하나다. 우리의 K-방역 태세는 코로나 사태에서 전 세계에서 칭찬까지 받았다. 물론 그러한 성과를 거둔 데에는 우리 국민들의 자발적인 참여가 가장 든든한 받침대였다. 그리고 그 뒤에는 3중 4중망으로 연결된 전문 인력들이 있었다.

의사 협회의 전문팀 운영을 비롯한 전문 의료진의 자문, 각급 병원의 호흡기내과 전문의의 참여, 질병관리청 산하 기구와 인력들, 그리고 수만 명에 이르는 의료 현장 인력들이 한마음으로 방역 체계에 참여하고 있었고, 그들의 의견이 정부 대책 발표 때마다 반영되었다. 정부의 어떤 결정이 발표되기 전 여러 날의 시간이 걸렸던 건 바로 그러한 협의 결과를 종합하기 위해서였다.

비과학자인 윤석열이 말한 대로 그게 비과학적이라면 그런 의료 전문 인력들이 순식간에 비과학자로 전락한다. 그토록 수고해 온 모든 의료진들의 머리 뚜껑이 열릴 일이다. 그런 망발을 남발해서는 안 된다.

윤석열은 그처럼 공격을 위한 공격용 메시지를 개발한 참모들을 질책하면서 그런 표현을 거부하고 손질했어야 옳았다. 윤석열도 의료용 방호복을 한 번 걸쳐 봤으니 알 터였다(물론 폼으로 몇 분간도 안 되게 해본 거겠지만). 그걸 걸치는 순간부터 땀방울과의 사투가 시작된다는 걸.

게다가 메시지 관리를 맡는 홍보팀들은 99.9%가 인문계이고 사투 현장의 실상에 대해서도 젬병이었다. 그런 팀에서 나오는 공격 일변도의 비정상적인 메시지는 후보 자신이 손댈 정도의 상식을 갖춰야 한다. 아무리 몰라도 상식적으로 아닌 건 아니라고 제동을 걸 수 있어야 했다. 윤석열의 온갖 메시지 공격에도 내내 무반응이던 청와대도 그런 무책임한 발언으로 잘못된 정보를 퍼뜨리는 것은 매우 위험한 일이라는 고난도의 반응을 내놨다. “명확한 근거 없이 방역을 비과학적이라고 비판하면서 국민을 혼란스럽게 한다. 그렇다면 다른 대안을 제시해주길 바란다. 생명과 직결되는 방역을 정치적으로 접근하는 것은 결코 책임 있는 태도가 아니다”라면서.

더구나 가장 문제적인 것은 위의 청와대 지적에도 들어 있듯이, 그런 비난용 발언들에는 뭘 어떻게 하겠다는 구체적인 대안은 전혀 없었다는 점이다. 그냥 공격용으로 꺼내든 미확인 정보로 국민들에게 불안까지 끼얹으면 그것은 공적(公敵)이다. 철 모르는 아이의 전쟁놀이 같은 이야기도 지도자의 입에서 나오면 국민들은 불안해한다. 안심시켜도 모자랄 판에 자신의 무지로 국민에게 전쟁 공포를 예매시키는 일은 최악의 지도자나 하는 일이다.

코로나 사태의 필수품이 된 마스크. 그것을 영국에서는 ‘얼굴 덮개(face covering)’라는 긴 단어로 쓴다. 마스크는 가면이나 복면(覆面)이란 뜻이 본래 의미였고, 그런 의미로 더 많이 사용해 와서다. 문제가 되는 ‘턱스크’도 형태만으로는 마스크에 속한다. 하지만 얼굴 덮개는 아니다. 지도자라면 최소한 바른 ‘얼굴 덮개’를 바르게 써야 한다. 턱스크를 쓰고 마스크라면서 지도자 흉내를 내려 해서는 안 된다. 윤석열은 지도자 흉내를 내기 전에, 하루라도 빨리 바른 가정교사를 만나서 기초 학습부터 해야 했다. 전반적으로…

그 당시 나는 신선한 지도자의 모습을 보여주길 기대했다. 마치 최신형 오디오 기기에 낡은 레코드를 얹은 듯만 해서다. '수구 꼴통 보수'가 살짝 리모델링되어 '꼴통'이 '골통'으로 세련된 느낌 정도랄까. 낡은 문법을 벗어나지 못한 검사 출신들의 구태연한 행태가 주범이겠지만, 윤석열 자신의 언어 수준이 그것들을 거르고 가다듬지 못하는 것이 더 근본적인 문제였다.

주변 참모들이 꺼내드는 대응 언어의 품질과 내용들은 어이가 없었다. 김기현의 언어를 보면 송영길이 말한 대로 '판사 출신'인가 의심스럽고, 정치판에 들어오면 판사도 저렇게 변할 수 있구나 싶어지기도 했다. 법조계 물을 먹고 자라나 윤석열 주변에 파리떼처럼 몰려든 이들의 언어를 보면 마치 드론 시대에 글라이더로 흉내 내기, 한복 입고 스케이트 타기가 떠오르고, 왼쪽부터 쓴 글씨를 오른쪽에서 읽는 듯만 했다. 호박에 줄 긋기라는 생각도 빠지지 않았다.

당시 종편에 고정 패널로 등장하고 있는 윤 캠프의 모 의원은 '사주단자(四柱單子. 혼인이 정해진 뒤 신랑 집에서 신부 집으로 신랑의 사주를 적어서 보내는 종이)'로 해야 할 것을 '사주단지'라 말하고서는 실수인지도 전혀 모르고 있었다. 그것도 김건희가 윤석열과 결혼하기 전, '그 사람이 검찰총장 정도는 올라야 내 사업에 도움이 될 텐데, 될 사람인지 좀 봐주세요' 하면서 결혼까지도 사업과 연결시킨 김건희 사례를 언급했을 때 동문서답으로 꺼내든 말이었지만.

그걸 문제시한 의원은 12살 정도의 나이 차를 극복하고 결혼을 결심

할 정도면 뭔가 찡해 오는 러브스토리가 있어야 정상인데 결혼조차도 사업의 연장선으로 여긴 김건희의 그런 태도를 지적한 것이었다. 그런데도 그 패널 의원은 '예전에는 흔히 사주단지를 주고 받으면서 살펴보지 않았느냐'는 식의 동문서답을 했다.

사주를 본 걸 탓하는 게 아니라, 그 목적이 신랑감이 자기 돈벌이에 도움이 되는지를 물은 그 얕은 탐욕을 탓한 것인데 그런 말귀(핵심)조차 못 알아듣고서 동문서답하는 이들은 하나둘이 아니다. 그때나 지금이나 매우 흔하고 거의 일상적이다. 암튼 의원 나리들의 무식은 무지 유명하다. 예전에 보좌관이 써 준 이재민(罹災民)이라는 한자를 본회의장에서 '나재민'으로 읽어 댄 모 의원의 행적은 무식한 의원의 최고봉으로 아직도 찬연히 빛나고 있다.

윤석열은 뭔가 신선한, 의미 있는, 진짜배기 인간 지도자로서의 모습을 보일 필요가 있었다. 기득권 층의 사교 모임 격인 주변 인사들이 짜주는 온갖 각본에 의지하여 배우 노릇에만 빠져 지내지 말고, 국가 지도자로서의 진짜 모습, 쌈박한 윤석열표 리더십을 보여주기를 고대한 사람은 나만이 아니었으리라. 그러려면 쪼잔함만 키우게 되는 연출자의 조언을 단호히 거부할 필요도 있다. 토론 문제만 해도 그랬다.

윤석열은 이재명과의 토론을 한사코 피했다. 그럴 만도 했다. 토론장에서 무식이 삐져나올 수도 있고, 엉성한 논리가 드러날 수도 있고, 언어 문제로 휘청할 수도 있었다. 하지만 비겁하게 내내 꽁무니를 빼는 모습보다는 백번 낫다. 비굴(卑屈)은 초라함을 낳고 연민으로 맺힌 뒤 끝내는 외면으로 이어진다.

그리고 일단 토론에 응하기로 했으면 양자 토론이든, 다자 토론이든, 어디든, 언제든, 어떤 방식이든 그냥 사내답게 나와야 한다. 이재명이 말한 대로... 어떤 영화에서도 사내들끼리의 결투 신청에서 날짜, 시간, 장소, 방법, 관중 따위를 놓고 몇 번이고 따지는 일은 결코 없다. 그런 짓들은 온갖 핑계를 끌어대는 치졸하기 짝이 없는 비겁한 전술이고, 쪼잔함을 간접 자백하는 일일 뿐이다. 후보 경선 때 유승민이 그랬나, 원희룡이 그랬나. 윤석열을 빼야 토론이 토론답게 된다고...

사람들의 입에서 '덩치는 남산만 한 녀석이 뭐든 화통하게 못하고, 우째 그리 뒤로 꽁지만 빼는지... 쪼잔함의 극치다' 소리들은 그래서 나왔다. 여야와 무관한 그런 이들의 입에서 나왔다. 덩치에 안 어울리는 쪼잔함의 극치. 하기야 그건 김건희가 잘 요약했다. "덩치는 큰데 먹어대기만 하고 힘도 못 쓰고. 코골이에다 방구쟁이. 나나 하니까, 그리고 내 말이라도 잘 들으니까 델고 살지, 누가 데리고 살아."

주변 참모들도 그런 윤석열로 키워내는 데에 크게 한몫했다. 사육사를 잘못 만나면 쥐가 고양이 앞에서 어떻게 해야 하는지 모를 때도 많다. 고양이(톰)를 늘 갖고 노는 쥐(제리)는 만화 속의 설정일 뿐이다.

쥐 실험 중에 오도(誤導) 훈련이라는 게 있다. 잘못된 길 쪽으로는 게이트를 밀기만 해도 잘 열리고 올바른 길 쪽으로 가는 게이트는 좀 애를 써야 열리도록 해놓으면 쥐들은 잘못된 길 쪽으로 가게 된다. 그 끝에는 먹을거리가 놓여져 있지 않다. 백 마리쯤의 쥐로 실험하고 훈련을 거듭하면 겨우 1마리 정도만 바른 길로 가게 된다고 한다. 쉬운 길, 잘못된 길로 빠져들기 시작하면 벗어나오기가 그처럼 힘들다.

윤석열은 잘못된 정치 과외교사들로부터 벗어나야 했다. '문고리 3인방'의 소통 독점으로 선대위를 해체해야 하는 일도 겪었다. 다급해지니까 더욱 흔들리는 갈대가 되어 얇은 '항아리 귀'[90]로 변해갔다. 우리 속담에 '귀 장사 하지 말고 눈 장사 하라'가 있다. 자신이 실지로 보고 확인한 것이 아니면 섣불리 말하지 말라는 뜻으로 귀가 얇은 사람에게 흔히 하는 말이다.

말실수를 줄이기 위해 배우 노릇만 하는 건 이해한다. 하지만, 배역을 가릴 줄 모르는 배우는 2~3류 배우다. 손가락질도 받는다. 차인표는 우리나라를 통째로 깔아뭉개듯 엉터리로 설정한 영화 《007 어나더 데이》의 대본을 보고서 출연을 거부했다. 차인표는 박수를 받았고, 그 영화는 전 세계 흥행에도 실패했다. 악평이 돌면서 한국에서는 기본 관객도 못 채웠다.

---

90 남이 말하는 것을 그대로 다 곧이듣거나 잘 받아들이는 귀를 이른다. 우리 속담의 '귀가 항아리만 하다'가 그런 모양을 뜻한다.

20

정치 언어의 생명은 철학이 깃든 친근한 감동, 리더십도 그 안에 담겨야

이재명은 '사이다' 발언으로도 유명하다: "국민은 지배 대상이 아니에요, 국민을 지배 대상으로 보니까 복지를 공짜라 생각하는 겁니다."

그는 막힌 부분(심정적 불만)을 건들여 감동까지 깃들게 하는 시원한 말을 하고, 임기응변식 해법 제시에도 능하며 현장 설득력도 높다. 흡인력과 설득력에서 압권이다. 또한 그는 일석이조의 바로잡기 식 어법을 구사하여 듣는 이들로부터 수긍을 이끌어낸다. 자신만의 깊은 생각을 확실히 알리면서, 동시에 성공적인 되받아치기도 해낸다: (예) "우리는 오른쪽이 아니라 옳은 쪽을 가야 합니다"; "두려움이 없는 사람이 어디 있겠습니까? 용기있는 자는 두려움이 없는 게 아니라 두려움을 이겨내는 사람입니다."; "국민이 낸 세금 열심히 아껴서 다시 돌려주는 게 왜 공짭니까"

반면에 윤석열의 언어는 그때나 지금이나 여전히 '검사스럽다'. 주변에 몰려든 전직 검사들 역시 거기서 거기였다. 그 바람에 윤석열의 언어들은 상대의 단점 지적(指摘) 일변도이고, 가르치려 들고, 단정적이며, 게다가 투박하다. 국민 앞에 내미는 언어임에도 기본적인 예절 갖추기를 건너뛴다. '문재인정부와 싸우는 전직 검찰 총수의 말씀이니 무슨 말을 어떻게 해도, 다 옳은 소리이니 품질 검사 따위는 건너뛰고 그냥 받아 드시오' 쪽이었다. 여론몰이 또는 선동용의 강성 발언 일색이고, 겸손한 언어들은 뒷전으로 밀려 들어가 있었다.

그 반면 이재명도 같은 법조인 출신이지만, 그의 대선 캠프에는 법 냄새를 풍기는 사람들이 아주 적었다. 거의 보이지 않았고 법률지원단 쪽에 몇 명이 있었다. 전면에 나서거나 정책 개발 쪽에 있는 대부분의 사람들은 비법조인 출신들이었다. 그들의 강점은 유연성이다. 경직화돼 있지 않았다. 기본적으로 그들의 언어는 인문학적인 이파리나 줄기와 연접하고 있기 때문에 흡습력이 높았다.

다만 흡인력 부분에서는 편차가 심했다. 국민들의 현실적 감각과는 다소 거리가 있는 586세대의 탁상공론도 섞여 있었던 탓이 컸다. 그런 그들에게 공통적으로 절실한 것은 이재명 수준의 실용주의였다. 우리나라 현실을 현장에서 읽어낸 뒤 그것을 정치판에서 제대로, 조화롭게 소화해 낼 수 있는 능력, 곧 MBWA(management by walking around. 현장 방문 경영 방식)가 답이었다. 여야를 가릴 것 없이, 우리나라 정치꾼들의 공통적인 으뜸 취약점은 '주둥아리 정치'[91]다.

91 이 말은 발언자를 밝히기 송구스러운 정치 원로의 말이다. 서울법대 출신으로, 그분의 부친은 거의 모든 사람들이 존경하던 정일형 님이고, 모친은 이분을 모르면 간첩이란 소리까지 나왔던 이태영 여사다. 정일형 님은 국회의원으로서는 매우 드물게 건국훈장 애국장(1990)과 국민훈장 무궁화장(1982)을 받았다. 부친의 서거로 졸지에 정치판에 끌려 나오게 되었는데, 말술파에 속하는 지극히 인간적인 분이다.

2021년의 원고 속 내용 중 일부를 복붙한다: 윤석열은 생활 언어 습관 탈피가 화급하다. 검사로서 몸에 밴 호통 어법을 벗어던지고, 집단지성으로서의 유권자를 배려하는 정치 언어 학습에 차렷 자세로 나서야 한다.

언어로 살펴본 이재명과 윤석열의 정치 상품을 비유하자면 이재명은 전문점용 상품으로 신모델 중심이다. 윤석열의 그것들은 도매점용(반문재인정부 상품)으로 출발했다가 대형마트용(리모델링 중심) 상품을 뒤섞고 있다. 국가 지도자의 필수 덕목이라 할 수 있는, 일반인과는 다른 비범하고도 탁월한 상상력이 결여돼 있다. 윤석열의 언어를 상품에 비유하자면 대형마트가 아니라 편의점에만 가도 쉽게 접할 수 있는 기성품들이 99%다.

한 나라를 이끌고 나가는 리더의 요건들은 여러 가지다. 그중에서도 요즘 논의가 활발한 부분은 시대에 걸맞은 새로운 리더십이다. 그에 관하여 시대의 역사에 주로 관심해 온 심용환은 이렇게 요약하고 있다.

> "고독한 영웅의 위대한 투쟁으로는 바꿀 수 없는 세세한 문제들의 연속, 구체적 현실 안에서의 싸움이 오늘날의 일상이 되었다. 우리는 이 부분을 두고 각양의 언어를 쏟아내고 있다. '구성원의 적극성을 끌어내고, 개혁적이며 창의적인 활동을 촉진하는 민주적인 새로운 리더십'이 공통분모다.
>
> 오늘날 리더의 덕목이 바뀌었다는 것을 부정할 수는 없다. 하지만 덕목

은 덕목일 뿐. 지도자는 관리인이 아니다. 결국 지도자는 일반인이 보지 못하는, 엄두를 내기 힘든, 꿈꾸기 어려운 것들에 대한 탁월한 상상을 제시해야 한다." – 심용환, 《리더의 상상력: 영웅과 우상의 시대를 넘어서》

필자 또한 지도자의 필수 요건이자 요체로는 '일반인과는 다른 비범하고도 탁월한 상상력'을 최우선으로 꼽고 싶다. 오바마가 자신의 담대한 용기로 빚어내어 국민들에게 제시한 '담대한 희망(Audacity of Hope)' 또한 이에 속한다고 할 수 있다.

우리의 사례를 돌아보자. 우리 민족의 역사에 또렷이 새겨지고 기억돼야 할 '햇볕정책'이 있다. 북측의 오랜 거절과 습관적인 반대를 설득과 동의로 넘어선 DJ의 거보였다. 그걸 두고 퍼주기 정책이라 비판하는 세력들의 목소리도 있다. 심지어 오늘날에도 대북 지원 이야기만 나오면 무조건 퍼주기로 공박해대는 버릇에 절어있는 외눈박이들도 있다. 꼴통보수들의 전형적인 낡은 전매특허다.

좀 퍼주면 어떤가. 그 정도의 퍼주기로 대한민국 국가 운영에 지장이 있는가. 더구나 당연히 그리고 어떻게든 도와줄 수 있으면 도와줘야 할 형제의 나라인데... 그것도 할 수 있으면, 하루라도 빨리... 그것이 통일을 위한 첫걸음이다. 서독은 20년 이상 조용히 퍼주기를 계속한 끝에 독일 통일을 이뤄냈다.

걸핏하면 퍼주기 운운하는 이들의 시각은 그런 탁월한 상상력이 없거나 실천하지도 못하는, 비범한 상상력이 결핍된 일부 사람들의 사고물 일 뿐이다. 그럼에도 그들 역시 '우리의 소원은 통일' 노래를 초등학교 시절부터 불러왔고, 남북의 공동 행사장 어디에서고 그 노래가 나오면 괜히 가슴속에서 먼저 울컥해져 오는 건 마찬가지 아니던가. 그게 한 핏줄 안에 내재한, 체제의 이론과 학습 따위에 세뇌되지 않은, 자연산 무공해표 공통 DNA다.

김정일과 DJ가 순안공항에서 서로 마주 잡고 선 사진이 신문 1면에, 그것도 광고란까지 없애며 전면을 장식한 신문을 받아든 국민들은 두 손을 떨었다. 감동이 새삼스러워서. 그날 일반 국민 중에서 DJ의 그런 행보를 비난한 이는 단 한 사람도 없었다. 그것이 같은 민족, 한 핏줄의 일반 국민들이 지니고 있는 통일에의 공통적 열망이다.

중앙일보
평양이 열렸다
뜨겁게 손잡았다
歷史를 새로 쓴다

중앙일보 2000.6.13. 1면 전체(광고란도 없애고)가 사진인 획기적인 최초의 편집. 이 작품(?)으로 편집 기자는 그다음 달에 기자협회로부터 '이달의 기자상'을 받았다. ©AIFIC

DJ의 햇볕정책은 미국과 일본은 물론이고 유럽 여러 나라와 중국까지 포섭한 뒤 북한의 핵개발 문제를 해결하고 한반도의 항구적 평화를 실현하려 했던 원대한 구상의 일부였다. 그리고 그로 인하여 실제적으로도 국제 사회에서 한국의 지위와 역할은 한 단계 높아졌다. 무엇보다도 그는 햇볕정책을 통해 남한과 북한이 협력할 수 있다는 사실을 실증했다. 그것을 발판 삼아 일본 총리의 협력을 이끌어내어 21세기의 새로운 한일 파트너십을 구축했고, 그걸 추동력 삼아 아세안플러스3 회의를 통해 동아시아 협력 체계의 모델까지 성공적으로 엮어냈다. 그런 성과들의 바탕에는 햇볕정책을 통한 남북한의 해빙기 가능성을 확인한 주변국들의 신뢰가 있었다. 그 신뢰를 이끌어내기 위해 공을 들여 부단히 노력했던 것은 말할 필요도 없다.

DJ를 비방하기에만 바쁜 이들은 노벨 평화상 위원회가 객관적으로 함축한 수상 이유를 읽어보기라도 했을까. 노벨상 위원회의 각 부문 수상 이유처럼 잘 요약된 공적서는 매우 드물다. 그들은 이렇게 요약했다: '암울했던 군사독재 시절 한국의 민주화를 위해 헌신했고, 대통령이 된 뒤에는 남북한 화해와 한반도 평화 정착을 위해 다각도로 노력한 점'

DJ는 우리나라 역대 지도자 중 누구도 꿈꾸지 않았거나 못했던 것들을 시도하거나 이뤄낸 최초의 인물이다. 1970년 10월, 박정희를 상대로 신민당 대통령 후보가 된 김대중은 '4대국 안전보장론', '남북 교류와 평화통일론', '대중 경제 노선'을 주장했다. 그외에도 향토예비군 폐지, 공산권 국가들과의 관계 개선 및 교역 추진, 초중등학교의 육성회비 폐지, 사치세 신설, 학벌주의 타파, 이중곡가제 실시 등을 주요 공약으로 제시했다. 50년 전의 주장이란 게 믿어지지 않을 정도다.

군사혁명 잔재의 서슬이 시퍼렇던 당시엔 그야말로 경천동지하고도 남을 만한 주장들이었다. 일반인이 만약 남북 교류나 평화통일 따위를 입에 올리면 당장 반공법으로 잡혀가 중앙정보부에서 반병신이 되도록 시달리고 나서 감방에 던져지던 시절이었으니까. 그런 판국에 그는 공산권 국가들과의 관계 개선 및 교역 추진까지 공약으로 내걸었다. 특히 DJ가 당시 줄여서 주장한 '평화통일'은 그 당시 북한의 선전 용어와 동일한 표기여서, '평화(적) 통일'[92]의 의미가 무엇인지조차 모르는 다수의 국민들에게 오래도록 '김대중은 용공주의자'라는 낙인이 찍히기도 했다.

그런 후폭풍이 완전히 걷히기까지에는 20여 년의 세월이 필요했다. 그만치 그는 시대를 뛰어넘어 멀리 바라보는 선각자였다. 비범한 상상력의 소유자였고 그걸 기필코 이뤄낸 실천가였다. 그가 제시한 지도자의 두 요건, 곧 '서생의 문제 의식과 상인의 현실 감각'을 겸비해야 한다는 제안은 지금도 우리나라 정치 지망생들에게는 금과옥조다.

92 '평화(적) 통일': 현재 대한민국의 공식적인 통일 정책은 '단계적 평화 통일'이다. 박정희 시절에 금기어였던 '평화 통일'이 당당히 햇살을 받고 있다.

21

'정의와 공정': 수사적 제시어의 말잔치로는 곤란하다

윤석열이 내세운 정의와 공정만 해도, '정의(正義)'에 대한 정의(定義)가 궁금하다. 혹시 강자가 약자에게 시혜적으로 분배하는 정의가 아닌지... 기득권층이 지켜내고자 하는 가치의 총합이 정의일까? 보수층 인사조차도 윤석열 캠프에 몰려든 이들을 두고 '기득권층의 사교 모임'[93]이라고 적확하게 정의했다.

불평등이라도 공평하게 분배되기를 바라는 이 사회. 차라리 '공평한 파멸'을 원하는 청년층에게 돌아갈 실체적인 정의나 공정이 있을까... 청년 시절 노동 현장에 뛰어들어 이 불평등의 문제를 몸으로 겪었던 원희룡이 경선 토론장에서 이걸 묻자 윤석열은 전혀 답을 하지 못했다. 깃발을 들려면 최소한 그 깃발에 쓰인 언어에 대해서만이라도 철저히 공부를 해둬야 한다. 그러고 나서 그 깃발을 들고 흔들어야 한다.

한 국가의 리더는 언어로 압축된 진실들에 대해서는 일반인보다는 탁월하게, 조리 있게, 진실하고도 절실하게 꿈을 담아내야 한다. 노무현이

---

93 최진석 서강대 교수

꿈꿨던 '반칙과 특권이 없는 사회!'처럼.

문재인의 취임사 속에서 빛났던 '평등한 기회, 공정한 과정, 정의로운 결과'는 아직도 상당 부분이 미완의 작품이다. 그걸 새 그릇으로 옮겨 담아 온전히 이뤄내야 할 책임도 차기 대통령에게 있었다. 전임 대통령이 뱉은 말이라고 헌 축구공 차내듯이 운동장 밖으로 차버린다면, 그런 '쪼자니스트'도 다시없다. 하지만 반문재인정부의 기치만 높이 들고 나온 윤석열의 그릇에 어울리게 대뜸 헌 축구공이라면서 발길질부터 해댔다.

2021년 당시의 내 원고를 복붙한다. 그때의 우려가 현실화돼서다: 국가 지도자는 단순한 관리자가 아니다. 국가 지도자의 역량과 관련된 질문을 받을 때마다 윤석열이 하는 말, 전문가의 도움을 받거나 그들에게 일을 맡기면 된다는 답은 C학점감도 못 된다. D학점짜리다. 국가 지도자의 기본 자질은 일반인과는 다른 탁월한 상상력이 그 요체다. 탁상머리 옹알이 수준의 현실 개조 의욕만으로는 이명박이나 박근혜 꼴이 난다(그럴 일이 실제로 벌어질까 싶어 걱정도 되지만). 설혹 청와대에 잠시 머물게 되더라도 지도자의 필수품인 탁월한 상상력만은 꼭 갖추었으면 한다. 그리고 청와대는 인생 종착역이 아니다. 진짜 인생은 그 뒤에 시작된다.

이명박과 박근혜가 감옥살이를 했고, 지금도 해내고 있는 건 마땅하고도 마땅하다. 그들의 판결문에 적힌 죄목만은 아니다. DJ가 그토록 어렵게 30년 넘게 고심하고 공을 들인 끝에 열어놓은 남북의 해빙기를 그들은 단번에 결빙기로 돌려놨다. 어렵사리 모시다시피 해서 겨우 돌아온 봄을 아주 간단히 순식간에 겨울로 도로 밀어넣었다. 개성공단 폐쇄로 그 뒤 부지 하세월로 맘고생 몸고생을 하게 된 진출업체의 고통 따위야 그들이 알 바가 아니었다.

그들이 국가 지도자로서 선택한 그런 행위들은 민족의 역사에서 민족 전복죄, 통일 방해 수괴죄로 기록되어야 한다. 설사 그들이 감옥에서 풀려난다 해도 민족의 감옥에 재수감하여 최소한 10년 이상을 지내도록 해야 한다. 대통령 재임 기간 내의 민족 범죄 행위에 대해서는 그 두 배의 형량을 과해도 지나치지 않다.

당내에서조차 결함투성이의 리더십 탓에 원활한 소통 하나를 제대로 이뤄내지 못해서 선대위 구성 이후 크고 작은 내부 분란들을 자초했던 윤석열에게 국가 지도자로서의 비범한 리더십, 담대한 상상을 요구하는 건 무리일지도 모르겠다. 어쩌면 막 걷기 시작한 아이에게 뛰는 걸 넘어서 멋지게 날기를 바라는 일이 될려나... 아이고, 머리야. 빨리 대선이 지나갔으면 좋겠다.

우리들 유권자도 정신을 추스린 뒤 제대로 한 표를 받들어야 한다(던지면 안 된다!) 유권자들은 대체로 어떤 후보에게 투표를 할 때 그가 자신의 꿈/소망을 이뤄줄 것이라는 기대를 갖고 한 표를 행사한다고 한다. 유권자는 그 후보를 그의 개인적 꿈과 희망의 대리 실현자로 환치한다. 실제로 투표 심리를 분석해 보면 (거창한) 역사 창조를 위해 한 표를 던지는 사람은 거의 없다고 한다.

결국 유권자에게도 자신의 선택에 대한 정치적 책임이 있다. 영화

《꾼》의 명대사대로, 한 번 속으면 속이는 사람이 나쁜 놈이지만, 두 번 세 번 속으면 속는 사람이 바보다. 한 표를 얻기 위해 임시방편용으로 치장된(꾸민) 언어를 남발하는 정치인들의 영구 추방을 위해, 유권자들도 그의 언어에 주목하여, 그 안까지 들여다보려고 해야 한다.

"정치에 참여하기를 거부함으로써 받게 되는 형벌 중 하나는 당신보다 못한 이들에게 통치 받게 되는 것이다". 플라톤의 이 말도 이제는 업그레이드되어야 할 시대가 되었다. '다 그놈이 그놈이더라'라는 식의 열패감에 떠밀려 정치에 무관심했던 과거의 행태에서 벗어나는 일 외에도, 루머나 간접 정보, 타인들의 구전 평에 의해서 특정 정치인의 평가가 좌우되던 일에서도 떨치고 일어나야 한다. 자신만의 주된 잣대는 그 정치인이 해대던 언행들의 총합이 되어야 하지 않을까. 그런 생각으로, 그런 간절한 바람을 담아 이 글을 쓰고 있다.

제 4 장

무속에 의한, '앉은뱅이 주술사'를 위한 운세 실험용 정치?

윤석열 부부에 대한 최고의 압축 표현 중 하나는 '장님 무사 앉은뱅이 주술사'다. 그 장님 무사와 앉은뱅이 주술사가 누군지는 해설이 필요 없다. 그만큼 기가 막히는 요약이다.

무속은 개인의 선택이나 취향 문제일 수도 있다. 그 선택에 따른 결과물 역시 개인적이다. 알려져 있다시피 무속의 문제점이나 후유증은 한둘이 아니다. 그중 은근히 무서운 것 중 하나는 진실의 은폐나 외면 또는 독점과 사유화다. 그 아래에는 우상에 억눌리거나 목 졸리고 있는 이성이 있다. 무속에 심취하면 눈앞의 뻔한 진실조차 외면한 채 왜곡부터 하려 들거나, 자신만의 그릇된 진실을 고집하여 참된 진실을 억압한다. 그래서 무섭다.

진실의 독점은 그 진실의 내용이 무엇이든 편견.아집.집착.편향... 등으로 가득 찬 똥고집을 낳는다. 독재자들의 공통적인 주성분 체액은 똥고집이다. 무속에 경도되어 참된 진실을 외면하고 자신만의 왜곡된 진실을 고집하는 그런 상황이 일국의 대통령 안섶에서 계속 은밀히 진행돼 왔다면 그건 필경 국가적 불행으로 이어진다.

윤의 대선 후보 시절 윤 부부를 둘러싼 무속 논쟁은 끊이지 않고 나왔다. 그럼에도 윤은 김건희의 사전 호언 '우리가 청와대로 간다'는 말대로 되었다. '앉은뱅이 주술사'가 시킨 대로 해서였는지... 그런 초보적인 심심풀이 의심은 거기서 사라져야 했다. 한 나라의 대통령이 되었으므로.

그런데 그게 아니었다. 당선인 신분일 때나 그 후에도, 장님 무사는 앉은뱅이 주술사에게 목줄이 꿰인 것이나 다름없었던 듯하다. 그런 앉은뱅이 주술사를 한사코 지키기 위해 펼친 윤석열 식 '김건희 무등병 구하기' 작전은 최악의 무리수 겸 최종 패착으로 이어졌다.

"내가 정권을 잡으면..." 이것은 2022년 1월 공개된 '서울의 소리' 녹취록 속에서 김건희가 한 말이다. 그때도 이미 김건희가 정권을 잡은 대통령이었다. 박지원 의원이 2024년 11월 9일 대정부 질문에서 "김건희 대통령, 윤석열 영부남"이라고 지칭하면서 "지금 보니까 영부인이 아니라 대통령 행세를 하는 것"이라고 비판한 것은 늦어도 한참 늦은 비판이었다. 김건희가 자신을 항상 대통령으로 여기면서 행한 발언 태도는 다음과 같이 한두 번이 아니었다. (밑줄 처리는 필자)

- "제가 이 자리에 있어 보니까 객관적으로 정치는 다 나쁘다고 생각해요… 막상 대통령이 되면 좌나 우나 그런 거보다는 진짜 국민들을 먼저 생각하게끔 되어 있어요. 이 자리가 그렇게 만들어요." "저에 대한 (관심이) 어느 정도 좀 끊어지면 적극적으로 남북문제에 제가 좀 나설 생각이에요" – 2022년 9월 최재영 목사와의 대화

- "자살 예방을 위해 난간을 높이는 등 조치를 했지만, 현장에 와보니 아직 미흡한 점이 많군요. 한강대교 사례처럼 구조물 설치 등 추가적인 개선이 필요할 것 같아요." – 2024년 9월 119특수구조단 뚝섬 수난구조대, 한강경찰대 망원 치안센터, 용강지구대를 들러서 경찰관에게. [이런 모습에 대해 대통령실은 한 수 더 떠서 "김 여사는 '관

제센터가 가장 중요한 곳 중 하나라며, 항상 주의를 기울여 선제적으로 대응해 줄 것'을 당부했다."고 자랑했다.]

- "<u>저와 우리 정부가</u> 끝까지 함께 할 것입니다." "<u>우리 정부</u>는 역대 어느 정부보다 북한인권 개선에 강한 의지가 있으며, 고통받는 북한 주민을 결코 외면하지 않을 것입니다." – 2024.7.11. NATO 정상회의 시 미국에서 탈북민들과 만나

- "이런 문제에 대해서는 북한에 강하게 해야 한다" – 2023.4. 납북자·억류자 가족을 만나

- "대통령과 제 특검 문제로 불편하셨던 것 같은데 <u>제가 대신</u> 사과드릴게요." – 2024.1. 한동훈 비상대책위원장에게 보낸 텔레그램 메시지. [이로 인해 '윤석열 영부남' 이미지가 더욱 굳어졌다.]

1

영부인 호칭을 거부한 김건희, 차라리 영부인으로 불리는 게 더 나았다

윤석열의 대선 후보 시절, 김건희에 대한 뒷말은 그야말로 봇물이 터진 격이었다. 줄리 이야기에서부터 '유지'라는 우리말이 '듣보잡'의 엉터리 영어 yuji로 표기된 채 통과된 박사 학위 논문, 대학 강사 자리를 위해 제출한 이력서마다 기재된 허위 학력... 등등 모두 윤석열의 발목을 잡을만 한 것들이었다. (그나마 그 당시 들어난 게 그 정도였을 뿐이라서 그들 부부는 다행이라 여겼을지도 모른다)

그러자 2021년 11월 다급해진 김건희는 국민들에게 사과라는 걸 한다. 최초이자 마지막의 공식 사과였는데, 그것이 진심을 담아 진정으로 한 사과가 아니라는 건 어린애가 아닌 다음에야 모두 눈치챌 수 있는 형식적인 것이었다. 그때 한 말은 "남편이 대통령이 되는 경우라도 아내의 역할에만 충실하겠다"였고 그 뒤로 흘러 나온 말이 자신은 청와대에 가더라도 '영부인'이라는 호칭도 쓰지 않겠다였다. 윤석열도 화답했다. 대통령이 되더라도 아내를 집에만 둘 것이고 영부인 담당의 제2부속실은 아예 폐지하겠다고 못질까지 했다. (하지만, 김건희의 그 말 역시 부창부수답게 임시변통용 땜질 발언이었다. 일례로 2023.1.31 디자인계 신년인사회에 참석해서는 김

현선 디자인단체총연합회장, 윤상흠 한국디자인진흥원장, 이창양 산업통상자원부 장관이 연거푸 '영부인/영부인님'으로 호칭하면서 자신을 추켜세우자 그 말 사용을 제지하지 않은 채 "제가 이 자리에 참석할 수 있게 돼서, 개인적으로 굉장히 감격스럽고 영광스럽게 생각한다"고 답했다.)

그 결과는 지금 우리가 잘 안다. 김건희의 그 말은 여우의 눈물이었고 윤석열의 화답은 늘 그렇듯이 진심이 1%도 들어가지 않은 임시 땜질 언어 버릇에서 나온 말일 뿐이었다. 2024년의 김건희 관련 사과에서 그 당시 자신들이 했던 말을 떠올리며 진심을 다해 사과하는 모습은 찾아볼 수도 없었다. 재차 막다른 골목에 몰리자 그때서야 김건희의 외부 활동은 전혀 없도록 하겠다는 궁여지책이 마지못해 나왔다.

영부인(令夫人)의 사전적 의미는 그저 남의 아내에 대한 존칭이다. 아무나 쓸 수 있다. 그래서 예전의 초대장에 부부를 같이 초청할 때는 남편 이름 뒤에 동영부인(同令夫人)이라 표기했다. 그런데 어느 때부턴가 대통령 부인을 이르는 특별 호칭으로 통용되기 시작했다. 시중의 영부인들이 죄다 사라진 것도 아니고 헐값 방매된 것도 아닌데.

언어란 일부 사용자들의 오용 탓에 본래의 의미를 벗어나 쓰일 때도 잦다. 내용물의 변질은 언어 오용에서 시작되기도 한다. 요즘 아무나 써대는 국정 농단에 들어 있는 '농단(壟斷)'은 본래 이익을 독점한다는 뜻인데 지금은 사전에도 없는 의미 곧 '맘대로 갖고 놀면서 이익을 취한다'는 뜻의 농단(籠斷) 쪽에 더 가깝게 쓰이고 있다. '농단(籠斷)'의 의미로는 현재 사전에 없는 말인데, 농(籠)은 새장을 뜻하는 조롱(鳥籠)에 보이는 그

籠이다. 새장 안의 새처럼 가둬놓고서 즐길 수 있는 것도 없다.

우리나라에서 이 영부인을 학문적으로 다뤄 책자화한 것으로는 두 가지를 들 수 있다.《한국 영부인론: 정치인 아내의 바람직한 역할 및 위상》(이승희, 1997)과 함성득('63년생) 교수의 《영부인론》(2001)이 그것이다. 전자는 여성학적 입장에서의 접근이어서 학문적인 논저로만 서지 목록에 오를 정도지만 함 교수의 그것은 당시에도 조금은 주목을 받았다.

하지만 그 당시의 주목은 윤석열 시대에 들어와서 함 교수가 받은 것에 비해서는 약했다. 윤석열의 사적 라인과 관련되면 가끔 거론되기도 했고, 요즘은 '탄핵을 반대해도 1년 뒤면 국민들이 다 잊고 또 찍어주더라. 무소속으로 나와도 찍어준다'는 웃기는 망발로 사무실에 조화 배달이 이어지던 국힘의 윤상현('62년생)과 더불어 매스컴의 양념거리로 빠지지 않던 때에 비해서는 훨씬 덜 조명발이 약했다.

함성득과 윤상현은 비슷한 시기에 미국 유학 경험도 있다. 윤은 워싱턴 DC의 조지워싱턴대에서 9년을 지냈고(~1994년) 함은 한참 떨어진 피츠버그의 카네기멜론대에서 학위를 받았다(~1993년). 참, 윤상현은 전두환의 맏사위이기도 하다. 전두환이 현직 대통령일 때 결혼했는데, 당시 그의 아버지는 한국투신 사장이었다. 철부지 윤석열과 비슷한 도련님 출신이라고나 할까. 하기야 둘은 같은 파평 윤씨다.

영부인론으로 돌아가서... 우리나라의 대통령 부인, 곧 영부인들은 여러 부류로 나눌 수 있다. 함 교수는 역할에 의한 구분으로 아래와 같이

6개 유형으로 나누고 있다. 그 구분법을 따르기는 해도, 함 교수와는 다른 내 기준으로 나누자면 다음과 같다(대통령 뒤의 괄호 안 표기가 영부인들).

- 전통적 내조형: 이승만(프란체스카. 25년 연하). 윤보선(공덕기. 14년 연하). 최규하(홍기. 3년 연상). 박정희(육영수. 8년 연하)
- 베갯속 내조형: 프란체스카. 전두환(이순자. '39년생. 8년 연하). 노태우(김옥숙. '35년생. 3년 연하). 노무현(권양숙. '47년생. 1년 연하). 문재인(김정숙. '54년생. 1년 연하)
- 활동적 내조형: 육영수, 김정숙
- 전략적 후퇴형: 프란체스카, 이순자, 김옥숙, 김정숙, 김건희('72년생. 12년 연하)
- 연결망으로서의 참여형: 육영수, 김건희
- 완전한 동반자로서의 참여형: 김건희

전통적 내조형은 당시 '암탉이 울면 집안 망한다' 식의 가부장적 세태가 지배적이어서 영부인 자신들도 그런 세태에서 벗어날 수도 없었고, 벗어나려고도 하지 않았다. 시대가 빚어내는 현모양처형에 순응해야 했다. 심지어 외국인으로서 우리나라 문화에 낯설었던 프란체스카 여사조차도 그녀의 한국 문화 가정교사 격인 이기붕의 아내 박마리아(피바디대 석사 출신)로부터 과외를 받으면서 한국 여인으로 순치돼 갔다. 한국 여인들은 한복을 입어야 한다는 그 말을 듣고부터는 평생 한복을 입었을 정도로...

이 현모양처형에서 좀 벗어난 이가 육영수 여사다. 청와대 내의 야당 1호라는 말을 스스로 내걸 정도로 시중의 날것 정보들, 곧 남편에 대한 모진 험담까지도 그대로 전했다. 박정희의 여자 문제로 부부싸움을 하면서 남편이 던진 재떨이가 머리를 스치기도 할 정도로 은근히 당찬 분이었다.

베갯속 내조형들은 어찌 보면 금슬이 좋은 부부들이라고도 할 수 있다. 여성답게 곰살스러운 애교파들도 있었지만, 기본적으로는 남편들 말에 거의 토를 달지 않았다. 나이도 이순자보다 위이고 집안 형편이나 학벌(경북대 중퇴) 등에서도 밀리지 않았지만, 남편들의 위상 때문에 늘 속이 불편했던 김옥숙 여사는 자신이 할 말들을 조카사위인 박철언을 내세워 전하는 우회 전법을 쓰기도 했다. 그 덕택에 일개 보좌관이었던 박철언은 실질적으로 노태우정부의 황태자 노릇을 해냈다. 노태우의 경천동지할 3당 합당, 중국과의 수교와 러시아에의 차관 제공 등으로 대표되는 북방정책, 최초의 남북한 총리 회담 등이 모두 박의 작품이었다.

하지만 이 베갯속 내조형에의 공통적인 약점은 자식들을 끼고 돌거나 아끼려는 모성애에의 매몰이다. 노무현을 불귀의 객으로 만든 권 여사나 딸의 요즘 행보 탓에 새삼 속을 끓이고 있는 김정숙 여사 등이 대표적이다. 군 출신답게 좀 매섭게 자식들을 다룬 집들과는 후대의 모습에서 차이를 보인다.

전략적 후퇴형이란 2보 전진을 위한 1보 후퇴도 병행한 이들을 말한다. 끝까지 고집을 부리는 일이 적고 강약 전략을 잘 구사했다. 애교와 응석도 섞어서 잠자리에서도 잘 버무리면서 재잘거리는 편이고, 일상적인 피부 접촉이 잦거나 자연스러운 쪽이다. 음식도 남편이 좋아하는 걸

빠뜨리지 않았고, 부부간에서는 얼굴이 대체로 맑고 밝았으며 근엄과는 좀 거리가 멀었다.

프란체스카, 이순자, 김옥숙, 김정숙 여사 외에 김건희도 이 그룹에서 빠지지 않는 것으로 보인다. 전화기를 잡으면 몇 시간이고 이런저런 부부간의 일도 모 기자에게 다 털어놨던 녹취록에서 비치는 김건희의 모습들을 종합해 보면 그렇다. 괜찮은 아내감에 속한다. 중장년의 남편들이 가장 그리워하게 되는 게 살갑고 애교 있는 아내 상이다.

문제는 그런 김건희가 여염집 아녀자가 아니라는 점이다. 주술사로부터 점지 받은 대로 영부인 자리에 올랐다고 믿을지라도, 그 뒤로는 사적인 욕망[과시욕/안위]이나 허영 따위는 완전히 접어야 한다. 공적인 소망, 곧 나라 생각 쪽으로 확 시선을 바꿔야 한다. 하지만 처음부터 그렇지 못하고, 그건 그 뒤로도 여전했다.

명태균 사태가 터지자 윤 부부를 향해 **'장님 무사와 앉은뱅이 주술사'**라는 비유어가 나돌았다. 그 영악한 비유에 무릎을 치면서도 돌아서서 생각해 보면 그 얼마나 무섭고 한심한 비유인가. 하기야 박사 학위 논문에서까지도 무속인에다 아바타를 연결시킨 것일 뿐인 김건희는 여러 해 전 기자에게 이렇게도 말했다: "우리 남편도 영적인 끼가 있어서 나랑 연결이 된 거야." "웬만한 무당이 저보다 못 봐요. 제가 더 잘 봐요."

그런 김건희에 대해 모 언론인은 이렇게 함축하고 있다: '영적인 끼'가 있는 사업가로, 세속의 '사법 권력'을 가진 남편을 만났고, 이 사회에서 추구할 수 있는 궁극의 '개인적 욕망'과 '개인적 허영'을 주술에 녹여 냈다. 그 욕망은 '남편을 대통령으로 만드는 것', 즉 '권력' 그 자체를 대상으로 한다. '사람에 충성하지 않는 검사'로 세속적 스타성을 쟁취한 후 대중들의 지지를 받아 최고 권력을 획득하는 것, 그만큼 가슴 뛰게 하는 일은 없었으리라. –프레시안[2024.11.16.] 박세열 기자

현대 민주주의는 건강한 이성을 토대로 한다. 주술이나 무속은 건강한 이성의 반대편에서 그늘 속에서나 연명한다. 그게 현실이다. 그런 요즘 세상에서 주술이나 무속 따위에 꿰여 살아가는 대통령 부부를 대한다는 것. 그건 보는 이가 도리어 어리둥절해하면서 되레 인지부조화를 겪게 된다. 공적인 마인드 대신에 아주 개인적인 것들, 곧 자신과 남편의 안위와 미래 따위에만 더 많이 매달리는 이기적인 앉은뱅이 주술사 김건희와 그런 아내를 보호하기 위해서 국민이 맡긴 권력을 사적으로, 그것도 극한적인 수단까지도 그냥 남용할 지경에 이른 윤석열의 모습만으로도 국민들은 두 사람이 제정신인지 의심하게 된다. 그런 황당무지한 무대를 연출한 모든 책임은 윤석열에게 있다. 그런 윤의 즉각적인 화끈한 자진 퇴진은 대한민국 사람들에 대한 최소한의 답례다. 그 시기도 이미 놓친 듯하지만.

그만치 이들 두 사람이 늘 호흡하다시피 해 온 무속 세계의 공기는 일반인들과는 달라도 한참 달랐다. 이제부터는 그런 윤 부부에게서 대선 후보 시절부터 삐져 나온 무속과 주술의 단면들을 되돌아보고 가기로 한다. [아래 내용들의 대부분은 2021년 당시 원고에 담았던 것들이다. 즉 시점이 3년 전의 것들인 점을 감안해 주시기 바란다.]

2

무속과 주술은 나의 힘

2021.10.1. 국힘 대선 후보 5차 토론 때다. 윤석열이 발언을 할 때마다 손바닥에 짙게 써 진 왕(王) 자가 자주 카메라에 잡혔다. 윤석열이 무속 논란의 중앙 무대에 등장하기 시작한 시초다. 그걸 발단으로 그의 손바닥이 재조명되기 시작했고, 영악한 누리꾼들은 그것이 한두 번도 아니고 2차 때부터 5차까지 4차에 걸쳐 지속적으로 되풀이해 온 것을 밝혀냈다.

2차~5차에 걸쳐 지속적으로 해 온 '왕(王) 자' 쓰기. ©AIFIC

그러자 윤석열은 서둘러 변명을 했다. 동네 할머니가 응원 삼아서 써 준 것이라고. 그러면 우리는 지극히 기본적인 의문 하나가 떠오르게 된다. 그걸 김경진 어법으로 표현하면 이렇다: "동네 할머니가 매번? 어떻게 그렇게 네 번씩이나 출발 시각을 미리 알고 딱딱 맞춰서 기다려쓰까~"

거짓말은 거짓말을 낳는다. 동네 할머니가 한 번 써줬는데 그게 잘 안 지워져서 계속 그렇게 보인 거라고 변명하자, 누리꾼들은 즉시 검증을 해냈다. 중성 비누로만 닦아도 잘 닦여지더라고. 심지어 유성 매직으로 쓴 것까지도 조금만 열심히 닦으면 사라지더라고 실제로 닦여진 손바닥 모습을 찍어 올리기도 했다. 닦기 전과 닦은 후의 비교 사진까지 친절하게. 그 뒤로 나온 말이 '윤석열의 매직은 싸인펜이라 쓰고 거짓말이라 읽는다'였다.

손자 격의 거짓말도 나왔다. 왕(王) 자를 사주한 배경으로 천공 스님의 이름이 거론되자 윤석열을 맨 처음엔 그의 존재를 부정하다시피 했다. 잘 알지도 못하는 사람이라고. 그러다가 윤석열이 직접 찾아가 그를 만나지 않았느냐, 그의 정법강의를 듣지 않았느냐고 공격을 받자 그때서야 시인했다. 찾아가서 한 번 만난 적이 있다면서. 그러고는 한 발 더 나갔다. 그의 정법강의는 들어볼 만한 것이라고. 자신의 앞말 하나도 제대로 기억하지 못하는 사람이 어떻게 사시를 패스해쓰까~~~. 하기야 그러니 남들이 5수를 마지막으로 삼는 그 시험을 9수만에야 겨우 끝냈긴 했겠지만.

이 왕(王) 자 논란은 달랑 외톨이 무남독녀가 아니었다. 그 뒤를 이어 윤석열의 무속/주술 관련 비사(祕史)들이 고구마 줄기처럼 드러나기 시작했다. 온갖 스님/도사/법사/술사들의 이름이 줄을 이었다. 심무정, 천공, 건진, 항문침 술사, 혜우, 서대원, 그리고 주요 결정 때마다 의견을 구한다는 신천동 역술인, 윤석열의 김종인 회동 때 동석한 유명 역술인 노 아무개, 김건희가 빠삭하게 꿰고 있다는 굿 무당들... 이들만 해도 가볍게 10여 명을 넘기고, 건진의 처남과 딸, 신천동 역술인의 심부름꾼이자 윤석열의 평생 형님인 황하영 사장 및 그의 아들과 같은 관련자들까지 치면 20여 명을 넘기는 대부대가 된다.

그리고 윤석열의 정계 데뷔 역시 결론은 이들의 판단에 따른 것이었다고 알려져 있다. 딱 한 사람만 다른 의견을 냈다. 서대원은 '(윤석열이) 과욕은 부리지 말고 조국이 얼마 못 가니 법무장관을 한 뒤 국회의원이나 하는' 쪽으로 제시했다. 더 욕심을 내면 끝이 안 좋다면서. 하지만 욕심을 낸 탓에 그 말대로 되었다. (서대원은 윤석열에게 律山이라는 아호도 지어줬는데, 욕심을 내면 끝이 안 좋으니 법조인으로 살면서 산을 이루라는 뜻이었다.)

윤석열의 정계 데뷔는 곧 윤석열 부부의 무속/주술단의 공식 데뷔이기도 했다. 왕 자 논란은 그 시발이었을 뿐이고, 윤석열의 뿌리 깊은 무속/주술에의 의존 성향을 드러내는 빙산의 일각이었다. 아래에서 자세히 살펴보면 저절로 드러나게 되듯이, 윤석열에게 있어 '무속과 주술은 나의 힘'이었다.

그리고 필자도 뒤늦게 알게 된 것이지만, 윤석열의 이러한 문제적 측면들은 왕 자 논란이 본격적으로 떠오르기 훨씬 이전부터 최보식 기자(2021.3.4.: '윤석열 멘토'로 자처했던 한 도인(?)과의 만남)나 오마이뉴스, 선데이저널... 등등의 여러 매체에서 한 해 전부터 이미 추적 중인 사안이었다. 그만치 알 만한 사람들은 이미 윤석열의 그러한 수상한 이면들을 읽어내고 있었다.

특히 미주신문인데도 그 안테나 성능이 엄청 놀라운 선데이저널의 기사들은 입이 벌어질 정도다. 관련자들의 실명이 거의 다 나오고, 그들의 과거와 현재 행적들을 손바닥 들여다보듯 하고 있었다. 예를 들면 김종인과의 결별을 결심하기 위해 칩거하던 날 신천 역술인에게 의견을 구하기 위해 황하영 사장을 보냈다든가, 김종인 면담 때 노 아무개 역술인을 대동했다는 것까지 알아내어 보도하는 식이다. 그렇다고 찌라시 신문도 아니다. 창간 40주년을 넘긴 대표적 진보 매체다.

3

운세가 뭐 어때서 vs. 김건희의 뿌리는 운세 지향파

2022년 1월 네트워크본부라는 곳에서 활동하던 건진법사가 문제가 되자 본부 자체를 해산하는 초강수를 두었음에도 여진은 계속되었다. 그러자 이준석은 이런 말로 감쌌다. 우리나라의 주요 신문들마다 '오늘의 운세'니 뭐니 하는 식으로 일상화하고 있지 않으냐면서.

일응 부분적으로는 맞다. 하지만 그것은 표피적 현상의 일부를 들어 본질을 호도하는 일이기도 하다. 윤석열의 무속/주술 의존 현상은 그런 단순한 '오늘의 운세' 수준을 넘기 때문이다. 신문지상의 그것들은 주로 띠별로 그날의 운세 등을 한두 개의 짧은 문장에 담아낸다. 다시 말하면 띠를 기준으로 우리나라 전 국민을 12그룹으로 나누어 대충 운세 그룹에 편입시키는 두루뭉술형이다. 시쳇말로 '심심풀이 땅콩' 수준이다. 안 봐도 그만이고 봐도 그저 그런 것인지라 쓱 한번 훑고는 그만이다.

하지만 윤석열의 그것은 개별적이거나 사건별 특정 운세 점검이라는 점에서 크게 다르다. 그걸 받아들이는 사람에겐 그냥 심심풀이 땅콩이 아니라는 게 문제다. 어떤 사안을 앞두고 결정을 내릴 때 그 나침반이

되고 잣대가 되어 왔다는 점에서 무게가 크게 다르다. 더구나 그것이 늘 결정적으로 작용해 왔다는 점에서, 윤석열이 대하는 운세는 최종적 선택의 도착지이기도 하다. 그만큼 위중하고 엄중한 사안이다.

여러 해 전 우리나라의 사회조사에서 새해 즈음에 무료 토정비결을 대했을 때 그걸 보느냐, 그리고 어떻게 하느냐를 물은 적이 있다. 70% 이상이 무료니까 읽어본다고 했다. '하지만 그건 그저 단순한 재미와 호기심 차원에서이고, 좋은 운수보다는 나쁜 운수 쪽에 관심하게 되는데, 그건 가급적 그걸 피하는 게 좋다는 생각에서다. 그래도 그걸 오래 기억하거나 하지 않고 그냥 넘어간다...' 쪽이 대부분이었다. '그중 1할 정도만 그 나쁜 운수와 시기를 대충 메모해 두긴 하지만, 한 해 내내 기억하고 지내지는 않는다. 그래도 메모를 해두면 금방은 잊지 않게 되는 듯하다' 쪽이다.

이것이 우리나라 사람들의 평균치다. 정부 주관의 전국적 사회조사이므로 그 모집단의 규모만으로도 그 신뢰도는 의심할 여지가 없다. 즉 우리나라 사람들은 운세라는 것을 단순한 호기심 수준에서 대하는 이들이 대다수이고, 거기에 전적으로 의존하지는 않는다. 윤석열은 그 의존도에서 크게 다르다. 그게 문제의 본질이다.

게다가 부창부수다. 아니 그 이상이다. 기본적으로는 무속/주술 의존파인 윤석열을 김건희가 더 확실한 쪽으로 리드한다. 남편이 노래하면 아내가 따라부르는 부창부수(夫唱婦隨)가 아니라 아내가 선창하는 부창부수(婦唱夫隨)다. 발전.확대의 주역이 김건희다. 하기야, 실제로도 운전면허가 없는 윤석열은 아내가 모는 차를 타고 아내가 이끄는 대로 따라다닐 수밖에 없긴 하다.

윤석열이 초단이라면 김건희는 9단이다. 그것이 더 큰 문제이고 문제의 핵심이다. 이 글을 쓰기 시작하던 2021년의 원고에는 이렇게 담았다: 만약 윤석열의 당선으로 이어진다면 김건희는 청와대 안주인 자리에 앉는다. 그 결과가 어찌될지는 뻔하다. 베갯머리송사를 이겨낼 사내들은 없다. 역사는 남자들이 만들지만 그 남자를 조종하는 것은 여자다.

윤석열은 김건희의 명품 백 수수와 관련한 최초의 대국민 사과에서 '대통령 부인이란 건 어떤 사람에게도 박절하게 대하지 못하는 법이다, 그 뇌물 수수도 박절하게 대하지 못해서 벌어진 일'이라는 식으로 제 마눌님만 감쌌다. 그 전에 자신이 아내에게 호되게 '앞으로는 영부인이라는 걸 잊지 말고, 뭐 하나를 하더라도 깊이 생각하고 섣불리 임의로 나대지 말라'는 식으로 목소리를 높이지 못했다고 사죄.반성하는 모습은 코빼기도 보이지 않았다.

그런 윤석열의 어설픈 땜질 식 사과의 뒷전에서 실제로 벌어진 일들은 우리가 안다. 머리 좋은 명태균의 지능적인 까발림 덕분이다. 세상에나, 대통령 취임식 전날이면 초짜 대통령으로서의 자신이 국정 운영을 어떻게 해야 할지 노심초사해도 모자랄 그 시간에 마눌의 청탁 건이나 다름없는 김00의 공천 건 따위를 가지고 자신의 말을 당이 잘 안 듣는다는 식으로 명태균과 전화질이나 하고 있었다. 그때의 국힘 공천관리위원장이 바로 저 위의 윤상현이었고 최종 결정권이 있는 당 대표는 윤석열과 여전히 껄끄러운 이준석이었다. 당이 말을 안 듣는다는 말을 뱉도록 정보를 제공한 사람이 누구였을지 궁금해할 필요가 있을까.

더구나 김건희는 '앉은뱅이 주술사'라는 별호답게 일찍부터 자칭 타칭 운세(運勢) 쪽 전문(?)이었다. 박사 논문의 핵심이랄 수 있는 콘텐츠 가공 대상도 '운세'였다.《아바타를 이용한 운세 콘텐츠 개발 연구》가 그 제목이다. 떠도는 학술 논문 두 편도 모두 '운세' 관련이었고.

그녀의 회사명에 등장했던 '코바나(covana)'도 연구 대상이다. 영어, 독어, 불어, 이태리어에도 안 보이고 스페인어에도 없다. 혹시 열반(涅槃)을 뜻하는 범어(산스크리트어) 니르바나(nir-vana)의 부분 차용이 아닌가도 싶다. 그 앞의 co-가 무엇을 뜻하는지는 모르겠지만... 영어 쪽에서는 '멤버 유지(preservation of members)'라 해야 할 것을 'member yuji'라는 기절초풍할 번역 실력을 내보인 형국이니 그런 기상천외한 작명법도 등장하지 말란 법은 없다.

윤석열과의 결혼도 관상/운세 전문으로 삼부토건의 조남욱 회장 오른쪽 팔로 활약했던 무정의 소개와 권유로 했다고, 김건희 모녀 모두가 한목소리로 말했다. 민간인이었지만 편의상 '스님'으로 불리던 심무정은 나이 차이(띠동갑으로 12살 차이) 때문에 망설이던 김건희에게 윤석열은 여자이고 김건희가 남자이니[94] 잘 이끌면 잘될 운수이니 결혼하라고 했고,

94 김건희가 원래 이름 '명신'에서 '건희'로 개명한 이유에 대해서는 설이 분분하다. 대형 전시를 위해 삼성의 도움을 받고자 이건희를 존경하는 의미에서 건희로 했다는 설도 있고, 내재적인 남성스러움을 살리기 위해서 남성용 이름으로 바꿨다는 설도 있다. 코바나컨텐츠의 전시 업적 기재란에서 삼성 관련 부분이 허위라고 삼성 측에서 반론을 펼친 것을 보면 후자일 가능성이 높다.

김건희는 그 말대로 했다고 그녀 자신이 밝힌 바 있다. 더구나 심무정은 윤석열을 청년 시절부터 가까이해 왔던 사람이다. 사시 낙방이 계속되어 한국은행으로의 취업을 생각하고 있던 윤석열에게 3년 뒤엔 합격한다고 시기까지 못 박으면서 부추겼고 그 말대로 되어서였다.

김건희는 〈서울의소리〉 이명수 기자하고의 통화에서 "내가 무속인보다 낫다... 우리가 청와대 간다."고 확언도 했다(방송에서는 공개가 안 됐지만, 녹음에 들어 있는 말이라고, 국힘 법률팀에서 가처분 신청서에 적어서 알려진 내용이다). 나아가 윤석열의 무속/주술 논란에 등장하는 수많은 사람들의 대부분이 김건희를 통해 윤석열에게 연결되었다. 윤석열이 젊은 시절부터 찾아다닌 심무정과 신천동 역술인을 빼고는. 그 또한 무시될 수 없는 측면이다.

4

김건희, '쥴리'인가 무속인인가

2021년 7월 종로구 관철동의 중고 서점 외벽에는 다음과 같은 벽화 작품 하나가 그려졌다. '쥴리의 꿈' 다음에 '쥴리의 남자들'이란 제목이 붙은 상세 해설판 격의 보조 그림이 이어진 하나의 작품이었다.

쥴리의 벽화 최초 작품. ©AIFIC

그건 누가 봐도 김건희에 관한 거라는 건 뻔했다. 삼척동자도 알 만한... 윤석열의 정치 참여 선언(2021.6.30.)으로 어쩔 수 없이 동시 출장(出場)하게 된 김건희에 관한 소문들을 정리한 것이었다.

맨 처음 그녀의 모습이 대중에게 공개된 것은 윤석열의 총장 임명 때 청와대에 나타났을 때다. 그때 대다수 사람들은 가정주부와는 전혀 다른 이미지라고 고개를 갸웃거렸다. 두 사람의 나이 차이를 감안하더라도...

김건희에게 '쥴리'라는 이름이 따라붙게 된 것은 라마다르네상스 호텔 부속 건물의 고급 바에서 그 호텔 주인인 삼부토건 조 회장의 총애하에 '쥴리'라는 이름으로 얼굴마담 노릇을 했다는 온갖 설(?)에 기인한다. 그 당시에 그녀와 밀접한 관계였다고 열거된 이들이 벽화 속에서 이른바 '쥴리의 남자들'로 등장한다. 게다가 칼이 하트를 관통하고 있는데, 그냥 하트 모양이 아니라 둔부를 연상시킬 정도로 통통한 사과 모양의 하트다.

세상 사람들은 그런 선정적인 제목에 혹하기 마련이다. 그 남자들이 누구일까 궁금해하자, 누군가가 친절하게 그 리스트를 벽화에 첨가했다. 얼마나 세심하게 추적했는지 등장 년도까지 그 옆에 명기돼 있다. 아래 그림이다.

쥴리의 남자들 해설판. ©AIFIC

사실 그 리스트는 새삼스러운 건 아니었다. 그 당시 '김건희'란 이름으로 인터넷 검색을 해보면 도처에 이들에 관한 이야기들이 차고넘쳤다. 서울시내 유명 병원에 아직도 근무 중이라는 아무개 의사와는 결혼까지 했는데 얼마 못 살고 헤어지고, 힘이 있던 양재택 검사(남부지검 차장검사)와는 해외여행까지 했다는 온갖 설(루머?)들이 마구 자라난 잡초처럼 무성했다. 진실 여부야 당사자들만 알 일이지만...

그러자 당연히 난리가 났다. 하도 시끄러워지자 그 문제적 문구들을 지웠다. 흰 페이트 덧칠로. 그럼에도 사람들은 그걸 보려고 계속 몰려들었다. 당하고만 있을 보수 쪽이 아니었다. 그 벽화 하나로 패가 갈리게 된 골목은 온종일 시끄러웠다. 극렬 행동파 보수 쪽은 차로 벽화를 가리고, 온종일 스피커를 틀어댔다. 그러면서 그 작품을 개작하여 내용들을 가렸다. 그냥 낙서판으로 만들었다.

낙서판이 된 벽. ©AIFIC

그러자 그 6층 건물의 주인은 견디다 못해 건물을 매물로 내놓고 만다. 외형적인 이유로는 인근 지역의 영업들이 안 돼서 임차인들을 구할 수 없어서라면서. 새 건물주는 그 공간을 대중 벽화(그래피티)용으로 사용 가능토록 했다. 그때 그래피티 전문가가 첫 작품(?)으로 올린 게 아래 그림이다.

'본부장'과 '개사과' 논란을 합성한 벽화. ©AIFIC

이것은 이른바 그 당시 문제가 되고 있던 윤석열의 '본부장'('본'인의 1일 1실언/망언+'부'인 김건희 구설+'장'모의 유죄 판결 등) 문제와 손바닥에 늘 쓰고 다닌 왕(王) 자 논란, 그리고 전두환 관련 '개 사과'를 뭉뚱그린 작품이다. 맨 왼쪽은 장모 최씨의 얼굴로 추정된다. 그러자 그 옆쪽으로 다시 보수파의 재미있는 반격이 나왔다. 김부선과 대장동, 은수미 성남시장 등을 등장시켰고, 그 벽화는 김부선의 덧칠로 마감됐다.

일련의 이런 변화를 지켜보는 관객들은 그냥 재미있어 했다. 심심하지 않아서... 하지만 궁금증이 죄다 사그라든 건 아니었다. 그걸 잘 알고 있는 김건희는 공개된 전화 대화에서 이런 말 하나로 간단히 논란을 뭉갰다. 그러면서 그 양재택 검사와의 체코 여행은 인정했다. 다만, 친정어머니도 동행한 패키지 여행이었다면서.

"나는 영적인 사람이야. 그런 (쥴리 노릇할) 시간에 난 차라리 책을 읽고, 도사들하고 같이 얘기하면서 '삶은 무엇인가' 이런 얘기를 좋아하지."

김건희의 간단한 해명으로 쥴리 논란이 뿌리가 완벽히 뽑힌 건지 어떤지는 모른다. 다만 그 해명 발언에서 더욱 명백해진 것은 김건희가 시간이 있을 때면 도사라고 불리는 무속인들과 주로 시간을 보낼 정도로 무속인들과의 접속이 일상화돼 있다는 사실이다. 그녀가 분명히 '도사들'이라 한 데서도 알 수 있듯, 그런 무속인들이 한둘이 아니라는 점도 스스로 인정했다.

5

윤석열의 무속/주술의 뿌리는 깊고 넓다, 게다가 위험한 부창부수

역술과 주술이 정치권에선 낯선 게 아니다. 특히 선거철이 되면 지푸라기라도 잡아 의존하고 싶고, 좋은 게 좋다(손해보지 않는다)는 생각에서 기웃거리는 게 점술/역술 쪽이다. 일부 뒷전에서는 거액을 들여 굿을 하기도 한다.

혁명 전 JP에게 혁명의 성공을 확언하여 그의 신임을 얻고, 박정희를 만나 그의 운세 읽기에까지도 참여했던 유명 역술가 백운학(본명 이종우)은 그러한 뒷얘기가 도는 바람에 선거 때가 되면 문전성시를 이뤘지만, 아무나 되는 대로 상대하지는 않았다고 한다. 현저히 격이 떨어지는 사람은 미리 골라서 돌려보냈다. 아무튼 그는 김재규의 상을 보고 발작적 살인 가능성이 있다고 JP에게 조심하라 했다. 당시 JP는 김재규가 자신을 죽일 정도로 달려들 일도 없고, 그런 관계도 아니기에 흘려 들었다고 회고했다.

실제로 우리의 일상 주변에서도 이 역술가들의 존재는 매우 흔하다. 2019년의 통계청 조사에 의하면 '점술 및 유사 서비스업'에 종사하는 이들은 1만 745명이다. 물론 이들은 사업자 신고 기준이다. 다시 말하면 서비스료를 영수증으로 발급할 필요도 있어서 신고한 이들이다. 실제 종사자는 훨씬 더 많을 것으로 추산된다. 관련 협회 등의 추산에 따르면 역술인과 무속인을 합해 적게는 40만 명에서 많게는 80만 명, 시장 규모는 8조 원에 달한다는 얘기도 있다.

하지만 이러한 무속/역술들은 그저 일상의 한 귀퉁이에 불과하다. 저 위에서 언급한 새해의 토정비결 수준으로 여기거나, 심심풀이 수준에서 넘길 때가 대부분이다. 하지만 깊이 심취하여 신봉 수준에까지 이르는 이들도 전혀 없는 건 아니다. 자식들 혼사에서 궁합이 나쁘다고 나오거나 혼처감의 사주가 안 좋다고 하면, 한 군데가 아니라 여러 군데에 들러 거듭 확인 사살을 해대는 극성파도 있다.

그럴 때도 제대로 된 부모라면 안 좋은 궁합일 때도, 둘이서 없으면 못 산다고 읊조릴 정도라면 점괘 등에 대해 '응 그냥 보통이래' 정도로 덮어준다. 하지만, 점쟁이나 무당의 말을 신주단지로 여기는 이들은 팔팔 뛴다. 혼사를 망치기 위해 혼신의 노력을 해댄다. 축복을 해도 모자랄 값에.

그리고 만에 하나 결혼생활이 출렁거리거나 깨지면, 잊지 않고 그 핑계를 댄다. "거 봐라, 애초에 결혼을 하지 말랬지? 궁합도 안 맞고 깨지는 사주라고..." 등의 악담으로 쓰라린 상처에 식초를 더 뿌린다. 사주고 궁합이고 따위를 아예 보지 않고도 잘 사는 부부가 있는가 하면, 그게 좋다고 해서 결혼했지만 깨지는 부부들도 어디 하나둘이던가.

이런 일들은 지극히 평범한 일상에 속한다. 갑남을녀와 장삼이사에게는 흔한 일이기도 하고, 그냥 대수롭지 않게 넘길 수도 있다. 그래도 된다. 그리고 그런 점/사주/궁합 등에 기웃거리거리는 것도 어쩌다다. 우연히 눈에 띄거나, 어쩌다 기회가 돼서 심심풀이와 호기심을 뒤섞어서 '그냥 한번'이다. 인간이 모르는 어떤 힘이 우연을 가장하여 작동할 수도 있고 그래도 뭐 어떠랴 정도의 심사로 그것들을 접한다. 즉 단순한 일회적 외부 컨설팅 정도다. 어떤 결과가 나와도 그냥 참고만 하고 넘기거나(흘리거나), 하루만 지나도 그 점괘나 결과들을 기억조차 잘하지 못한다. 한마디로 일과성(一過性)이며 비의존적이다.

하지만 그것이 아닐 때, 습관적이어서 무슨 중요한 일이 있을 때마다 그것을 찾게 되거나, 수시로 접촉하거나, 때로는 가까운 존재로 곁에 두고 싶어지면 그건 좀 다르다. 주된 소통 창구의 하나로 역할하고 그 접촉 횟수가 늘어나면 상습화된다. 잠재화된 의존성이 활성화된다.

의존도가 높아지고 접촉 빈도가 늘어나면 그 상습성은 심각해진다. 다시 말해서 심각성(상습성) = 의존도 x 빈도 x (관여인/참여자 수)인데, 이 수치가 늘어나면 그건 문제다. 그리고 거기에 가세하는 사람이 늘어나면 늘어날수록 그 심각성은 곱하기 인수(人數)로 증폭된다.

윤석열의 무속/주술 의존성에서 엿보이는 심각성의 문제도 그런 점에서 몹시 우려된다. 자신의 책임 하에 내려야 할 결정이나 중대한 선택의 기로에서 그런 역술 따위에 의존하려는 심리적 의존도가 다른 이들보다 훨씬 높은 듯해서다. 게다가 수시로 그들과의 통화를 통해서 의견을 구하는 빈도도 일반적이지 않다. 매우 잦다.

그것만으로 심각성의 정도가 염려스러울 정도인데, 김건희는 한 수 더 뜬다. 아름다운 부창부수가 아니라, 수시로 역술/주술에로의 초대장을 남발한다. 위의 산식, 곧 심각성 = 의존도 x 빈도 x 인수(人數. 적극 참여자 혹은 호응자 수)에서 김건희는 단순 1인으로 추가될 정도가 아니라 1.5~2인으로 가산해야 할 정도로 그 역할이 심중하다.

2021년의 원고에서 필자는 다음과 같이 적었다: 윤석열 부부의 무속/역술 의존의 심각성은 대략 추정 계산치 만으로도 일반인의 3배 이상이다. 비정상이며 과도하다. 위험 수치다. 과다 비만일 때 체중 감량을 해야 하듯, 이 부부의 무속/역술 의존 습성 또한 하루바삐 다이어트를 해야 한다. 그대로 방치/방임하면 두 사람은 무속/역술에 끌려간다. 그들이 찾아가는 것이 아니라.

계엄령 사태를 사과하면서 자신의 임기를 포함한 모든 것을 국힘에 위임하겠다고 한 지 엿새 만에 자신의 말을 180도 뒤집으면서 끝까지 싸우겠다고 나선 그 망상의 똥고집 발휘에도 무속인들이 작용한 게 아닐까 싶기도 하다. 무속/역술에의 상습적 의존증은 알코올 의존증보다도 무섭다.

6

윤석열 부부의 무속/역술 성향, 무엇이 왜 문제인가

(1) 최고 지도자는 홀로 결단한다. 그것도 자신만의 노력으로

오바마는 말했다. 가장 높은 자리에 오르면 더 위에 물어볼 사람이 없는 게 가장 불편한 일이라고. 어릴 때는 엄마나 할머니에게 물어보면 즉시 답이 나왔는데, 대통령이 되고 나니 물어볼 윗사람이 없어서 제일 불편했다면서, 국가원수의 결정과 선택은 참으로 외로운 고행이라는 걸 에둘러 말했다. 국가 원수의 대외 행보는 그것이 크든 작든 역사의 일부로 기록된다는 생각이 들어서 더욱 긴장했다고 한다. 그럴 때 그는 아무 책이나 빼들었다. 주로 역사 계통 서적을 봤단다. 그러면 답이 나왔다.

2014년 11월 27일 쿠바 지도자 라울 카스트로와 오바마 미국 대통령은 외교 관계 재개를 선언했다. 그로써 57년 동안 이어진 미국의 쿠바 봉쇄가 끝났다. 그 전날 그의 책상에 놓인 연설문 초안은 아름다운 문장이었지만 맘에 들지 않았다. 그는 책을 빼들고 훑었다.

그렇게 해서 나온 도착 제1성이 "(88년 전)1928년에 쿨리지 대통령이 (군함을 타고) 3일 걸려 온 곳을 나는 3시간 만에 왔다."였다.

다음날 오바마는 텔레비전으로 전국에 생중계되는 연설을 하려고 아바나의 유서 깊은 대극장 무대에 올랐다. 사이좋게 서 있는 쿠바기와 성조기를 배경으로 연설을 시작했다. "하얀 장미를 기르네." 오바마가 호세 마르티의 시구를 서툰 스페인어로 발음하자 대극장을 가득 채운 청중이 우레와 같은 박수를 보냈다.

"호세 마르티는 이 유명한 시에서 우정과 평화의 인사말을 친구에게만 건넨 것이 아닙니다. 적에게도 건넸습니다. 오늘 미국 대통령인 저는 쿠바 민중에게 평화의 인사를 건넵니다."

그러고는 이렇게 못박았다:

"(저는) 냉전의 마지막 흔적을 파묻기 위해 여기에 왔습니다".

이 연설은 뒤에 '해골에 생명을 불어넣은 연설'이라는 극찬을 받았다.

그가 그 연설 이후로 쿠바 국민들에게 어떤 대우를 받았는지는 말할 필요가 없다. 아바나 거리를 걸을 때 좌우의 건물에서 꽃들이 쏟아져 그들에게 손을 흔들어 답하느라 목적지 도착이 늦었다.

오바마가 인용한 호세 마르티는 쿠바인들에게는 영웅적인 투사 겸 최고의 시인이었다. 마르티는 손을 내미는 친구에게도, 심장을 빼앗는 사람에게도 하얀 장미를 보내겠다고 노래했다. 전문은 이렇다:

"하얀 장미를 기르네/ 7월에 마치 1월처럼/ 내게 손을 내미는/ 신실한 친구를 위해/ 내게서 심장을 빼앗는/ 비정한 이를 위해서도/ 엉겅퀴도

쐐기풀도 아니고/ 하얀 장미를 기르네."

오바마의 연설물 손대기는 유명하다. 분야별로 나뉘어진 연설문 담당 비서관들이 초안을 올리면 그가 깨알같은 글씨로 덧댔다. 아름다운 문장이 아니라 자신의 생각이 담긴, 자신이 홀로 고민한 부분들을 담으려고 애썼다.

보좌관들이 써 올린 연설문에 오바마가 잔글씨로 수도 없이 첨삭한 것들. ©AIFIC

케네디 대통령은 킹 목사의 명연설, '나에게는 꿈이 있어요(I have a dream)'가 행해진 1963년에 베를린을 방문하여, 그의 취임 연설문 이상으로 멋진 말을 담아낸 '나는 베를린 시민입니다'를 독일어 발음으로 외워서 연설에서 사용했다.

당시는 동독의 침공 가능성으로 서베를린 사람들이 극도로 불안해하고 있을 때였는데, 그는 이런 말로 그들을 격려했다(1963년 6월 26일):

"2000년 전, 가장 자랑스러운 말은 '나는 로마 시민입니다(라틴어: Civis romanus sum)'였습니다. 오늘날, 자유세계에서 가장 자랑스러운 말은 단연 '나는 베를린 시민입니다(Ich bin ein Berliner)'일 것입니다. (중략) 모든 자유민은, 그 사람이 어디에 살건 간에 그 사람은 베를린의 시민입니다. 고로, 자유민으로서, 전 '나는 베를린 시민입니다(Ich bin ein Berliner)'라는 이 말을 자랑스레 여길 겁니다!"

그 이후 독일에서는 이 베를린 시민(Berliner)이란 말이 모든 이에게 새롭게 회자되었고, 지금도 베를린 시내 진입로 초입에 환영 문구로 크게 적혀 있다.

'나는 베를린 시민입니다(Ich bin ein Berliner)'이라는 말을 하기 위해 독일어를 못하는 케네디는 미리 작은 메모지에 그 말과 라틴어를 적어 주머니에 넣고는 내내 연습했다. 바로 아래의 쪽지다.

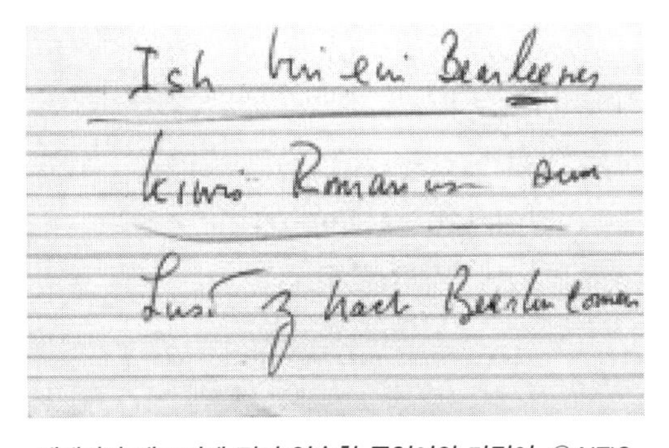

케네디가 메모지에 적어 연습한 독일어와 라틴어. ©AIFIC

윤석열에게 붙여진 '대독(代讀) 후보'라는 부끄러운 이름. 그건 자기 자신의 언어로 고민다운 고민을 안 해 봤기 때문에 따라오는 이름표였다. 고비가 있을 때마다 무속인이니 역술가니 하니 사람들에게 의존하면, 그리고 그게 버릇이 되면 죽을 때까지도 자신만의 생각을 담은 언어는 나오지 않는다.

대통령을 하든 못 하든, 언제 어디서고 자신만의 언어를 뱉을 때, 그때 비로소 한 사람의 어른이 된다. 더구나 국가 지도자의 결단과 선택은 홀로 치러야 하는 고행이다. 그걸 감당하려 하지 않고 떠맡기고 보려는 사람은 아예 그런 자리를 꿈꾸지도 말아야 한다.

⑵ 잠재의식은 수시로 떠올라 의식을 간섭하는 존재다: 역술 의존성의 심각성

위에서 윤석열, 특히 김건희가 합세했을 때의 역술/주술 의존도의 심각성은 정상적인 일반인에 비해 3배 이상이라고 했다. 그것이 두 사람만을 위한 것일 때는 반향(反響) 효과에 의해서 위험성이 소거되기도 하지만, 그것이 외부로 향할 때는 위험성 관리 범위를 벗어날 때도 있다. 지극히 위태하면서 위험해지고, 그 부담은 고스란히 타인들이 껴안게 된다. 손아귀를 벗어난 수류탄은 그 향하는 곳이 피해 지역이 된다.

무속/역술에의 의지 성향이 조금 높은 이들이라 할지라도 평소에는 그것이 의식하로 내려간다. 하지만 무의식 세계로 완전히 가라앉지는 않는다. 의식과 무의식 세계의 중간 지대, 곧 반(半)의식/잠재의식

(subconciousness) 지대에 머문다. 윤석열처럼 '고난의 행군 시대'였던 사시(司試) 공부의 회색 터널을 통과할 때 심무정이 그에게 흔들어댄 조명등은 그야말로 서광(曙光)이었을 듯하다. 그것이 윤석열에게 인생살이의 각인(imprinting) 효과로 작용했을지도 모른다.

그런 태도가 개인에 한정될 때는 누가 뭐랄 사람 없다. 뭔가 때를 기다리며 순리대로 살아가는 그런 여유로운 사람으로 비치기도 한다. 하지만 국가 지도자는 그렇지 않다. 오바마도 말했듯 국가 지도자의 언행 하나하나가 역사의 기록이 된다. 말 한마디와 생각 하나가 가져오는 파장은 전 국가적이고 때로는 국제적이기 때문이다.

윤석열의 무속 친화 성향이 잠재의식으로 자리 잡고 있는 한 언제 그게 의식의 수면으로 떠오를지 모른다. 그걸 바라보는 국민들은 불안하다. 윤석열의 무속/주술 의존 성향은 환골탈태가 필요하다. 대통령 자리에 머무르려면 반드시 그걸 해내야 한다. 그게 안 되면 그냥 김건희 도사와 집에 머물며 반려동물들과 지내고, 저녁식사 때의 전담 요리사로 칭찬을 듣고 지내는 게 백번 낫다.

(3) 가짜를 진짜보다 숭상하게 된다: 가짜 도사/법사/스님에의 의존은 현상적 사실에 대해서도 불신하게 한다

윤석열이 가까이 하고 있는 이들은 전부 가짜다. 도사도 법사도 스님도 아니다. 그런데도 그런 이름들로 부르며 공대한다. 당초에는 그저 단순한 존대와 공경의 의미로 시작한 일이지만, 세월이 흐르면 진짜로 둔

갑하기도 한다.

일례로 '선생(先生)'은 본래 의미가 자신보다 먼저 태어난 사람을 뜻한다. 먼저 태어났으니 더 많이 알고 더 나은 사람이라는 생각에서 그런 이들에게는 그냥 '선생'이라 했고, 더 받들어야 할 때는 '-님'을 붙여 '선생님'이라 했다. 그러나 어느 사이에 그것이 직업을 뜻하기도 하고 하대하기 곤란한 경우에도 선생이라 하기 시작했다. 교장 교감이 아랫사람을 부를 때도 '선생'(직업 명)이라 하고, 동료나 친구 간에도 간혹 '어이 최 선생 어디 가시나?'라든가 '어이 김 선생, 어서 오시게나'를 하기도 한다. 그럴 땐 '선생'에 먼저 태어난 사람이라는 의미는 전혀 없다. 오늘날의 중국어에서는 '先生'이 연령/직위의 고하를 떠나 아무 때나 누구에게나 편하게 쓸 수 있는 일반적인 공대어로 쓰인다.

그러나 '도사, 법사, 스님'은 그렇지 않다. 그 반대다. 처음엔 진짜 도사나 진짜 스님이 아닌 줄 알면서도 부르기 시작했지만, 계속 긍정적인 의미로 쓰다 보면 도사나 스님이 된다. 그리 보인다. 상대를 그런 존재로 죽 여겨와서다. 그 기반엔 신뢰가 잔잔히 흐르고 있고, 부분적인 존경 내지는 찬탄이나 감동이 가세하기도 한다. 그래서 그들이 손아래이더라도 그들의 말에 따르게 된다.

그러면서 발생하는 부작용들도 자연발생적이다. 자신들이 부르는 '도사, 법사, 스님'은 사실 가짜임에도 웬만한 진짜들보다는 윗길이라는 생각을 하게 한다. 그런 생각들이 어느새 자신의 안에 고이고 의식 속으로 가라앉아 수시로 떠오른다. 진짜들이 오히려 그 내용물이나 가치, 그리고 쓸모 면에서는 가짜 '도사, 법사, 스님'들보다 떨어지는 존재들이라는 생각을 하게 한다. 현상적 진짜 사실에 대해 값을 깎거나 그 가치를 불신한다. 자신만의 가치 척도를 들이대기 시작하고, 그것이 굳어지면 똥고집이 된다.

그런 상태의 고조(高調)가 사이비 종교로의 엇길 걷기로 이어지기도 한다. 사이비 종교 신자의 특징은 구부러지고 삐뚤빼뚤한 길도 바르게 보인다는 점이다. 도리어 주변의 손가락질이나 왕따가 만든 험난한 길일수록 자신에게 주어진 시험대로 여기기도 한다. 그래서 더욱 완강히 저항하는 일을 자신의 승리로 삼게 된다.

고도 난시가 있다. 아주 심한 난시를 이른다. 그들에게 난시 교정용 안경을 주면 처음엔 더 불편해한다. 예전 상태의 혼란을 급격히 교정하려다 보니 시신경(상 읽기)과 두뇌 작용(종합 인식)이 서로 삐걱거려서다. 그래서 예전에 자기가 지각(知覺)/기억하던 세상의 이미지를 소환하여 그 혼란을 줄이려고도 한다. 그때의 지각 영상은 난시 교정 안경을 통해서 시신경에 들어오는 실물(眞像)과는 다르다. 그럼에도 자신이 만들어낸 지각 영상을 진상(眞相. 진짜)으로 여긴다. 이러한 현상 역시 가짜 도사, 법사, 스님들과의 오랜 교유가 만들어내는 상의 뒤엉킴 현상과 비슷하다.

가짜는 그냥 가짜일 뿐이다. 진짜에도 품질 문제가 있어서 제각각이긴 하지만, 그래도 가짜는 아니다. 어떤 경우에도 가짜가 진짜를 이길 수는 없다. 그런 진짜를 불신하는 일, 그것은 기존 질서를 뒤엎는 일, 곧 하극상의 발단이 되기도 한다.

(4) 베갯머리송사의 고수가 국정 운영을 좌우하면 진짜로 제2무속실 된다

역사적으로도 증명된 역사 관련 명언이 있다. '역사는 밤에 이뤄진다'다. 이 말은 중의적이다. 글자 그대로의 뜻도 있고, 또 다른 뜻도 있다.

글자 그대로 역사가 밤에 이뤄지는 현장을 필자도 목도한 적이 한 번 있다.

1990년 최초로 남북의 총리 회담이 이뤄졌을 때다. 앞서 적은 대로 이 회담은 대중수교를 위해 북한의 협조가 꼭 필요해서 박철언이 북한을 20여 번이나 오갈 때 그 중간 결실로 이뤄진 역사적 만남이었다. 연형묵(1931~2005. 프라하공대 출신) 총리가 왔는데, 방문 첫날 밤 11시 박철언이 숙소로 왔다. 지하 4층 엘리베이터를 타고 3층에서 내린 뒤 승강기를 바꿔 타고 연형묵의 숙소로 가는 게 동선일 정도로 박철언의 방문은 극비 사항이었다. 그때 내가 잠시 수행했는데, 연 총리와의 면담장에 남측에서는 아무도 동석하지 않았다. 그때 박철언은 회담장을 떠나면서 딱 한마디 했다. '공대 출신들은 군더더기가 없어서 말귀가 참 잘 통해.' 그 방문 이후로 연형묵의 공개 활동은 그날 조율된 내용대로의 배우 역할에 지나지 않았다. 그때 내게 떠오른 생각이 '아하 진짜로 역사는 밤에 이뤄지는구나'였다.

그런 대표적인 사례들은 예전의 유명한 말, '낮에는 여의도 정치, 밤에는 요정 정치'라는 말에도 담겨 있다. 알짜배기 중요 사안들은 요정의 술자리에서 결정되었고, 여의도에서는 그것들을 추인하는 모양새를 냈다. 그냥 합의하면 의심들을 사니까, 대국민용으로 '밀당'들을 하는 흉내를 열심히 냈다. 껄끄럽거나 중요한 사안들일수록 더.

또 다른 의미 역시 모르는 이들은 거의 없다. '세상을 움직이는 건 남자지만, 그 남자를 움직이는 건 여자다.'가 이를 가장 잘 압축한 말이다. 이 말의 공식적인 원조는 '사람은 가도 브랜드는 남는다'의 표본인 코코 샤넬이다. 구전으로 떠돌던 말을 그녀의 회고록에 담아 펴냈다.

코코 샤넬은 '패션은 사라져도 스타일은 남는다'는 말로 패션계의 영원한 대모로 자리 잡은 이다. 그녀의 명성과 성취와는 어울리지 않는 비참한 삶이 그녀의 중년 이후로 이어지긴 했지만... 그녀는 2차대전 당시 적국인 독일의 장교를 사랑한 죄로 스파이 혐의를 받고 국외 추방되었다가 늘그막에야 겨우 귀국 허가가 떨어져 귀국 후 홀로 파리의 호텔 방에서 지내다가 쓸쓸히 갔다. 며칠이 지나 그녀의 죽음을 발견한 것은 그녀의 방에 가끔 들러서 필요 물품을 챙겨주던 호텔 종업원이었다.

코코 샤넬의 중년 시절과 말년의 모습. ©AIFIC

남자를 움직여 역사를 바꾼 명 조종꾼 중의 하나로 나폴레옹의 여자 조세핀도 꼽힌다.

조세핀은 본래 프랑스령 서인도 제도 출신인데, 태풍이 아버지 농장을 휩쓸고 가자 파리로 온다. 거기서 사교계의 꽃이 되었고, 당시 프랑스군 총사령관이었던 P.F.바라의 주목을 받아 정부(情婦)가 된다. 그런 조세핀의 쓸모를 더욱 주목한 게 나폴레옹이었다. 시골 촌놈 출신으로 아무런 배경도 없던 나폴레옹은 온갖 노력 끝에, 그리고 바라의 승낙하에 6살 연상의 여자 조세핀을 손에 넣는다. 일개 초급 사관이던 나폴레옹이 24세에 장군에 오르고 27세에 이탈리아 원정군 부사령관에까지 오르게 된 것은 여전히 바라와 가까이 지내던 조세핀 덕분이었다.

그 뒤 나폴레옹은 승승장구한다. 그러는 사이에 원정도 잦았다. 그럴 때면 나폴레옹은 연서를 썼고 그중에는 조세핀의 몸에서 나는 치즈냄새가 그립다는 원색적인 표현도 들어 있다(둘은 속궁합도 잘 맞았나 보다. 후사가 없었지만). 그런 편지를 받으면 조세핀은 손수건에 자신의 입술 모양을 꾹꾹 여러 개 찍어서 답장을 보냈다(조세핀은 문맹이었다는 설도 있다). 나폴레옹의 원정 기간은 그런 조세핀에 의해서 앞당겨지기도 했다. 나폴레옹의 몰락은 그녀의 베갯머리송사 탓도 크다는 평이 나왔을 정도로 조세핀은 나폴레옹을 쥐락펴락했다. 지나친 사치와 후사가 없다는 핑계로 이혼당할 때까지는.

김건희의 녹취록에는 남편으로서의 윤석열을 깔아뭉개는 표현들이 등장한다. 그러면서 결론은 항상 '그나마 내 말을 잘 들으니까 데리고 살지' 쪽이다. 취임식 만찬장에서 윤석열이 술잔을 반갑게 들고 홀짝 마시자 김건희가 눈총을 쏘고 그러자 황급히 잔을 내려놓은 뒤 '잘못했습니다'의 표정으로 돌아가는 장면이 국민 '짤'로 유통되었다는 얘기는 앞서 적은 바 있다. 시쳇말로 하자면 그처럼 베갯머리송사(訟事)가 잘 먹힌다는 소리도 된다. 베갯머리송사는 '잠자리에서 아내가 남편에게 바라는 바를 속살거리며 청하는 일'을 이르는 멋진 우리말이다.

그리고 그 베갯머리송사의 상당 부분이 이 무속/역술인들과의 접속 기회 제공 및 확장과 실천이라는 건, 현재 윤석열을 둘러싸고 있는 이들 중 심무정과 신천동 역술인을 빼고는 전부가 김건희가 발을 놓거나 윤석열을 끌고 가서 만나게 한 점에서도 너끈히 짐작된다.

나아가 김건희는 자신의 입으로 자신은 현재 항간의 일반적인 무속인들보다는 낫다는 말도 했다. 미래 운세 엿보기가 이미 버릇 수준을 넘어 아마추어가 아닌 프로 수준에 들어섰다는 걸 자랑하는 말이기도 하다. 비유하자면 자신은 반풍수(半風水. 풍수지리설에 어지간한 지식이 있지만 완전하지 못한 서투른 풍수가)의 경지를 넘어 일가를 이룰 정도가 된 사람이란 걸 과시하고 싶어서 그런 말을 한 것으로 보인다. 미래 운수에 꾸준히 관심하고 공부하면서 평생 매달려 지내온 사이에 이룬 성과를 그런 말로 요약했다. 그렇다면 김건희는 최소한으로도 준(準)무속인 내지는 '유사(類似) 무속인(pseudo-shaman)'의 반열에 들고도 남는다.

그런 기미는 한두 군데에서 읽히는 게 아니다. 앞서 언급한 것처럼 20대 시절의 박사 논문에조차도 '운세'를 콘텐츠 삼았고, 심지어 윤석열과의 결혼을 망설일 때도, '이 사람 검찰총장까지 될 수 있는 사람이냐. 그래야 내 사업에 도움이 된다'고 역술인에게 물었다고 한다.

이와 관련된 내용을 심층 취재하고 인터뷰 영상까지 공개한(2022.2.8.) 김의겸 의원 보좌관에게 털어놓은 '화투신명'이라는 해당 역술인의 발언을 보도대로 옮기면 다음과 같다.

– "김씨가 윤석열의 이름과 사주를 가지고 와 여러 가지를 물었다. 어디까지 올라갈 수 있겠느냐, 검찰총장까지 될 것 같냐, 검찰총장까지는 올라가야 내 사업에 도움이 되지 않겠냐, 나는 이 사람이 별로인데 엄마(최은순)가 윤석열을 좋아한다... 사업을 위해 스펙이 필요하다. 그래서 검찰총장까지 올라갈 정도가 돼야 내가 결혼할 생각이 있다고 했다". "김씨는 수 차례 새벽마다 전화를 걸어 회사 경영 상황을 얘기하고, 본인이 아닌 직원들 사주를 물었다... 무당인 내가 보기에도 심각하다. 내가 점을 보고 맞추기는 하지만 회의감이 든다. 김씨는 (무당인) 내가 보기에도 (사주에) 거의 반 미쳐서 혼을 다 부어버린 거다"

그리고 그런 김건희의 이런 역술인 의존의 바탕과 출발, 그리고 지향 내내에서 유력하게 작동하는 것은 천민자본주의 의식이다. 자신의 결혼까지도 돈벌이 사업에 도움이 돼야 한다는 식이고, 안희정과 관련된 미투 사건에서 판사 이상의 결론을 단칼에 내린 말, 곧 '진보 쪽에서는 돈을 안 주니까 미투 사건이 터지지. 돈이 없으면서도 하고는 싶어서... 보수는 돈을 주니까 뒷말이 없잖아' 등도 그 뿌리는 돈이다. 이 기자의 캠프 합류를 종용하면서도 '늬 오면 1억은 줄게, 하는 거 봐서'로 돈부터 이야기한다. 그저 돈돈돈이다. 하기야 역술이나 주술이 바라는 최대의 성공은 천민자본주의의 완성 쪽이다.

신학자들에 의하면 역술이나 주술은 '사사로운 관심에서 미래를 엿보도록 한다거나, 정체를 알 수 없는 바깥의 힘에 기대어 소원의 성취를 돕는 사이비 종교 술(術)'을 의미한다. 그런 역술이나 주술에 의존하는 대선 후보를 보다못해 28명의 신학자들이 모여 '대선이 주술에 휘둘리고 있다'며 그런 후보를 질타하는 성명서까지 냈다(2022.2.2.) 그 성명서 전문을 대표적 보수 언론의 하나인 중앙일보도 실었다. 신학자들은 종교가 요긴한 일상의 밥벌이일 뿐인 일부 목회자들과는 달리 중립적이고, 속세와는 좀 거리를 두고 있는 이들이다.

윤석열은 당선되면 영부인을 지원하는 제2부속실을 폐쇄하겠다고 했다. 하지만 김건희의 과거와 현재를 살펴본 이들은 폐쇄 후 '제2무속실(巫俗室)'로 이름만 바꾸어 비밀리에 솟아나게 되는 것은 아니냐고 우려했다. 처음에는 농담처럼 받아들였던 '제2무속실'은 그 뒤에도 계속 존재하고 있었다. 앉은뱅이 주술사라는 이름으로.

7

양쪽을 보자. 중앙에서 봐야 양쪽이 제대로 다 보인다

양쪽을 보자. 중앙에서 봐야 양쪽이 제대로 다 보인다

윤석열의 무속 의존성을 걱정하는 이유는 하나 더 있다. 합리적 사고를 방해하거나 이성적 판단을 건너뛰게 한다는 점이다. 즉 한쪽으로 치우치게 한다. 그 치우치는 방향이 비이성적인 쪽이어서 말도 안 되는 언행으로 이끈다는 점이 문제다. 양쪽 모두를 제대로 보지 못하니, 그 선택은 진실이나 진정성과는 거리가 멀게 된다.

동전에는 양면이 있다. 앞과 뒤가 있는데 대체로 앞면은 대표 그림이 있고, 뒷면에는 액면가가 표기돼 있다. 선택을 해야 할 때 영어로는 "Head or tail?" 하면서 묻는다. 하지만, 앞면과 뒷면이 '머리'와 '꼬리'라는 말처럼 그 격에 차이가 있는 건 아니다. 동전을 머리 대신 꼬리 쪽으로 뒤집어낸다고 해서 그 금액이 바뀌거나 감액되지 않는다. 똑같다. 그리고 이 점이 중요하다. 어느 쪽으로 내밀든 그 가치는 똑같다.

일본 정계에서 야사(野史)처럼 전해 내려오는 유명한 일화가 있다. 이른바 일목요연(一目瞭然) 장관 이야기다.

애꾸눈 장관이 의회에 나와서 답변을 하는데, 야당 의원들이 그의 신체 장애까지 비아냥대기용으로 이용했다.

-(의원) 불확실할 수도 있는 걸 장관은 어찌 그리 성공을 확신하시오? 두 눈이 있는 우리들도 다 보지 못하고 있는데...
-(답) 네. 맞습니다. 저는 눈이 하나밖에 없습니다. 그래서 '일목요연(一目瞭然)'하게 볼 수 있는 듯합니다.

그 장관은 폭소와 박수갈채를 받으며 의회를 떠났는데, 그 뒤로 한참 '일목요연(一目瞭然. いちもくりょうぜん)'이란 말이 인기어가 되었다고 한다.

그 장관이 그처럼 멋진 말로 응수할 수 있었던 것은 단순한 임기응변 실력과 재치 때문만은 아니다. 그 순간 그는 애꾸눈인 자신과 두 눈이 있는 의원들 양쪽을 다 살폈다. 그냥 보기만 한 것이 아니라 거기에 자신의 생각도 요리해서 얹었다.

한자에서는 그냥 단순히 사물을 보는 것과 그 실물을 넘어서서 바라보는 것을 달리 표기한다. 단순한 시각작용에 의해서 구체적인 실물로만 보는 것은 '시(視)'로 적는다. '시력(視力)/시선(視線)/시계(視界), 백안시(白眼視)/청안시(青眼視)...' 등에서처럼.

한편 눈앞에 보이는 실물을 넘어서서 바라보는 것. 그것을 한자로는

'관(觀)'으로 적는다. 낱개의 사람이나 세상을 넘어서서 추상화할 때 그것을 '인생관(人生觀)/세계관(世界觀)' 등으로 표기하듯이.

뭔가를 보고도 뭔가 더 큰 의미가 있는 것들을 읽어내지 못할 때가 흔하다. 글자 앞에서 눈이 먼 상태를 '문맹(文盲)'이라 하므로, 굳이 조어를 하자면 '관맹(觀盲)'쯤 되려나. 위의 장관은 '관맹(觀盲)'이 아니었다. 두 눈이 있는 상대와 한 눈뿐인 자신을 동시에 보고 그 중간에 섰다. 그리고 그것을 언어에 담아냈다. 상대를 공격하지 않고도 자신을 멋지게 요약했기에 박수갈채를 받았다. '일목요연'은 상대방과 나를 동시에, 양쪽을 모두, 생각했을 때 떠올릴 수 있는 발상이다

표피적인 비디오(보이기)와 오디오(떠들기)에 이끌려 지내는 사이에 속 깊은 문자언어와 담을 쌓고 지내는 이들일수록 이 관맹이 많다. 그렇잖아도 우리 주변에서는 비디오와 오디오가 판을 친다. 책 대신 스마트폰에 코 박고 지내는 이들이 대다수다. 정치판에 머물고 있거나 반 발을 담그고 있는 이들 역시 똑같다. 그 핑계들이 바쁘고 시간 없어서라는 것도 똑같다.

이 양쪽 보기. 특히 한쪽에서 바라보지 않고 중앙에서 바라보기는 정치인들이나 정치를 꿈꾸는 이들 모두가 꼭 깊이 껴안고 가야 할 표준 잣대다. 어떤 경우에도 표준이 되는 걸 표준 도량형이라고 받든다. 십진법이 토대인 미터와 킬로는 미터법에서의 그것이지만, 인치피트 도량형에서는 상황에 따라 1인치가 2.539cm이기도 하고 2.54cm가 되기도 한다.

아주 오래 전, 미국의 NASA에 로켓용 부품 일부를 납품하는 일본 회사가 있었다. 당시 우리나라에서 최고 수준을 자랑하던 공구 회사가 시험용 공구를 그 일본 회사에 납품했다. 그런데 NASA가 그 부품들의 내구성 시험을 하는데 계속 문제가 생겼다.

원인을 알고 보니, 공구의 내경(內徑)에 0.001mm의 오차가 있었다. 그리고 그 바탕에는 1인치를 2.54cm로 적용한 단위 문제가 있었는데, NASA가 요구한 정밀도는 2.539cm였다. 1인치는 1/12피트인데, 소숫점 이하 자릿수에 따라 그 값이 이처럼 미세하게 달라진다. 그 후 NASA의 표준이 미터법으로 바뀌었다. 미국의 대규모 국가 기관에서 미터법을 적용하는 곳은 NASA가 유일하다. 표준 잣대는 항상 문제의 중앙에 위치한다. 필요할 때마다 필요한 곳으로 자리를 옮긴 다음에는 다시 중앙으로 돌아온다.

윤석열에게는 표준 잣대가, 중앙점이 지극히 주관적이고 그게 무속 문화에 뿌리를 담그고 있다는 게 문제다. 그것이 일개인의 삶으로만 끝난다면 그거야 우려.판단의 대상이 아니다. 대한민국 호를 끌고 나갈 선장이라는 것, 그게 가장 걱정되는 지점이다.

'만인의 지탄을 받으면 병이 없어도 죽는다(萬人所指 無疾而終)'. 조조의 아들 조비(187~226)가 위왕에 오른 뒤 아첨형 신하들의 칭제(稱帝) 건의를 물리치면서 조비가 한 말이다. 조비는 권모술수로는 따라갈 수 없었던 아비 조조 밑에서 세자이면서도 10여 년 이상을 전전긍긍했다. 조조에게는 25명의 왕자들이 있었다. 위왕 자리에도 세기의 책사 사마의와 의 형제를 맺고, 인재들의 조언과 가르침을 따른 끝에 간신히 올랐다. 그런 그가 왕위에 오르자 아첨 줄에 선 신하들은 왕위에 머물지 말고 제위(帝位)에 오르기를 간청했다. 그 제위(帝位)는 황제를 맘대로 세우고 폐할 수 있었던 아비 조조조차도 걷기 않으려던 길이었다. 국태민안이 우선이었고, 손권과 촉나라가 여전히 전쟁 상대국이었다.

후한 헌제가 신하들의 아첨에도 계속 망설이는 조비를 불렀다. 스스로 옥쇄를 내주며 황위에 오르기를 간청하는 바람에 황위[후한 고조]에 올랐다. 조비와 단둘이 만난 헌제는 26년 동안 황궁에 갇혀 지내느라 한 번도 직접 대하지 못했던 강과 산, 그리고 나뭇가지에 비치는 햇빛을 보고 싶고, 할 수만 있다면 의원이 되어 백성에게 단 한 가지라도 해주고 싶다고 청원한다. 26년 동안 황제로서 백성을 위해 직접적으로 해준 게 단 하나도 없었다면서... 내내 옥쇄를 거부하던 조비는 그 진심을 읽고 옥쇄를 받아들고 황위에 오른다. 아비가 끝까지 걷지 않았던 칭제의 길을 내디딘 데는 그런 사연도 있다고 전해진다.

'내가 주인공이 되면 번뇌가 느는 법이다(我當主角 烦惱增加)'. 이 또한 조비의 말이다. 황위에 올라 새 정책을 반포하자 온 백성이 환호하는데, 그 정책으로 자신들의 기득권이 쪼그라들 게 분명한지라 앙앙불락하는 혈육들을 다독거리기 위해 한 말이다. 그 환호는(또는 그 이후의 부작용까지도) 그 정책의 입안자.집행자들이 받아야 한다는 말로, 생각 짧은 그들을 우회적으로 감복시키면서 동의를 이끌었다.

조비의 이 두 말 중 '만인의 지탄을 받으면 병이 없어도 죽는다(萬人

所指 無疾而終)'란 말을 윤석열에게 먼저 선물하고 싶다. 지금도 늦지 않았다. 속 좁은 자기 중심의 잣대에서 벗어나 한가운데에서 좌우 모두를 넓게 살피는 시선 이동을 하루라도 빨리 이뤄내기를 빈다. 자기 자신이 더 이상 박수 받는 주인공이 아니라는 것, 그 따위 주인공이 돼봤자 잠깐이라는 것부터 깨친 뒤에 조비의 말 '내가 주인공이 되면 번뇌가 느는 법이다(我當主角 烦惱增加)'에서 해답을 찾게 되길 빌고 싶다.

법정 스님과 김수환 추기경. 이 두 분이 하늘나라로 거소를 옮기신 지도 여러 해가 되었다. 그럼에도 그분들의 말은 이승에서 여전히 푸릇푸릇하다. 법정 스님의 《무소유》는 모든 탐욕과의 이별에서 교과서 격이다. 김수환 추기경의 바보 웃음 역시 노년학교의 잘 죽기 교육 과정에서 교과서 이상이다. 교육을 마치고 나면, 기본 미소를 장착한 추기경 사진을 벽에 붙여 놓고 죽음 직전의 웃음 연습을 하는 이들도 있다.

김수환 추기경

그 밑엔 이런 글귀들이 매달려 있기도 한다.

– 죽을 때 가지고 가는 것은 마음 닦은 것과 복 지은 것뿐이라오.
– 노점상에서 물건을 살 때 깎지 말라. 그냥 돈을 주면 나태함을 키우지만, 부르는 대로 주고 사면 희망과 건강을 선물하는 것이다.
– 머리와 입으로 하는 사랑에는 향기가 없다. 진정한 사랑은 이해/관용/포용/동화/자기 낮춤이 선행된다. (나도) 사랑이 머리에서 가슴으로 내려오는 데 칠십 년 걸렸다.

이 두 분의 공통점 찾기는 손쉽다. 권력욕이나 명예욕 따위에 젖지 않았다. 자신의 이름이 존경의 대상으로만, 스승으로만 남은 분들은 하나같이 권력이나 명예와는 거리가 멀었다.

문제집 풀이에서 해답부터 보면 허망해질 때도 있다. 그래서 공부할 때는 해답부터 보면 안 된다는 말들을 달고 산다. 하지만, 인생길에서는 그 끝에 이미 도달했던, 일종의 해답을 보여주고 간 이들이 많다. 흔하다. 짬을 내어 이따끔은 그런 해답들을 미리 쳐다보고 가는 것도 크게 도움이 된다. 그런 해답 미리 펼쳐보기는 오롯이 혼자만의 몫이다. 그래서 우리는 인생길에서 가끔은 홀로 있음이 필요하다.

윤석열에게 그 홀로 있음의 시간이 비로소 주어졌다. 뒤늦게지만. 어떤 모습으로 세상 밖으로 나오게 될지는 오롯이 그의 몫이다. 마지막까지도 거듭 실망시키는 모습이 아니길 빌 뿐이다. 〈끝〉

망처시하 윤석열

윤석열의 말 속에 숨겨진 탄핵의 이유

초판 1쇄 인쇄 2024년 12월 25일
초판 1쇄 발행 2024년 12월 30일

지은이 최종희

펴낸이 김영철
펴낸곳 국민출판사
등록 제6-0515호
주소 서울특별시 마포구 동교로12길 41-13(서교동)
전화 02)322-2434
팩스 02)322-2083
이메일 kukminpub@hanmail.net
SNS instagram.com/kukmin_book

ISBN 978-89-8165-650-8 (03300)